全覆盖战略下职业教育财政政策研究

辛斐斐 著

人民出版社

目 录

第一章 导 论 …… 1
第一节 问题的提出及选题意义 …… 1
第二节 职业教育财政政策文献综述 …… 5
第三节 研究思路、方法、创新与不足 …… 23
第二章 职业教育全覆盖概述 …… 27
第一节 职业教育 …… 27
第二节 职业教育全覆盖 …… 36
第三章 职业教育财政政策的理论综述 …… 39
第一节 职业教育相关理论分析 …… 39
第二节 公共产品理论 …… 42
第三节 政府干预与委托代理理论 …… 51
第四节 财政政策理论综述及分析框架 …… 60
第四章 我国职业教育的公平与效率状况分析 …… 81
第一节 职业教育的发展历程回顾 …… 81
第二节 职业教育发展现状分析之一——基于公平角度 …… 87
第三节 职业教育发展现状分析之二——基于效率角度 …… 94
第四节 职业教育存在问题的根源探究 …… 99
第五章 职业教育财政政策之国别研究 …… 104
第一节 德国职业教育财政政策研究 …… 104
第二节 日本职业教育财政政策研究 …… 115

第三节　法国职业教育财政政策研究 …… 127
第四节　美国职业教育财政政策研究 …… 135
第五节　国外职业教育发展对我国的启示 …… 147
第六章　职业教育经费总量的财政政策研究 …… 150
第一节　职业教育全覆盖战略下的办学规模研究 …… 150
第二节　职业教育全覆盖战略下的经费总量预测 …… 161
第三节　全覆盖下的经费总量财政政策选择 …… 168
第七章　职业教育成本分担的财政政策研究 …… 173
第一节　职业教育成本分担的理论基础 …… 173
第二节　重构职业教育成本分担体系 …… 177
第三节　各级政府的职业教育财政责任 …… 186
第四节　健全职业教育成本分担机制的政策路径 …… 188
第八章　职业教育管理的财政政策研究 …… 191
第一节　职业教育办学体制研究 …… 191
第二节　职业教育管理体制研究 …… 194
第三节　职业教育公共经费投入方式的比较研究 …… 197
第四节　职业教育财政支出绩效评价研究 …… 200
第五节　提高职业教育管理绩效的财政政策路径 …… 212

结　论 …… 217

附录一　20 世纪 80—90 年代出台的相关职业教育决策 …… 219
附录二　战后初期日本主要教育法律 …… 221
参考文献 …… 222
后　记 …… 234

第一章　导　论

第一节　问题的提出及选题意义

一、问题的提出

教育是国家发展的基石，也是一国竞争力的核心。职业教育作为三级教育体系中的重要组成部分，是一种以培养职业人才为宗旨的教育。在职业教育中，职业是教育的目的，而技能是路径。可以说，职业教育的健康发展对处于经济转型时期的中国具有格外重要的意义。

2005 年，国务院在《关于大力发展职业教育的决定》中要求各级人民政府把加快职业教育，特别是加快中等职业教育发展，与繁荣经济、促进就业、消除贫困、维护稳定、建设先进文化结合起来，大力推动职业教育快速发展。2009 年，温家宝在政府工作报告中也指出，大力发展职业教育，特别要重点支持农村中等职业教育，逐步实行中职教育免费，适应市场和经济社会的发展要求。显然，职业教育已经成为当前社会的热点问题，受到了政府的高度关注。

近几年来，各级政府斥巨资加速职业教育的发展。“十一五”期间，中央财政对职业教育投入 100 亿元，重点用于支持职业教育实训基地建设；2006 年，中央财政安排专项资金 8 亿元，资助了 80 万名接受中职教育的贫困生；2008 年，中央和地方财政共安排 308 亿元国家助学金，其中超过一半是面向“中职生”的。无疑，政府对职业教育的巨额投入取得了显著成效，一定程度上满足了市场对技能人才的需要，缓解了技工荒等现实问题。尽管如此，职业教育仍然问题重重，在办学规模、管理体制、成本分担等方面还存在诸多问题。

无疑，经费是职业教育发展的基本保障，无论是在发展中国家还是西方发达国家皆无例外。至于谁来承担经费责任，视国情与经济发展阶段的不同，并无固定模式。在我国，一些学者认为职业教育需实行免费政策，即政府承担所有成本；还有学者认为职业教育需实行市场化。归根结底，职业教育的财政问题都可以从政策层面找到深层根源，即缺乏相应的财政政策。

而说到财政政策，人们通常认为无非就是政府增加财政拨款。而对于为什么要进行拨款、拨多少、怎么拨（拨款方式）、谁来拨（哪一级财政承担经费）以及拨款效果（财政支出绩效）等财政政策的关键问题，无论在理论还是实践中，研究都较为缺乏。本书正是基于这个目的，尝试搭建职业教育财政政策的框架。归结起来，包括以下几个方面。

（1）政府为什么需要投资职业教育？也就是说，公共资金是不是应该用于职业教育的发展。众所周知，公共资金具有稀缺性，公众对于政府提供服务的需求则是无限的。如何最大限度地发挥公共资金的效益来满足社会公众的需求，是政府需要认真权衡的问题。政府对职业教育投资的必要性既是制定职业教育财政政策的逻辑起点，也是政府干预职业教育发展的理论依据。

（2）职业教育发展总共需要多少经费？本书提出职业教育全覆盖战略。所谓全覆盖就是指政府将所有未能升学的初、高中毕业生纳入职业教育体系，使其掌握一门谋生技能的战略。全覆盖战略是“十二五”时期职业教育发展的规划战略。在实行全覆盖的战略下，政府应该承担多少经费？实际上政府财力能够承担多少？回答这些问题，不仅需要规划职业教育的总体发展规模，还要考虑政府财政的承受能力、职业教育办学成本等。换言之，这涉及职业教育财政的总量支出政策。

（3）职业教育的成本分担问题。仅靠政府有限的财力维持职业教育的发展，既不科学也不现实。按照成本分担理论，职业教育受益者除了社会，还包括企业和个人。如何合理、有效地分担职业教育发展成本，是财政政策的一大难题。

（4）政府间分权与教育财政体制问题。在我国，职业教育实行的是地方为主的管理方式，经费投入方面也是地方政府承担了主要责任。但由于我国区域经济发展不平衡，各级政府在教育支付能力方面存有较大差异，这种财政体制直接导致了职业教育的不公平，发达省份与欠发达省份在职业教育规模、质量方面相差悬殊。实现职业教育发展的均等化，必须切实落实各级政府对职业教育的责任，包括对欠发达地区进行相应的财政支持。这关系到职业教育发展的效率和公平。

（5）职业教育财政的管理问题。政府除了扮演职业教育经费供给者的角色，职业教育的管理是否应由政府全部参与？财政支出是否用在了刀刃上？公共资金的使用是否取得了应有的效果？解决这些问题，也对政府财政政策提出了巨大的挑战。

二、选题意义

本书主要运用公共政策的一般研究方法，对职业教育在财政政策方面面临的理论和现实问题进行了综合研究，具有一定的理论意义和现实意义。

（一）理论意义

第一，这是一次应用公共政策分析框架来研究职业教育全覆盖战略的尝试。

职业教育全覆盖战略是“十二五”期间职业教育发展的战略规划，是将所有未能升学的初、高中毕业生纳入职业教育体系中去的战略规划。该战略直接关系国家产业结构转型以及数百万青年的就业问题，是重要的公共政策之一。本书应用公共政策的分析框架，尝试研究该战略应采用的关键财政政策，并设计了相关的政策路径，具有重要的理论价值。

第二，在公共政策研究框架内，从公平和效率角度对职业教育的发展现状进行理论分析。

回顾文献，许多学者对我国职业教育当前的发展状况进行了总结分析，但很少有人从公共政策角度入手来分析职业教育发展面临的问题。本书尝试在公共政策研究框架内，以公平与效率为视角，研究职业教育的发展现状，深入探讨职业教育发展在政策层面存在的问题。这有利于我们认清问题，从根源上发现职业教育存在的问题。

第三，为落实“十二五”教育规划，设计具体政策路径。

众所周知，政策是一个宏观的概念，如果缺乏具体的政策设计，政策在执行中将难以操作，直接导致政策的结果偏离政策的初衷。本书研究的全覆盖战略下的职业教育财政政策是一个系统体系，需要具体的政策路径予以支撑。本书试图从经费总量、成本分担、管理体制三个方面设计职业教育财政政策的具体路径。这将是落实“十二五”教育规划的重要步骤。

（二）现实意义

第一，在公共政策框架下研究职业教育全覆盖战略，为破解我国经济社会发展的现实问题提供思路。

当前，我国职业教育发展面临的种种问题，包括职业教育发展不均衡、职业教育经费短缺与浪费并存以及职业教育管理效率低下等，都是我国经济社会发展中的现实问题，亟须解决。此外，这些问题直接关系老百姓切身利益，若不能很好地予以解决，将会成为和谐社会的“定时炸弹”。本书在公共政策框架下研究职业教育全覆盖战略，为破解社会现实难题提供了思路。

第二，提出职业教育财政政策路径，为政府制定职教政策提供参考。

职业教育全覆盖战略是我国“十二五”期间的一项规划战略，但究竟应该从哪些方面着手、发展路径是什么，政府并不清楚。本书较为系统地提出了实行职业教育全覆盖应采用的主要财政政策，细化了政策路径，为政府制定政策提供了参考依据。

第三，提出建立绩效评价制度，提高政府决策的科学性。

近年来，政府斥巨资发展职业教育，但效果并不显著，资金使用效率有待提高。本书提出建立职业教育财政支出绩效评价制度，全面考核职校使用财政资金的效果，根据评价结果实行绩效拨款。这一方面可激励学校提高资金使用效率，改善办学质量；另一方面，也为提高政府制定政策的科学性会有所帮助。

第二节 职业教育财政政策文献综述

本书的文献综述内容包括三方面：职业教育与经济发展、职业教育与社会公平、教育财政与公共政策。

一、职业教育与社会经济发展的相关研究

（一）国外研究

在世界各国，无论是对于社会财富还是个人财富的增长，职业教育都发挥着十分重要的作用。英国古典政治经济学的创始人配第在《政治算术》和《爱尔兰的政治解剖》等著作中都指出，复杂劳动者比简单劳动者能创造更多的劳动价值。他将“技艺”视为除土地、资本、劳动之外的第四生产要素①。

经济学鼻祖亚当·斯密也注意到这一点，将工人技能的增长视为经济进步和经济福利增长的基本源泉。在《国富论》中，他首次论证了劳动者技能增长如何影响个人收入组成和工资结构，证明了教育和技能培训是推动生产力发展的重要因素。斯密指出，“学习一种才能，需进入学校学习，需做徒弟，所费不少。这样费去的资本，好像已经实现并且固定在学习者身上，这些才能，对于他个人自然是财产的一部分。工人增进的熟练程度，势必增加他所能完成的工作量。学习的时候，固然要花费一部分费用，但这种费用可以得到偿还，赚取利润”，“这种才能的获

① 厉以宁：《教育经济学》，北京出版社1984年版，第12页。

得需要维持获取人去接受教育，进行研究或充当学徒……虽然要花费一定的开销，却能偿还支出并带来利润”[①]。《国富论》还强调了政府教育投入的重要性，“只要花很少的钱，国家就能方便、鼓励，甚至能强迫全体人民必须获得这些最主要部分的教育。”[②] 显然，政府对教育投入十分必要。

19世纪庸俗经济学集大成者马歇尔的《经济学原理》也看到了教育的经济价值，认为一个伟大的工业天才的经济价值，足以抵偿整个城市的教育费用[③]。约瑟夫·阿洛伊斯·熊彼特也十分重视教育培训对推广新技术和经济发展的意义。他引入生产要素和生产条件的组合来解释经济创新，着重强调新技术和新的生产方法。采用陈旧技术的企业为了谋求发展，势必对新技术进行培训、推广和更大规模的模仿[④]。萨缪尔森则将影响经济增长的因素比作经济增长的四个轮子，即人力资源（劳动力的供给、教育、纪律、激励）、自然资源（土地、矿产、燃料、环境质量）、资本形成（机器、工厂、道路）和技术变革（科学、工程、管理、企业家才能）[⑤]。

为了证明职业教育的经济作用，20世纪以来，经济学家陆续对教育收益的计算进行了一系列尝试。1904年，詹姆士·道奇把工厂里的工人按照受教育情况分组，通过比较没有文化的普通工人、经过一定训练的工人、接受过中等商业学校以及技术学校教育的工人的收入情况，得出各级教育的收益率[⑥]。最早用数量计算阐述教育经济意义的经济学家是斯特鲁米林。1924年，他在《国民教育的经济意义》一文中用劳动简化计算法，推导出了教育投入收益率的计算公式。根据该公式，他得出结论：

---

① 亚当·斯密：《国富论》上卷，杨敬年译，陕西人民出版社2001年版，第319页。

② 亚当·斯密：《国富论》下卷，杨敬年译，陕西人民出版社2001年版，第850页。

③ 厉以宁：《教育经济学》，北京出版社1984年版。

④ ［美］熊彼特：《经济发展理论》，商务印书馆1991年版，第66页。

⑤ 保罗·萨缪尔森等：《经济学》（第十六版），萧琛等译，华夏出版社2000年版，第419页。

⑥ 孙百才：《教育扩展与收入分配：中国的经验研究》，北京师范大学出版社2009年版，第18页。

接受一年初等教育的工人，其劳动生产率要比未接受该教育的工人高 1.6 倍。1935 年，沃尔什借助研究教育成本的组成，在《人力资本观》中采用贴现计算法，获得了各类教育的净收益[①]。至此，尽管许多经济学家对教育收益的计算做了较多尝试，但并未形成系统理论，学界对职业教育的经济功能认识仍处于初级阶段。

人力资本理论的出现使得教育的经济功能受到关注。20 世纪 60 年代，舒尔茨在美国经济学年会上提出了人力资本理论，指出“土地本身并不是贫穷的重要因素，而人的能力和素质才是决定贫穷的关键”，“受过教育的劳动力比没受过教育的劳动力更容易获得恰当的经济信息，这种优势所造成的收益可能就会属于受过教育的人”[②]。由此，教育的经济功能开始引起学者们的关注，人力资本理论以系统理论的身份正式进入主流经济学界视野。

人力资本理论的盛行，激发研究者们使用计量方法来测度教育对经济的贡献。舒尔茨、丹尼森等学者运用数量经济学方法将大量的经济剩余归因于要素投入的改善，认为人力资本积累是经济社会进步的源泉。其实质是强调以教育、培训和扫盲为基础的工人技能的长期改善。“人力资源……是国民财富的最终基础，一个国家如果不能发展人民的技能和知识，就不能发展任何别的东西。”[③] 1961 年，舒尔茨首次就教育对经济增长的贡献进行了定量测度，用增长因素法（Growth Accounting，或称余数测量法、余量法）估算出美国教育对经济增长的贡献值。在《教育与经济增长》一文中，他指出 1929—1957 年间，在美国国民收入增加额 1520 亿美元中，有近 33%是由劳动者受教育的程度提高所致，占不可解释的 710 亿美元的 70%；此外，他还看重教育对农村发展的作用。之后一年，丹尼森用系数法测算了美国教育对经济增长的贡献，认为 1929—

① 孙百才：《教育扩展与收入分配：中国的经验研究》，北京师范大学出版社 2009 年版，第 18 页。

② 舒尔茨：《论人力投资》，北京经济学院出版社 1990 年版，第 44 页。

③ Harbison，F. H.：“*Human resources as the Wealth of Nations*”，New York：Oxford University Press，1973，3.

1957年间，美国教育对经济增长的贡献率为23%，若考虑知识增进的作用，则同期教育对经济增长的贡献率高达35%。但从1973年起，教育对实际国民收入增长的贡献率达到了49.2%。因此，丹尼森将教育和知识进展看作是单位投入产出量持续增长的最大和最基本的原因[①]。

此外，学者们还从不同角度对教育与收入的关系进行了实证研究。其中应用较为广泛的是明瑟（Mincer）在1974年提出的明瑟收入函数。由于明瑟收入函数并未考虑接受教育的成本，因此还不是严格意义上的成本—收益分析方法。

在国别比较方面，Kruger，A.O.较早地研究教育对于不同国家经济的影响。他分析了造成美国和其他国家人均收入差异的原因，认为各国经济增长路径和速度的差别在很大程度上是教育等人力资本差异的结果[②]。Sandberg，L.G.对欧洲二十多个国家自19世纪中叶以来的经济发展进行了动态比较研究。研究结果显示，各国1850年的识字水平很好地预示了1970年的人均收入情况[③]。巴罗的研究进一步支持了Sandberg的结论。他对98个国家及地区1960—1985年间入学率与人均GDP的增长率的关系作了多项回归分析，发现在起始人均GDP为既定的条件下，一个国家的经济增长率与起始的初、中等学校的入学率高度正相关，相关系数高达0.73[④]。Luis—Eduardo Vila在对西班牙20世纪80年代的教育收益率的研究中发现，除大学本科和初中的边际教育收益率有所下降外，其他教育水平的教育收益率都有比较明显的上升[⑤]。1985年，世界银行

---

① Dension，E.F.：“*The Source of Economic Growth in the United States and the Alternatives Before Us*”，NY：CFD，1962.

② Kruger，A.O：“*Factor Endowment and Per Capital Income Differences Among Countries*”，Economic Journal，1968，(78)：641—659.

③ Sandberg，L.G.：“*Ignorance，Poverty and Economic Backwardness in the Early Stages of European Industrialization：Variations on Alexander Gerschenkron's Grand Theme*”，Journal of European Economic History，1982，(3)：11.

④ Barro，Robert，J. and Jong—Wha Lee：“*International Comparisons of Educational Attainment*”，Journal of Monetary Economics，1993，32.

⑤ Luis—Eduardo Vila and Jose—Gines Mora：“*Changing Returns to Education in Spain during the 1980s*”，Economics of Education Review，1998，17（2）.

的经济学家萨卡洛普罗斯按地区与国家的发展水平，开展了一项有关教育收益率的国际研究，得出结论：（1）投资教育的收益率比其他形式的投资收益率要高；（2）初等教育的收益率最高，中等教育次之，高等教育最低；（3）私人收益率总是大于社会收益率①。（见表 1.1）

表 1.1　世界若干地区的教育收益率（%）

	社会收益率			个人收益率		
	初等教育	中等教育	高等教育	初等教育	中等教育	高等教育
非洲	28	17	13	45	26	32
亚洲	27	15	13	31	15	18
拉丁美洲	26	18	16	32	23	23

为了精确刻画职业教育的收益率，学者们进行了大量实证研究。Maw Lin Lee 比较了职业学校和普通高中毕业生工作 6 年后的收入情况。这些毕业生均未升入大学。研究结果显示，职业学校毕业生的货币回报要高于高中毕业生，但随着时间的推移，这种差异会渐渐缩小②。Shoshanna Neuma 等利用以色列 1983 年的人口统计数据分析了以色列职业教育对收入的影响。该研究认为，职业教育的成本比普通高中教育要低，尤其对于那些职校毕业的学生，如果从事的工作与学校习得的技能相关，月收入会比其同伴高出 10%以上③。Fersterer 和 Winter—Ebmer（2003）对职业教育收益率进行了细分，对奥地利的职业教育收益率进行计量分析发现，在 1981—1997 年间，三至四年的学徒制培训收益率在 15%—20%之间，接受 2—3 年的职业学校教育的收益率为 30%—40%，而在职业学院接受 5 年教育的学生收益率大约 50%—70%之间，但收益率呈现

① 杨东平：《中国教育公平的理想与现实》，北京大学出版社 2006 年版，第 86 页。

② The—Wei Hu，Maw Lin Lee，Ernst W. Stromsdorfer：“*Economic returns to vocational and comprehensive high school graduates*”，The journal of human resources，1971，6（1）：25—50.

③ Shoshanna Neuman，Adrian Ziderman：“*Vocational schooling，occupational matching，and labor market earnings in Israel*”，The journal of human resources，1991，26（2）：256—281.

边际递减趋势[①]。

但在普通教育与职业教育哪类教育更值得投资方面，学者们的观点却并不一致。如英国经济学家巴洛夫（T. Balogh）等人从发展经济学角度出发，认为职业教育比普通教育具有更高的投资价值。而世界银行经济学家萨卡洛普罗斯的研究表明，学校内的职业教育成本高、但收益并不高。受此影响，20 世纪 80 年代末期，世界银行对于职业教育的态度发生了巨大转变，对职教项目的贷款急剧减少。Dirk Krueger（2002）等认为职业教育政策是造成欧洲和美国经济增长差距拉大的重要原因。其研究结果表明，在科技进步较为缓慢的六七十年代，欧洲偏重于职业教育的投资政策对经济发展和增进社会福利大有裨益；但随着科技发展速度的加快，八十年代起，这类以牺牲普通教育为代价的职业教育资助政策一定程度上影响了经济增长，甚至可能拉大欧洲和美国的增长差距[②]。为验证这一结果，他们对该假设进行了实证分析，结果发现，这一类教育政策在一定程度上可以解释欧美经济增长速度的差异[③]。OECD 在分析罗马尼亚从社会主义向市场经济转型时，将其经济表现不佳归咎于职业教育缺乏灵活性。OECD 在报告中指出，“在日渐民主和竞争的市场机制下，企业必须具备一定的适应能力，以此应对多变的市场需求和激烈的市场竞争。而该国的劳动力素质阻碍了这种适应力的发展，劳动力专业面狭窄，且不能满足市场对技能的需求。”[④] 1992 年，罗马尼亚接受过职教的男性失业率比普教的高出 1.5 个百分点，此时整个社会的失业率为 6%。而到 2002 年，接受过职教的人失业率则高出 4.7 个百分点[⑤]。Earle

① Josef Fersterer，Rudolf Winter—Ebmer：“*Are Austrian Returns to Education Falling Over Time?*”，Labour Economics，2003（10）：73—89.

② Dirk Krueger，Krishna Kuma：“*Skill Specific Rather than General Education：A Reason For US—Europe Growth Differences?*”，NBER Working Paper，2002.

③ Dirk Krueger，Krishna Kuma：“*US — Europe Differences in Technology — Driven Growth：Quantifying the Role of Education*”，NBER Working Paper，2003.

④ OECD：Review of National Policies for Education：Romania（Paris：OECD，2000a）

⑤ Ofer Malamud，Cristian Pop — Eleches：“*General Education VS. Vocational Training：Evidence From An Economy in Transition*”，Working paper，National Bureau of Economic Research，2008.

(1997) 研究发现，在罗马尼亚，接受普通教育的个体与入读职业教育的人相比，更易在服务业找到工作，不太可能从事农业或者失业①。Nesporova (2001) 也在其他国家从社会主义到市场经济的过渡期发现了类似现象②。而造成这一现象的原因，部分是由于入学考试的筛选机制。在这些国家里，能力强、成绩好的学生往往就读普通教育，而剩下的学生不得不选择接受职业教育。

20 世纪 80 年代，美国学者马丁·卡诺 (M. Carnoy) 和亨利·莱文 (Henry Levin) 提出了国家论。国家论指出，美国的学校教育是资本主义民主政体即国家的一部分。教育与收入分配之间不存在简单的相关关系，教育对收入分配的影响力取决于它对国家政策的影响程度。要了解教育与经济的关系，就要从教育是国家的一部分这一事实出发进行研究。这种观点指出了教育过程在民主政体的作用下存在着分层和竞争，为我们从国家政体的角度认识资本主义国家教育与经济的关系，提供了新的视角③。

（二）国内研究

经济学家厉以宁将教育促进国家经济增长的作用归纳为五个方面。第一，它向社会提供一支能在科学上有所发现、发明、在生产技术上有创新、变革的科学研究和设计队伍；第二，它向社会提供一支能掌握和运用先进生产方法的技术队伍；第三，它向社会提供一支适应工业化水平的生产和技术管理的队伍；第四，它提高全社会的科学文化水平，为新产品的推广使用，为先进科学技术知识的普及和提高准备条件，同时也为今后技术力量的成长提供广阔的基础，为源源不断的高质量的科研人员、工程技术人员、管理人员和熟练工人的供给提供保证；第五，它

① Earle J. S.: "*Industrial Decline and Labor Reallocation in Romania*", William Davidson Institute Working Paper, 1997, 118.

② Nesporova, A.: "*Unemployment in Transition Economies*", Economic Analysis Division Seminar Paper2002 (United Nations Economic Commission for Europe).

③ 王善迈：《教育经济学简明教程》，高等教育出版社 2000 年版，第 18 页。

使社会积累起来的科学知识和生产经验得以保存和传播①。

我国著名教育家蔡元培将职业教育的功能归结为“一方为人计，曰以供青年谋生之所急也；另一方又为市计，曰以供社会分业之所需也”。他认为发展职业教育既能解决人民的生计问题，又能满足发展事业所需的有技能的劳动者②。

当前，国内学者对职业教育经济功能的计量研究主要集中在职业教育对经济增长的贡献率、职业教育收益率以及职业教育与其他类教育的比较上。由于学者们采用了不同的研究方法及调查数据，实证结果存在一定的差异，但学术界早已达成共识：职业教育对经济增长具有显著促进作用，且日益影响着收入分配格局。

杭永宝在柯布—道格拉斯生产函数基础上，借鉴并修正丹尼森和麦迪逊的教育对经济增长贡献测算方法，计算出了1993—2004年间中国各级教育对经济增长的贡献：小学、初中、普通高中、中职、高职、本科以上教育对经济增长的贡献率分别为0.155%、0.643%、0.453%、1.859%、4.038%、1.922%，其中，中等职业教育的明瑟收益率增长速度及其对GDP增长的贡献率分别是普通高中的1.2倍、3.7倍以上③。

王磊利用中国2004—2007年间的省级面板数据，将职业教育促进经济增长的因素分为两类：人力资本积累和促进就业。实证结果显示，这两类因素的贡献率分别为0.05%、0.18%，即职业教育对各地经济增长的平均贡献率为0.23%。同时，其结论也表明，若职业教育无法与地方经济发展保持协调，将成为阻碍经济发展的因素④。

陈晓宇和闵维方对1996年的城市样本进行计算，得到我国教育的明瑟平均收益率为5.32%，其中初中是3.59%，高中4.19%，中专

① 厉以宁：《教育经济学》，北京出版社1984年版，第2页。

② 梁柱：《论蔡元培的职业教育思想》，《教育研究》2006年第7期。

③ 杭永宝：《中国教育对经济增长贡献率分类测算及其相关分析》，《教育研究》2007年第2期。

④ 王磊：《职业教育对经济增长贡献研究——基于省际面板数据的实证研究》，《中央财经大学学报》2011年第8期。

6.76%，大专4.67%，本科6.58%①。此外，他在研究中国城镇教育收益率时还发现，中国20世纪90年代教育收益率经历了显著增长过程：多接受一年教育的收益率水平从2.95%（1991）增长到4.66%（1995），进而又增长到8.53%（2000）。并且教育年限的收益率在1995年已经超过了工作年限的作用，表明在中国收入分配格局变革中，年资因素对劳动者收入的影响程度在降低，而教育因素在影响个人收入分配中正发挥着越来越显著的作用②。

刘万霞利用全国4644个农民工调查样本进行研究后得出结论：农民工的教育收益率与受教育年限呈倒U形曲线关系，接受过中等职业教育的农民工个人收益率最高。显然，大力发展农村职业教育，对于提高农民收入、缩小城乡差距具有积极意义③。

周亚虹的研究显示，农村职业教育对于农村家庭收入有显著的作用，平均回报率约为27%（年平均回报率9%），与国际上10%的年平均回报率基本一致④。

钟甫宁运用标准明瑟收入模型计算了不同教育水平回报率的OLS估计值（见表1.2），总体来看，所有教育水平的教育回报率均有所提高，且随着教育程度的提高、回报率差距在扩大⑤。

表1.2　不同教育水平的教育回报率

	1988年	1990年	1992年	1996年	1999年	2003年
初中	16.65	5.97	8.00	9.97	22.02	39.65

① 陈晓宇、闵维方：《我国高等教育个人收益率研究》，《高等教育研究》1998年第6期。

② 陈晓宇、良焜、夏晨：《二十世纪九十年代中国城镇教育收益率的变化与启示》，《北京大学教育评论》2003年第2期。

③ 刘万霞：《我国农民工教育收益率的实证研究——职业教育对农民收入的影响分析》，《农业技术经济》2011年第5期。

④ 周亚虹、许玲丽、夏正青：《从农村职业教育看人力资本对农村家庭的贡献——基于苏北农村家庭微观数据的实证分析》，《经济研究》2010年第8期。

⑤ 钟甫宁、刘华：《中国城镇教育回报率及其结构变动的实证研究》，《中国人口科学》2007年第4期。

续表

	1988 年	1990 年	1992 年	1996 年	1999 年	2003 年
高中	15.26	20.68	30.47	26.24	51.89	71.94
职业学校	20.32	25.11	18.89	37.44	61.28	94.25
大专及以上	39.24	34.18	59.04	77	105.65	170.20
平均教育	2.82	3.50	4.71	7.08	9.04	10.65

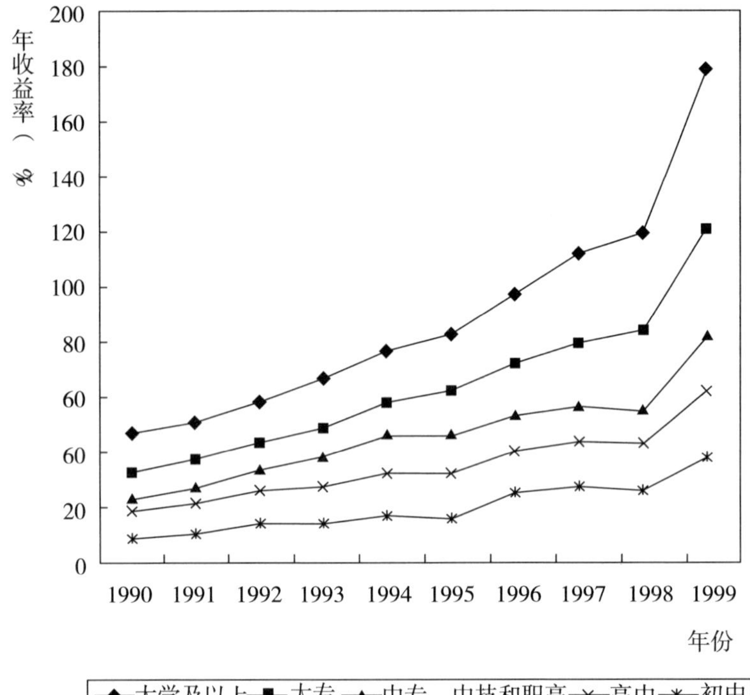

图 1.1　1990—1999 年城镇个人受教育程度的收益率

李实等利用两套抽样调查数据，估计了 1990—1999 年期间我国城镇的个人教育收益率，研究发现，个人教育收益率逐年上升（见图 1.1），高学历尤其是大学以上学历者，其教育收益率的增长更为明显。此外，为了精确估计教育对收入的直接效应，该模型还引入控制变量。研究结果显示，教育对收入增长的影响作用在很大程度上是通过就业途径的选择实现的，即高学历者更容易在收入较高的部门行业获得工作[①]。

任国强以2000年天津农调队家户调查数据为基础，探讨了农民的受教育状况对农民非农就业活动和非农收入的影响。研究结果进一步证实了教育对收入的促进作用。劳动力的文化程度越高，越倾向于非农就业和外出就业。家庭中每增加一个初中文化程度的劳动力可以使家庭非农收入增加18.6%，每增加一个高中文化程度的劳动力可以使家庭非农收入增加13.2%，每增加一个中专文化程度的劳动力可以使家庭非农收入增加57.4%，每增加一个大专程度及以上的劳动力可以使家庭非农收入增加37%。显然，高中学历对收入的增加效应远不如中专学历影响那么大[②]。

岳昌君等通过实证研究发现，对低收入能力群体进行教育投资的效率相对更高。因此，对于掌握公共教育资源的政府而言，保障弱势群体的受教育权利和机会，为他们提供必要的教育资源，不仅仅是出于社会公平的考虑，同时也确实可以提高教育投资的效率，实现公平与效率的统一[③]。

二、职业教育与社会公平的相关研究

1996年，以雅克·德洛尔为主席的国际21世纪教育委员会向联合国教科文组织提交的报告《教育——财富蕴藏其中》，强调“教育的确是一种促进更和谐、更可靠的人类发展的一种主要手段，人类可借其减少贫困、排斥、不理解、压迫、战争等现象”[④]。美国诺贝尔经济学奖获得者萨缪尔森曾经说过，在走向平等的道路上，没有比免费提供公共教育更为伟大的步骤了，这是一种古老的破坏特权的社会主义。显然，公共教

---

① 李实、丁赛：《中国城镇教育收益率的长期变动趋势》，《中国社会科学》2003年第6期。

② 任国强：《人力资本对农民非农就业与非农收入的影响研究——基于天津的考察》，《南开经济研究》2004年第3期。

③ 岳昌君、刘燕萍：《教育对不同群体收入的影响》，《北京大学教育评论》2006年第2期。

④ 联合国教科文组织国际教育发展委员会：《教育——财富蕴藏其中》，华东师范大学比较教育研究所译，教育科学出版社1996年版，第1—20页。

育对于实现社会公平具有重大意义。而职业教育作为公共教育体系中的一类特殊教育，在实现社会公平、缩小收入差距、减少贫困等方面发挥的作用不容忽视。

大多数的拉美国家都清楚，必须关注弱势群体。随着小学教育规模不断扩大，中等教育遂成为逆转“社会再造不平等”的“关键”①。彭博（2005）在《教育与反贫困》中特别指出，由于基础教育只是为教育者提供了应用技术教育的平台，但只有基础教育无法实现就业功能，也就不能提高受教育者的收入，实现反贫困目标②。所以，在大力发展基础教育的基础上，对受教育者进行实用技术教育将会更加有效地提高人力资本水平，实现反贫困目标。

余祖光从终身教育背景方面，探讨了职业教育的扶贫助困功能。他认为，通过对弱势群体进行职业教育，帮助其掌握一技之长，提高其就业能力并协助他们走上就业岗位，一方面解决了社会弱势群体的贫困问题，另一方面也拓宽了义务教育后广大青年的求学之路，促进了教育公平③。

刘修岩等基于上海市农村社会经济调查队2000—2004年的农户调查数据，研究了教育与消除农村贫困的关系。农户劳动力平均受教育年限每提高1年，会使其陷入贫困的概率平均降低7.51%。这么大的效应证实了教育投资对于消除农村贫困的强大作用④。

在职业教育对于收入分配的影响方面，研究者们进行了大量的实证分析。李俊玲等利用全国除重庆外30个省、自治区、直辖市在1988—2005年间的相关数据，对农村职业教育影响农村区域收入不均等进行了

---

① Reimers, F.："*Educational opportunities for low—income families in Latin America*", Prospects, 1999, 29 (4): 535—549.

② 彭博：《教育与反贫困》，2005年，http://www.xslx.com/htmszrpgsmt/2005—10—26—19361.htm。

③ 余祖光：《终身教育背景下职业教育的扶贫助困功能》，《北京大学教育评论》2007年第5卷第3期。

④ 刘修岩、章元、贺小海：《教育与消除农村贫困：基于上海市农户调查数据的实证研究》，《中国农村经济》2007年第10期。

经济计量估计。他发现，在中国农村区域，职业教育分布的不均等程度与农村收入不均等之间不仅存在着密切的正向关系，而且这种关系比较稳定。即随着职业教育分布的不均等程度的提高，农村收入不平等程度扩大①。因而，在中国长期的经济发展过程中，不能不重视职业教育分布对农村收入分配不平等的调节作用。

沈超、宋言东借助社会经济地位指数（SEI）来衡量收益分配是否公平。他们发现，在各种教育形式中，职业教育的独特作用在于，通过职业教育不仅能够使群体的职业技能得到一定程度的提升，更为重要的是，职业教育学历群体在收益分配方面差异化程度非常小。也就是说，职业教育有利于达到收益分配更加公平的目标②。

Wan Azlinda 研究了高中毕业生非充分就业指数与参加职业教育、种族、性别的关系。这里的非充分就业包括失业者、非自愿的兼职者以及在低报酬职务工作者。研究发现，接受综合教育的人与参加职业教育的人相比，非充分就业的风险更高。这种风险是由于高中生在进入劳动力市场以前，没有进行充分准备，缺乏一技之长造成的。此外，女性和非白种人的非充分就业风险更高。这一方面是由于就业歧视导致其就业空间狭窄，另一方面是由于他们缺乏足够的技能。换言之，职业教育对改善女性和少数民族的就业困境意义重大③。

在现代社会，教育对于社会流动而言，是一把双刃剑。它既是社会流动的促进因素，也是强化社会分层的途径。公共教育能否发挥积极作用，推进健康的社会流动，都取决于公共教育支出是否遵循了公平原则④。香港中文大学的萧今指出，教育具有两重性，无论是职前的正规教

① 李俊玲、张广胜：《中国农村职业教育分布对农村区域间收入不均等的影响》，《农业经济》2007 年第 12 期。

② 沈超、宋言东：《收益分配公平目标下的教育结构调整》，《高等教育研究》2007 年第 28 卷第 4 期。

③ Wan Azlinda，Wan Mohamed：“*Participation in vocational education and underemployment among us high school graduates*” Working paper，1998.

④ 邱伟华：《公共教育支出调节收入差异的有效性研究》，《清华大学教育研究》2008 年第 3 期。

育还是工作中的在职成人教育培训，既有促进一个人代内向上流动的作用，也有社会分层和阻碍向上流动的作用。在职期间的教育培训可以改善弱势群体的工作和生活知识、技能和态度，提供第二次向上流动的机会。但处于社会和职业下端的人群，教育程度和能力都很低，加上社会结构和文化因素与个人特性相互作用，可能在种种情况下都被排斥在教育与培训体系之外，成为永久性的弱势群体①。庄西真指出，职业教育的出现和发展从本质上是国家制度安排框架下的社会分层结果，反过来，社会分层也在一定程度上促进了职业教育的发展。他认为“文革”以前和改革开放之初一段时间里，职业教育的辉煌充分证明了这一点②。丁小浩则从就业的角度分析了教育与社会分层的关系，认为是教育的层次而不是中等教育的类型影响社会分层；中等职业教育毕业生相比普通高中毕业生经历了较短的从学校到工作的心理调整期，从而待业时间缩短；但在就业质量上，中等职业教育的长期优势表现不明显③。

劳凯声则强调市场导向的教育改革对于社会公平的双重作用。一方面它可以增强教育制度的灵活性、多样性、自主性，但另一方面也扩大了社会强势群体和弱势群体间的差距。在这方面政府作为一个关键的制衡因素，在寻求教育投入渠道多样化的同时，应借助于教育来缩小社会分层所带来的贫富差距，而不能把教育责任完全转嫁到学校和消费者身上④。覃壮才分析了20年来我国职业教育政策发展的基本取向，认为当前我国职业教育质量滑坡，危机四伏，归根结底是由于职业教育市场化造成的。职业教育存在的危机是市场化的政策无法解决的。市场化不能实现公共资源的有效配置，而职业教育属于公共资源，其存在的价值是为公众服务，其目标不是简单的成本—收益问题，而是如何更好地服务

---

① 萧今：《社会分层和弱势群体的继续教育》，《北京大学教育评论》2007年第5卷第3期。

② 庄西真：《社会分层和流动与职业教育发展》，《职教通讯》2005年第2期。

③ 丁小浩、李莹：《中国城镇中等职业教育就业状况分析》，《教育科学》2008年第24卷第4期。

④ 劳凯声：《中国公共教育体制改革中的公平性问题》，《人民论坛》2005年第12期。

于更广大的纳税人[1]。也就是说，市场化并不是帮助职业教育走出困境的万能药，政府必须承担职业教育发展的责任。

三、教育财政与公共政策相关文献

追溯公共政策的历史我们发现，公共政策的产生是以公共利益的存在为前提条件的。公共利益的概念源于希腊的古老文明。亚里士多德把公共利益看作城邦追求的最高的善，认为“所有共同体都是为着某种善而建立起来的，因为人的一切行为都是为着他们认为的善。”[2] 这里的善即是公共利益的最初表述。

随着公共利益的概念被公众重视，社会契约思想于是出现萌芽。伊壁鸠鲁最早提出了“社会契约”的观点，并对这种社会公共生活产生的直接形式作了描述[3]。马克思、恩格斯对此予以说明：“国家起源于人人相互间的契约，起源于 sociai contract（社会契约）”。这一观点就是伊壁鸠鲁最先提出来的[4]。法国政治学家卢梭认为，建立于社会契约基础上的国家及其政府是一种“公共人格”，其活动的意志是一种“公意”，反映了全体人民的“共同利益”[5]。霍布斯、洛克等也相继阐述了社会契约的概念。他们认为，政府的产生即是人们订立社会契约的结果。由于公共利益的需要，人们会放弃部分权利，将之托付给一个共同的组织，该组织的行为必须体现公共意志，维护公共利益。社会契约明确了政府与公众的委托代理关系，政府有责任完成公众委托的事务，履行实现公共利益的职责。

大卫·休谟强调，自由政府的目的就是为公众谋利益[6]。美国公共行

① 覃壮才：《市场化及其危机——20 年来我国职业教育政策发展的基本取向分析》，《比较教育研究》2003 年第 11 期。

② ［古希腊］亚里士多德：《亚里士多德全集》政治卷，颜一等译，中国人民大学出版社 1999 年版，第 1 页。

③ 王春福：《有限理性利益人与公共政策》，中国社会科学出版社 2008 年版，第 70 页。

④ 《马克思恩格斯全集》第 3 卷，人民出版社 1960 年版，第 147 页。

⑤ ［法］卢梭：《社会契约论》，商务印书馆 1996 年版，第 135 页。

⑥ ［德］列奥·施特劳斯等：《政治哲学史》，河北人民出版社 1993 年版，第 657 页。

政学家E. 彭德尔顿·赫林在《公共行政与公共利益》中明确指出，“我们必须把联邦行政机构看成是一个整体：它必须发展成为执行公共利益政策和促进总的社会福利事业的机构。”并且认为“‘公共利益’就是指导行政管理者执行法律时的标准。”在这里，公共利益作为政府政策行为的价值取向，被提到特别突出的地位[①]。当代美国政策科学家詹姆斯·E. 安德森也认为，“政府的任务是服务和增进公共利益。”[②] 由此看来，无论是公共行政学家，还是政策学家，大部分人都认同将公共利益作为政府政策行为的价值取向，认同公共利益是政府决策的根本出发点。

在实现公共利益的过程中，稀缺的公共资源在不同利益群体中的分配并非均衡，政府需要做出取舍，决定在哪些领域投入或者减少公共资源。如托马斯·戴伊所言：“公共政策是一个政府选择要做的任何事，或者它选择不去做的任何事。”他还进一步解释说，“公共政策既包括了政府的行为，也包括了政府的不作为。政府无力行为正如其行为，可能同样对社会产生重大的影响。”[③] 这一定义实质上是把公共政策看作政府的一种选择行为，强调政府的无为所具有的重要意义。彼得斯（B. Guy Peters）指出，公共政策是“政府活动的总和，无论行为是直接的还是通过代理，因为其行为对公民的生活产生影响。”[④] 在西方学者对公共政策的定义中，伊斯顿的界定影响较为广泛。他在《政治体系——政治学状况研究》一书中写道：“一项政策的实质在于通过那项政策不让一部分人享有某些东西而允许另一部分人占有他们。换句话说，……一项政策包含着一系列分配价值的决定和行动。”[⑤]

显然，公共政策本质上是一种选择，而人的任何选择行为都离不开

① 彭和平、竹利家等：《国外公共行政理论精选》，中央党校出版社1997年版，第56—58页。

② ［美］詹姆斯·E. 安德森：《公共决策》，华夏出版社1990年版，第222页。

③ ［美］托马斯·戴伊：《自上而下的政策制定》，鞠方安等译，中国人民大学出版社2002年版，第3页。

④ B. Guy Peters, *American Public: Promise and Performance*, 3d ed. NJ: Chatham House, 1993: 3.

⑤ ［美］戴维·伊斯顿：《政治体系——政治学状况研究》，马清槐译，商务印书馆1993年版，第123页。

价值判断。在德洛尔看来，“价值问题是政策制定哲学中一个受到广泛注意、并且越来越得到人们重视的主题。”[①] 因此，在维护公共利益的过程中，公平与效率自然就成了政府制定公共政策时的价值依据。任何一项政策都会涉及公平和效率，如何兼顾公平与效率、寻找公平与效率的最佳契合点成为政府关注的核心。

社会公众通过一定的利益表达机制反映其利益需求，为国家公共权力主体的价值分配提供依据；而公共政策目标整合社会各方面的利益要求，明确价值分配取向[②]。理想的民主机制要求公共政策能够“一人一票”，以此实现公共利益。但在所有现实的政治体制中，特殊利益集团都会积极参与政策决策过程，推进其政治目标[③]。换言之，由于利益表达机制的不完善，弱势群体缺乏对公共政策的影响力，他们的需求通常难以体现于公共政策中，因此利益严重受损。这一点在教育的财政政策方面体现得尤为明显。世界银行研究报告指出，虽然有些例外，缺乏有效的居民声音一般会导致分配到教育部门的资源不足，而且贫穷居民更难享用到这不足的教育资源。实际上，弱势阶层的子女承受了政府教育经费不足的严重后果，但在现行的政府治理结构下，他们的利益诉求难以进入决策程序[④]。

具体到教育财政方面，查尔斯·本森（Charles S. Benson）是第一个强调教育经济学意义的现代学校财政学的学者。他提出的教育与经济之间存在紧密关系的观点得到了广泛的认同。他认为教育是促进人类进步的主要力量，教育的质量与教育财政投入紧密相关。人们对教育有其自身的期望，当他们决定选择所要受教育的程度时，受教育的资金从哪里

---

① ［以］叶海·卡德洛尔：《逆境中的政策制定》，王满传等译，上海远东出版社 1996 年版，第 140 页。

② 王春福：《有限理性利益人与公共政策》，中国社会科学出版社 2008 年版，第 45 页。

③ ［美］吉恩·M. 格罗斯曼、［以］埃尔赫南·赫尔普曼：《特殊利益政治学》，朱保华译，上海财经大学出版社 2009 年版，第 1—3 页。

④ The World Bank：“*World Development Report* 2004：*Making Service for Poor People*”. Oxford：A Copublication of the World Bank and Oxford University Press，2003，pp114—116.

来？资金怎样使用才能最有效率？这成为首先要回答的两个问题[①]。

栗玉香在研究教育财政政策时，将公众视为整体，认为教育财政支出的决策权仅仅是政府单一决策主体的强势主导决策权。这种决策权强化了政府对教育财政支出的干预手段，而不完全是为满足公众教育需要的。同时，政府决策权堵塞了社会不同利益主体参与决策愿望诉求的渠道，从动态观点看将会带来巨大的社会成本[②]。

黎万红研究了教育分权对职业教育发展的一系列影响。国家将职业教育的权力下放地方，主要是让地方政府承担部分责任以及更好地完成中央交办的任务。地方政府的自主权，则在中央政策的规限下，常以“上有政策、下有对策”的方式寻找有限的空间[③]。显然，职业教育的发展状况一定程度上成了地方政府和中央政府的博弈反映。由于中央政府和地方政府存在利益差别，政策执行的结果往往并不完全与政策制定的初衷一致。

袁连生从政府效用角度对政府教育经费投入不足的问题进行了分析。他认为，在中国教育支出虽然对社会经济发展有长期的促进作用，但短期内对于提高政府效用没有显著影响，所产生的经济租金也远远小于经济增长方面的支出[④]。因此在地方为主的教育财政体制中，政府教育经费支出不能达到合理的水平就在情理之中，职业教育经费短缺也得到了部分解释。

顾佳峰认为，当前除了要关心教育经费短缺问题，更要关心教育经费使用的低效问题，即通过良好而科学的教育产出管理，提高办学效益，以缓解现有教育投入不足的压力[⑤]。也就是说，从整个教育事业来看，包

---

① Charles S. Benson：“*The Economics of Public Education*”，Boston：Houghton Mifflin，1961：vii.

② 栗玉香：《公共教育财政支出决策权配置格局的理性思考》，《清华大学教育研究》2005年，第126卷。

③ 黎万红：《教育分权与职业教育发展——中国上海及深圳发展经验的比较研究》，博士论文，香港中文大学哲学博士，2002（8）。

④ 袁连生：《我国政府教育经费投入不足的原因与对策》，《北京师范大学学报》（社会科学版）2009年第2期。

⑤ 顾佳峰：《中国教育支出与经济增长的空间实证分析》，《教育与经济》2007年第1期。

括职业教育在内，其发展状况并不是决定政府业绩的主要影响因素，因此经费不足、资金使用低效现象在所难免。

第三节 研究思路、方法、创新与不足

一、本书研究的思路

本书尝试以公共经济学为研究视角，按照财政政策的研究框架，即为什么拨款、拨多少、怎么拨（拨款方式）、谁来拨（哪一级财政承担经费）以及拨款效果（财政支出绩效），对我国职业教育的财政政策进行分析。

第一章导论系统介绍了职业教育与经济发展、社会公平、教育财政等方面的研究成果，分析了运用公共政策分析框架来研究职业教育全覆盖战略的理论价值和实践意义，介绍了本著作的研究思路、研究方法、创新及不足。

第二章具体阐述了职业教育全覆盖的定义、特点，详细分析了职业教育在三级教育体系中的重要地位。

第三章是职业教育财政政策的理论综述，是全书的理论基础；分析了职业教育相关理论、公共产品理论、财政政策理论，并对财政政策中两个重要概念——公平与效率进行了研究；在此理论基础上，详细论述了职业教育财政政策框架，包括政府为什么要对职业教育拨款、职业教育发展需要的经费总额、职业教育成本分担、政府间分权与教育财政体制、职业教育财政管理五个方面的问题。

第四章是我国职业教育的公平与效率状况分析。在这一章中，首先回顾了我国职业教育的发展历程，发现职业教育的发展受制于所处社会政治、经济的大环境。然后对我国职业教育的发展现状进行了分析，认为尽管我国职业教育发展取得了显著成绩，但从公平与效率角度来看，职业教育的现状并不令人满意。我们认为，财政政策的缺失是造成职业

教育诸多问题的根源。

第五章是职业教育财政政策之国别研究。本章选择了德国、法国、日本、美国四个发达国家，介绍它们的职业教育发展模式以及财政政策。这些国家有的是世界范围内职业教育的榜样国家，有的是与中国具有同样的中央集权体制，有的与中国具有相同的儒家文化背景，还有的是以州为管理主体的经济强国。这些国家职业教育发展形态各异，但政府都对职业教育提供了强有力的支持，尤其是在财力援助、政策导向等方面。我们希望通过研究这些国家的职业教育财政政策，汲取和借鉴他们的宝贵经验，对我国制定职业教育财政政策会有启发。

六至八章从经费总量、成本分担及管理体制三个方面，设计了职业教育的财政政策。第六章首先对职业教育全覆盖下的办学规模进行了相应预测，同时根据生均经费标准，估算了全覆盖下的经费总量数额。为了落实职业教育全覆盖战略，提出科学测定职业教育成本，明确生均经费标准的观点；主张建立以政府投入为主的多元化筹资体系，提高优质教育资源的使用率。第七章研究了职业教育成本分担的财政政策，简要总结我国职业教育成本分担的变革，指出目前我国成本分担体系，看似多元化实为单一化的格局，职业教育经费来源以财政投入和学费收入为主。根据谁受益、谁负担原则，职业教育利益相关者——政府、个人、企业应分别承担发展经费的70%、20%、10%，并认为这一比例在经济上是可以接受的。同时，还对政府的职业教育财政责任进行了探讨，主张职业教育的经费责任应主要由地方政府承担，中央政府应主要负责缩小区域职业教育发展的不均衡，促进教育公平。最后，从拓宽经费来源、加大转移支付、健全资助体系等方面设计了政策路径。第八章是职业教育管理的财政政策研究。本章对职业教育管理体制中存在的问题进行了探讨，指出在办学体制方面，应建立政府为主的多元主体办学模式；在管理体制方面，整合职业教育部门，实现统筹管理；在公共经费投入方式方面，无论是供给方导向的投入方式还是需求方导向的投入方式，只要能够改善职业教育效率与公平，增进社会公共利益的方式，我们都可以尝试；在财政支出效率方面，提出建立职业教育财政支出绩效评价，以此提高财政资金的使用效率。

二、研究方法

本书研究涉及公共经济学、教育学、教育经济学、公共管理、公共政策学等多种学科。归纳起来，主要研究方法有以下几种。

1. 规范分析与实证分析方法。本书从公平和效率维度，对职业教育发展的历程以及现状进行分析，属于规范分析；对职业教育全覆盖战略下的规模预测以及经费总量预测，对职业教育财政支出进行绩效评价都是通过数理统计方法，建立计量模型，采用了实证研究方法。

2. 比较分析法。本书对国外的职业教育发展模式及财政政策进行了总结，比较了不同国家的政策对职教发展的影响，总结其益于我国的经验教训。

3. 调查研究法。在第八章中，作者通过参与“江苏省职业教育财政支出绩效评价”课题，获得了大量一手数据，为检验职业教育绩效评价体系设计的合理性提供了坚实的数据支撑。

三、创新与不足

本书的创新包括以下几个方面。

1. 提出职业教育全覆盖战略，首次应用公共政策分析框架来研究该战略。

职业教育全覆盖战略是国家“十二五”期间职业教育发展的战略规划。本著作系统阐述了职业教育全覆盖的内涵以及职业教育全覆盖战略的现实意义。首次应用公共政策的分析框架，尝试研究该战略下应采用关键的财政政策。运用公共政策研究框架解决经济和社会发展问题是政策研究领域的未来趋势，本书正是这方面的一个尝试。

2. 系统梳理了职业教育财政政策的相关理论。

提出了职业教育财政政策的框架，包括为什么拨款、拨多少、怎么拨、谁来拨以及拨款效果的考核等。

3. 首次从公共政策角度指出职业教育存在问题的根源。

在讨论职业教育存在的问题时，采信的大量文献都指出经费短缺、办学体制不顺、质量不高等问题的原因，但它们都忽视了根本的原因所在，即缺乏系统的财政政策。本著作在公共政策框架内，分析了职业教育发展不足的原因，指出建立一套符合我国国情的职业教育财政政策体系，是破解职业教育发展难题的前提条件。因此，本书的创新还在于从财政政策层面开拓了职业教育研究的新思路，拓宽了研究视野。

4. 对职业教育财政政策进行了国际比较。

系统研究了德国、日本、法国、美国的职业教育发展模式、财政政策及其经验做法，希望为建立我国职业教育财政政策提供借鉴。

5. 设计了具体的政策路径，为政府制定科学决策提供依据。

从经费总量、成本分担、管理体制三个方面设计职业教育全覆盖战略下的主要财政政策路径。职业教育全覆盖战略是落实国家“十二五”教育规划的重要步骤，具体的政策路径设计也可为政府制定科学决策提供依据。

本书的不足包括：

1. 职业教育财政政策的建立是一项宏大的工程，由于笔者能力有限，仅从三个方面给出了政策路径建议，政策框架构建并不完善，体系尚待补充。

2. 在对职业教育全覆盖战略下的经费总量进行预测时，是根据生均实际经费与办学规模预测的结果进行估算的，由于缺乏生均经费标准，结果并不一定精确，有待改进。

第二章　职业教育全覆盖概述

第一节　职业教育

一、职业教育内涵演变

“职业教育”的英文为 vocational education。近年来，联合国教科文组织和世界银行等国际机构越来越多地采用 TVET 或 VET 概念，即 Technical and Vocational Education and Training，中文译为技术和职业教育培训或者称为职业技术教育。职业教育的内涵，在不同的历史背景下，含义并不完全一致。

职业教育是一种以培养职业人才为宗旨的教育。在职业教育中，职业是教育的目的，而技能是路径。这就是说，它的目的是使学生在毕业后能够获得某种职业，而路径是要求他们掌握所需技能，因此职业教育最初的含义是指，给予学生一定职业技能的教育。它的兴起与技术的发展有关。在长期社会实践中，人们早就注意到一种现象：有技术者能用较少的时间，较少的耗费将事情做得更好，从而创造出更多财富，并获得更多收入。这些技术也称为“技能”。技能实质上是一种实践经验的总结。

但是，在漫长的中国封建社会里，技能为“技”，在技能的传授上，主要采用家庭式的“师傅带徒弟”，从而形成了许多“世家”。与读书做官之“理”相比，技能属于“雕虫小技”，被人轻视。

在西方，人们对技能的重视是在工业革命以后。随着以机器为工具的现代制造业诞生，人们开始重视技术的作用。但也发现，这种以“授徒”为特征的人才培养方式有一些重大缺陷：一是由于“授徒”属于经验型活动，培养质量取决于师傅的经验，师傅因自身文化素质，经历差异等原因，在技能上存在差异，从而直接影响了徒弟学习的质量，很难满足大工业的规范管理对工人的基础知识、基本技能和规范操作方面的要求；二是授徒式技能传授方式，时间长、成本高，无法批量化，与工商业快速发展需要大量人才的要求无法适应。这与中国的师徒传授有同样弊端。因此，人们开始改造这种有上千年历史的授徒式技能型人才培养模式，创造出一种以学校为基础的、以规范培养大批量技能型人才为宗旨的教育模式——职业教育。可见，职业教育是工业经济社会的产物，从它诞生起，就承担了为社会培养职业型人才的任务，并随着经济与社会的发展而发展。

职业教育最初是以生产劳动教育的概念进入人们视野的。16 世纪以来，随着社会生产力的发展，一些思想家认为传统教育脱离了生产实际，主张在学校中应开设与生产劳动相关的课程。英国的托马斯·莫尔是最早重视生产劳动教育的政治家之一。1516 年，他提出学校教育应使学生掌握一定劳动技能，“大家都从小就学习农业，部分是在学校接受理论，部分是在城市附近的田地里实习。……除去……从事农业外，还须学一种手艺作为专门职业。”[①] 他认为在理想社会中，每个社会成员在体力劳动之余，还应“至少学习一种手工艺，以便选择职业或就业”。英国哲学家贝蒂提出建立职业学校的设想，在当时具有一定的先进性，因为与“师傅带徒弟”的学徒式教育相比，职业学校可以缩短学徒年限，保证教育质量。他主张建立“语言工场”和“实业专科学校”，通过开设制图、车削加工、钟表制造、玻璃装饰、园艺、建筑、造船等专业课程，培养

---

① ［英］莫尔：《乌托邦》，上海三联书店 1956 年版，第 66 页。

学生的职业技能，使学生胜任将来的职业，由此促进工业发展[①]。捷克教育家夸美纽斯则认为儿童应得到全面的知识，当然也包括技能知识，因此，开设职业教育课程十分必要。

瑞士著名教育家裴斯泰洛齐指出："使功课劳作合一，提倡职业训练，是提高人的工作能力，增加实际生产量的最好途径。"[②]"学习与手工劳动相联系，学校与工厂相联系，使他们合而为一"。显然，其思想中蕴含着教育与生产劳动相结合的重要意义。英国著名教育家托·亨·赫胥黎指出，职业教育是要培养观察的能力、精确地操作的能力和论述事物的能力。他认为这些能力对于工业生活来说，是最重要的[③]。他写道：对于一个手工艺者来说，工场是唯一的和真正的学校。关于工场教育的那种教育应当完全致力于增强体质、提高道德能力，以及培养智力；尤其要用有关手工艺者必须会涉及到的那部分自然界规律的主要而又清楚的观点去充实头脑。马克思和恩格斯认为教育与生产劳动相结合是改造资本主义社会最有效的手段。虽然上述思想家对于开设职业教育课程的初衷并不相同，有的是为了推进工业发展，有的是以儿童身心全面发展为出发点，但他们都认识到生产知识、技能教育对社会发展的重要意义，客观上为职业教育的发展奠定了理论基础。

随着社会的进步，职业教育的概念也变得具体、清晰起来。《西方教育词典》对职业教育的定义是为一个人的未来生涯或职业而谋划发展其能力的教育活动；就学生正在准备从事更广泛的活动而言，他们能发挥更多的个性和创造性。寺田盛纪认为，职业教育是一个广义的概念，作用于人的发展的一个重要环节。职业教育的范围既包含各级学校的职业教育、职业准备教育以及基础性的职业教育，也涵盖以技能教育为主的职业培训（养成培训、再培训和继续培训）等[④]。

---

① 李向东：《职业教育学的产生与发展》，《职业教育研究》2005年第1期。

② 李向东：《职业教育学的产生与发展》，《职业教育研究》2005年第1期。

③ ［英］托·亨·赫胥黎：《科学与教育》，单中惠、平波译，人民教育出版社2006年版，第279页。

④ 寺田盛纪：《日本职业教育和训练的研究状况及其课题》，《华东师范大学学报》（教育科学版）2001年第19卷第1期。

顾明远、梁忠义在主编的《世界教育大系——职业教育》中指出，职业教育是为了培养职业人的，以传授某种特定职业所需的知识、技能和职业意识的教育[①]，该定义将培养目标纳入职业教育的概念范畴。《中国教育百科全书》将职业教育解释为在一定文化和专业基础上给予受教育者从事某种职业所需的知识技能的教育，目标是培养实践应用型专门人才，即各行各业所需的技术、管理人员、技术工人和城乡劳动者。《辞海》给出职业教育的定义是，为给予学生或在职人员从事某种生产、工作所需的知识、技能和态度的教育，分为就业前和就业后[②]。显然，职业教育是学习文化、培养技能和职业道德的教育，其目标是培养专业技能。

近代职业教育于18世纪末在欧洲诞生，并逐步演变为各国教育体系的重要组成部分。而中国的职业教育始于19世纪60年代的洋务运动。洋务派创办新式学堂，开展实业教育。可以认为，实业教育是职业教育的雏形，但此时的实业教育仅限于农、工、商三种教育，未包括近现代各种职业分科教育。中国职业教育体制确立于清光绪二十八年（1902）的《钦定学堂章程》，其后学制多次变更，一般在中等教育内分设初、高级职业学校。1917年5月，教育家兼实业家黄炎培等48人在上海创办了中华职业教育社，将实业教育正式改名为职业教育[③]。黄炎培提出，“职业教育之定义，是为用教育方法，使人人依其个性，获得生活的供给与乐趣，同时尽其对群之义务”，而其目的“一为谋个性之发展；二为个人谋生之准备；三为服务社会之准备；四为国家及世界增进生产力之准备”。他把职业教育的终极目标确定为“使无业者有业，使有业者乐业”，同时还提出职业教育的原则是平民教育，即“办职业教育，须下决心为大多数平民谋幸福”。此外，黄炎培还倡导“大职业教育观”，“离开社会无教育……职业教育，只从职业学校做功夫、只从教育界做功夫、只从职业界做功夫，是不行的……办职业学校的，须同时和一切教育界、职业界努力地沟通和联络”。这种“大职业教育观”深刻揭示了职业教育是

① 转引自周勇：《对职业教育概念的回顾与思考》，《职教论坛》2003年第9期。

② 夏征农主编：《辞海》，上海辞书出版社2009年版，第2942页。

③ 张念宏：《中国教育百科全书》，海洋出版社1991年版，第86—87页。

一个系统的社会工程，只靠教育方面运作是不行的，需要社会的各行各业共同参与、相互配合。事实上，黄炎培的“大职业教育观”，也可以看作是职业教育的公共教育观。职业教育虽然得到了快速发展，但它在性质上属于民间教育。一个典型的例子是陶行知先生 1926 年创建了晓庄师范学校,[①] 但他却不得不为筹措经费四处奔走，最终学校也因经费和政治原因于 1930 年关闭。

中华人民共和国成立后，职业教育发展很快。1982 年《宪法》首次将职业教育与普通初中、高等教育摆在同等重要的位置。

20 世纪 70 年代以来，为适应经济发展以及科技进步，部分发达国家已着重在高等教育阶段发展职业教育，形成了具有一定规模的短期职业大学、职业技术学院等，极大地丰富了职业教育的存在形式。

二、职业教育定义

随着时代变迁，产业结构调整极大地拓宽了职业教育的含义。当前，职业教育概念通常包括：（1）职业预备教育，指在基础教育之后进行的各级各类专业教育，向学生渗透职业教育思想。如日本的初中，必修课中有技术和家政，此外还有职业科目的选修课，使学生在基础教育阶段就做好了接受职业教育的准备。（2）转业教育，指在已有专业基础上学习另一种专业。（3）提高教育，指在现有专业基础上不断提高，实现知识更新，以提高自身竞争力。

职业教育是培养特定职业技能，以提高就业能力和水平、适应社会经济发展需要的教育，其首要目标是掌握职业技能。与普通教育相比，职业教育教授的内容更为专业，除了一般的文化基础、理论知识外，职业教育课程通常还包括技能培训等强调操作性、实践性的内容，无论是知识的传授还是实践技能的培养都突出“技能”二字，强调联系实际、解决实际问题的意识与能力培养。此外，由于职业教育的根本出发点是实现就业，这就要求职业教育必须以就业为导向，培养学生娴熟的技能

① 陶行知：《一切为了平民教育》，http://www.sina.com.cn2007 年 12 月 19 日。

和技艺。

按照培训对象来划分，职业教育可分为：（1）以在校生为主要对象的“职业准备教育”，其中既有普通学校的“职业基础教育”，也有职业学校的“职业技能教育”；（2）以在职人员为主要对象的“岗位培训”；（3）以失业人员为对象的“再就业培训”。相应的，职业教育的对象除了传统的适龄学生外，还包括成年人。就职业教育的形式而言，国际上主要有几种方式：学校本位的职教模式、企业本位的职教模式、社会本位的职教模式、学校—企业综合模式①。

本书中的职业教育特指中等职业教育，主要面向初中毕业生，包括普通中专、职业高中和技工学校三类职业学校教育。

三、职业教育的特点

职业教育具有职业性、技能性、系统性三个基本特点。

（一）职业性

从教育目的来讲，职业性是职业教育的基本属性。职业教育的培养目标是培养学生从事某类职业的技能和技巧，并能熟练应用，因此毕业生在到达工作岗位后即可直接参与工作，不需另行培训，这是职业教育存在的基本目的。职业教育培养目标必须面向职业、面向就业，见效快，现实性较强②。以会计专业为例，会计学专业的职教生由于在校期间参与了相关的实训，培养目标也要求其考取相应的会计上岗证，工作初期即可胜任工作；职业教育在定位工作时目标较为明确，除了学习职业知识、职业技能外，还包括职业精神的培养和熏陶。经过几年的职业系统学习，耳濡目染，学生已经十分熟悉职业精神，具备了一定的职业素养，走出学校就能顺利进入职业角色，这都是职业性特点的要求。

---

① 石伟平：《从国际比较的视角看我国当前职教发展中的问题》，《比较教育研究》1996 年第 6 期。

② 王梦云：《职业教育的特征研究》，《山西大学学报》（哲学社会科学版）2005 年第 28 卷第 6 期。

“职业”是职业教育开办的根本出发点，这就要求职业教育立足于应用，与实践紧密结合。职业教育若能培养出满腹经纶的学生，这固然值得高兴，但理论若不能有效运用于实践，那无异于纸上谈兵。因此，职业教育课程既要重视基础知识的学习，更要强调系统理论的应用——实践。职业性作为区分职业教育与普通教育的重要标志，要求职业教育要贴近市场，密切关注市场需求，应对市场经济对职业教育提出的挑战。关起门来是办不好职业教育的，脱离市场需求的职业教育缺乏生存的土壤，必然不能长久维持下去。显然，职业教育除了在学校进行外，还需广泛与社会接触，让学生在企业中应用所学，了解市场所需，掌握最新的技术和技能。德国的“双元制”职教模式，则充分体现了职业教育的职业性特点。职业学校的学生一部分时间在学校学习理论知识，另一部分时间去企业实训，将书本知识应用到实践中去。知识经济时代，科技的迅猛发展也对职教学生提出了新的要求，即借助学校内理论知识的学习，培养应用未知的、或者掌握更先进的技能的能力。

值得注意的是，职业性特点并不等同于专业性特点。职业是指具体的工作岗位，强调“点”，而专业的范畴更加宽泛，内容更有深度，面向某一特定的行业，强调的是“面”。由于职业和专业都是社会分工的产物，随着科技、经济的不断变革，它们也会发生相应的调整。职业教育作为面向“点”的教育，在未来的发展中不能仅仅局限于“点”，还应考虑如何协调“点面”关系，以“点”为核心，拓宽专业面的宽度，加深职业性的深度。

（二）技能性

从教学内容上来讲，技能性是职业教育的另一重要特点。技能性要求教学注重技术能力的培养，职业教育是帮助学生掌握一门谋生技能，依靠这门技能获得就业岗位的教育类型。换言之，职业教育注重学生的动手操作能力，培养能够在生产实践中解决技术问题的技能型人才，如汽修、电焊、数控等职业，都必须经过系统、专门的训练。这也决定了职业教育必须由理论教学和实践训练两部分组成。实训在职业教育中地位显著。

此外，技能性特点对培养目标、教学内容也提出了新的要求，即教学必须紧随科技、经济发展的脚步，符合市场对技术人才的需求，不能一成不变。职业教育毕业生必须经过科技更新换代的考验。知识经济社会，职业更替是正常现象，这就要求职业教育培养的学生不仅能够胜任当前工作，还要有迎接科技进步挑战的勇气，具备快速适应新岗位的素质。换言之，职业教育不应仅仅满足于当前市场的这种“静态”的技能需求，还应预见到今后若干年市场的需求走向，培养学生具有“动态”的学习能力、创新能力，避免在产业升级优化后，由于知识更新不及时，学生技能淘汰，出现失业等窘境。

（三）系统性

从知识体系和结构来看，职业教育具备系统性特征。职业教育的课程设置，为了能使学生尽快适应岗位需求，安排专业实践课时比例较高。传统的职业教育模式为学徒教学，采用师傅带徒弟、口口相传的模式，这种模式的缺陷之一就是知识结构零散，知识结构受制于师傅的经验以及表达能力，未能形成科学体系。由于师傅对徒弟的教学往往是基于经验，忽视基础理论的传授，这就使得在出现新情况新问题时，徒弟无法运用所学从根源上发现问题，解决问题。现代职业教育则有所不同，职业教育的知识体系完备，使学生既要了解应该怎么做，还必须清楚为什么这样做。也就是说，技能人才不仅要有实践能力，还必须具备扎实的理论功底，熟悉基本原理、基本工艺流程等。显然，职业教育知识的系统性是学徒模式所无法超越的，是工业经济发展的必然要求。

四、职业教育在三级教育体系中的地位

职业教育与义务教育、高等教育均是国民教育体系中的重要组成部分，对提高国民素质、推动经济社会和谐发展发挥着积极作用。就职业教育特点而言，它与其他类型教育之间存在重大差异。

从职业性来看，职业教育是围绕社会需求、岗位需求来开展人才培养工作。因此，发展职业教育除了要遵循教育的一般规律外，必须密切

贴合市场需求，把握市场脉搏，培养企业和市场需要的职业性人才。职业性特点使得职业教育目的明确，专业设置、课程内容等都要以市场为导向，这也决定了职业教育的毕业生可以平稳地实现从学校到社会的过渡。无疑，义务教育和高等教育并无此特点。义务教育承担着提高国民基本文化素质的使命，也是高等教育阶段的准备教育。高等教育则是培养多样化、多层次的专业性人才，以适应社会对不同类型人才的需求，从课程设置来看，内容涉及面较广，通用性强。

从技能性来看，职业教育为学生走入社会、进入工作岗位提供必要训练，注重技能培养，学生动手操作能力强，实践性要求高，而高等教育对于操作技能的要求偏低，偏重理论知识的学习。

从系统性来看，职业教育更加强调基础知识和动手能力，其中基础知识往往局限于基本原理及操作规范、规则，高等教育则会较多地涉及理论内容，知识体系更为全面，讲授内容更为深入，内容也更为学术性和知识性。

此外，三类教育在不同的经济、社会发展时期，其功能和定位也有所差异。如新中国成立初期，国民文化知识水平极度欠缺，文盲率达80%以上，扫盲成为国家亟待解决的难题。这一时期教育最重要的任务就是提高公众识字率，普及义务教育、提高国民的基本文化水平则成为这一时期教育事业的发展重点。改革开放以后，百废待兴，国家的工作重心重新转移到了社会主义建设上来，社会对于职业技术人才的需求旺盛，中等教育尤其是职业教育也步入了关键的转型时期。这一时期，职业教育发展迅速，在校生规模急速扩张，职业教育的繁荣为国家建设培养了大批技术人才，社会建设得以加速。进入21世纪以来，我国开始进入全面建设小康社会阶段，知识经济显现，人民对高等教育的需求也愈来愈迫切，为此高等教育实行扩招政策，至2010年，高等教育毛入学率达到26.5%①，高等教育也为国家的基本建设储备了大量的专业性人才。当前，我国经济正处于产业结构转型、优化时期，企业也由原先的劳动

① 人民网：http：//politics.people.com.cn/GB/1026/14259502.html。

密集型转向技术密集型，技工短缺现象大量存在，建设一支技术娴熟的人才队伍迫在眉睫。无疑，发展职业教育就成为这一期间教育事业的重中之重。

第二节　职业教育全覆盖

一、全覆盖定义

所谓职业教育全覆盖，是将所有未能升学的初中、高中毕业生纳入职业教育体系中，培养其掌握一定的就业技能，授之以渔而非授之以鱼。全覆盖政策将是国家继普及义务教育之后的又一重大人才战略，对全面提升我国人力资源质量意义重大。可以说，职业教育全覆盖是关乎我国未来经济能否可持续发展的关键战略，也是国家“十二五”规划对职业教育发展的期待。

二、职业教育全覆盖目标的现实意义

职业教育全覆盖战略是支撑我国经济长远发展的重大战略，有助于缓解社会矛盾、推进教育公平，具有广泛的经济意义和深远的社会意义。

（一）经济意义

经过30年的改革，我国已成为世界著名的“制造大国”。但这种发展方式仅仅依靠扩大投资规模、增加物质投入、片面追求社会生产总量的增长，长期来看难以维系。事实上，这种粗放型的生产方式已经对生态环境造成了极大压力，资源过度开发的恶果逐渐显现；产品较低的技术含量使得我国长期位于国际分工的底端，严重影响了我国产品的竞争力；国际贸易环境的恶化使得我国出口业遭受重创。

为此，国家及时提出了由“制造大国”向“制造强国”转变的战略方针，通过提高产品的技术含量和附加价值来转变经济增长方式。而实

施这一战略的难点既非技术引进、也非资金提供，而是培养一支训练有素、技能娴熟的技工队伍。技术工人既不能从国外引进，也不是投入资金即可在短期就能解决的，技术工人只有通过本国的职业教育来培养。国际经验也表明，发达国家经济腾飞的背后，技术人才的支持是不可或缺的。

我国不时出现的“技工荒”现象已经说明了技术人才短缺的严重性。企业主为了招到具有一定技能的工人，浪费了大量的人力物力，严重影响了企业的正常运转和发展。而技术工人，作为生产力中最重要的因素，是技术创新、产业结构优化的根本力量。在缺乏技术工人的情况下，企业创新根本不存在，企业竞争力更无从谈起。因此，必须意识到，大力发展职业教育，是培养创新型企业的根本手段，也是企业能够在激烈竞争中脱颖而出的关键。可以说，培养适应企业需求的技术工人，是职业教育存在的基本要义。

综上，职业教育全覆盖战略的实施，是破解我国技术人才瓶颈的必经之路，是打造“制造强国”的前提条件。该战略对经济增长方式的转变、产业结构的优化和升级意义重大。

（二）社会意义

首先，职业教育全覆盖有助于实现社会公平，缩小社会的贫富差距。根据库茨涅茨的倒 U 形曲线假设，随着经济的发展，收入不平等程度会先上升后下降。大量实证研究也证明，个人收入与受教育的程度密切相关，教育水平的提高会改善收入分配状况，缩小收入差距，而教育不平等会加剧收入不平等。平均受教育年限和收入不平等程度之间也存在着倒 U 形关系。当前我国 15 岁以上劳动力的平均受教育水平为 8.5 年，离收入不平等最大值所对应的教育水平 9.3 年尚有一段距离①。显然，实施职业教育全覆盖的策略，是提高平均受教育年限的最直接途径。该策略有助于缩小收入差距，促进社会公平。

---

① 此数据来源于白雪梅：《教育与收入不平等：中国的经验研究》，《管理世界》2004 年第 6 期。

其次，实施职业教育全覆盖是改善弱势群体处境的有效手段。据估算，每年我国有近百万的初高中毕业生，在没有任何职业技能的情况下，直接进入劳动力市场。而这些年轻劳动力中，绝大多数来自农村及贫困家庭。在缺乏技能的情况下，他们很难找到收入较高的稳定工作。而这类年轻人在难以就业的情况下极易成为社会弱势群体，延续上一代的贫困，同时较高的青年失业率也成为影响社会的不和谐因素。职业教育全覆盖战略将所有不能升学的初、高中毕业生纳入职业教育体系，授之一技之长，帮助其在社会上立足，这是利在当代、功在千秋的教育战略。“授之以渔”的职业教育，将改变弱势群体的命运，打破教育不足与贫困的恶性循环。

第三章　职业教育财政政策的理论综述

本章主要是对职业教育财政政策的相关理论进行论述。第一节系统梳理了职业教育相关理论，第二节研究公共产品理论，并指出职业教育是准公共产品，这是本章的根本出发点；第三节分析政府干预与委托——代理理论，为厘清政府的职业教育发展职能奠定了理论基础；第四节主要介绍财政政策理论，并对职业教育财政政策的框架予以分析，指出公平和效率是职业教育财政政策的核心目标。

第一节　职业教育相关理论分析

一、教育与劳动力再生产、社会再生产理论

（一）教育与劳动力再生产理论

教育与劳动力再生产有什么关系？首先，需要指出，劳动力再生产主要包括肉体的再生产和精神的再生产。所谓肉体再生产是指人与动物都具备的繁衍过程。这种繁衍是劳动力再生产的前提，保证了人类社会的延续。精神再生产是意识范畴的活动，是人类与动物的根本区别之一，也是人类特有的意识活动。精神再生产的过程，是人类不断学习、积累的过程。精神再生产是人类社会进化到高级社会的原动力，而教育在其中也发挥着重要作用。精神再生产与社会生产力密切相关，反过来也是

生产力进步的推动力量。

教育存在于人类社会的方方面面，自然对劳动力再生产起着显著的促进作用。林荣日认为，这主要包括几个方面：（1）教育能够培养熟练的物质生产劳动者；（2）教育能够培养高智力的文化技术研究者；（3）教育能够培养高水平的部门管理者；（4）教育能够培养有知识的文化工作者和社会工作者。[①]

（二）教育与社会再生产理论

社会生产过程包括生产、分配、交换、消费四个环节。其中生产是起点，消费是基础，分配和交换皆是手段。在消费之后，还要继续生产、分配、交换、消费，周而复始，循环往复，构成了社会再生产。

社会生产的基本要素是生产资料和劳动者，通过这两者的有效结合，可以生产出新的生产资料和生活资料，将这些新的生活、生产资料投入生产中去，从而扩大了社会再生产的过程。而教育对社会生产的作用主要是借助劳动者实现。通过接受教育，劳动者的技能获得提升，创造性得到开发，可改造劳动工具、生产方式，提高生产效率，扩大社会再生产。可以说，教育在社会再生产中作用巨大。

二、人力资本理论

亚当·斯密提出了人力资本思想。他指出，“学习一种才能，需进入学校学习，需做徒弟，所费不少。这样费去的资本，好像已经实现并且固定在学习者身上，这些才能，对于他个人自然是财产的一部分。工人增进的熟练程度，势必增加他所能完成的工作量。学习的时候，固然要花费一部分费用，但这种费用可以得到偿还，赚取利润”，“这种才能的获得需要维持获取人去接受教育，进行研究或充当学徒……虽然要花费一定的开销，却能偿还支出并带来利润”[②]。这可视为人力资本思想的最原始表述。人力资本可以带来经济利润，但需要付出一定的成本。

---

① 林荣日：《教育经济学》，复旦大学出版社2008年版，第33—34页。

② 亚当·斯密：《国富论》上卷，杨敬年译，陕西人民出版社2001年版，第319页。

人力资本概念最初是 1935 年沃尔什在《人力资本观》中提出来的。20 世纪 60 年代，舒尔茨在美国经济学年会时发表文章，正式提出人力资本理论，此后，人力资本理论进入主流经济学视野，逐渐形成了理论体系和研究方法，对西方经济学产生了重要的影响。主要代表人物包括舒尔茨、丹尼森、贝克尔等。

人力资本是指凝聚在劳动者身上的知识、技能及所表现出来的综合能力和素质。这种能力是生产增长的主要因素，是一种具有经济价值的资本①。以舒尔茨为代表的人力资本理论的倡导者，修正了人们的传统观念。长期以来，人们都认为物质资本是推动社会进步的核心要素，而忽视了人力资本的重要性。人力资本理论认为，人力资本的积累是社会经济增长的源泉，人的素质和能力对经济增长、社会进步的作用是第一位的，劳动者智力因素的影响远远超过物质资本的影响。

根据人力资本理论，人类可以通过教育、培训等手段对人力资本予以投资，增加、积累人力资本存量，从而提高人口素质和水平，加快技术创新的步伐，推动社会、经济的发展；经济增长不应因为土地匮乏、资源短缺而停滞，只要人类肯对人力资本进行投资，这些都不是问题。战后的德国、日本能迅速从废墟中崛起，一跃成为发达工业国家，全都仰赖人力资本的投资。②

教育是增加人力资本存量最便捷的方式，而人力资本的增加无疑会对受教育者产生直接和间接的收益，包括货币效益以及其他非货币效益。Marshal 指出，教育不仅有助于人们社会和经济地位的提高，还能在社会阶层之间起缓冲器的作用，实现社会流动。③

为了衡量人力资本的增长程度对收入的影响，明瑟建立了教育收益的计量模型，采用半对数方法对相关的人力资本因素进行回归。公式

---

① 靳希斌：《教育经济学》，人民教育出版社 2009 年版，第 54 页。

② 林荣日：《教育经济学》，复旦大学出版社 2008 年版，第 43 页。

③ 埃尔查南·科恩、特雷·G. 盖斯克：《教育经济学》，格致出版社 2009 年版，第 19 页。

如下①：

$$\ln E_{s,t}=\ln E_0+r_sS+r_pk_0t-\frac{r_pk_0}{2T}t^2 \qquad \text{（式 3.1）}$$

其中，$E_{s,t}$ 为接受过 s 年学校教育、具有 t 年工作经验的收入水平，E_0 表示接受教育前的初始收入水平，r_s、r_p 分别表示学校教育和非学校教育的收益率，k_0 为投资比率，是接收教育净投资的实际年份。

$$r_s=\frac{\partial\ (\ln E_{s,t})}{\partial S}=\frac{\partial\ (\ln E_{s,t})}{\partial E_{s,t}}\cdot\frac{\partial E_{s,t}}{\partial S}=\frac{\partial E_{s,t}/E_{s,t}}{\partial S} \qquad \text{（式 3.2）}$$

r_s 即为明瑟收益率，衡量多接受一年学校教育比未接受该年教育的就业者的收入变化率。

职业教育对于人力资本的贡献，学界的看法较为一致。米尔顿·弗里德曼认为职业教育是对人力资本进行投资的一个方法，类似对机器、建筑物或者对其他形式的非人力资本进行的投资，它的功能是提高人类在经济上的生产力。而相当多的例证表明，对职业训练投资的利润率要比对有形资本投资的利润率高得多，二者的差异说明了存在着对人力资本投资不足的问题②。

第二节　公共产品理论

在市场经济条件下，市场失灵为政府干预经济奠定了理论依据。职业教育产品的性质究竟是什么，这既关系到政府在职业教育发展中所应扮演的角色，也影响着职业教育的提供方式和生产方式。明确职业教育的产品属性，是划分市场与政府在职业教育中分工的前提条件。正因如此，对职业教育产品的属性进行分析十分必要。

---

① Jacob A. Mincer：“*Schooling*，*Experience and Earning*”，Columbia University Press，1974，pp. 128—144.

② 米尔顿·弗里德曼：《资本主义与自由》，商务印书馆 2007 年版，第 110—111 页。

一、公共产品基本原理

（一）公共产品的定义

早在三百多年前，大卫·休谟就发现，某些任务的完成对单个人来讲并无什么好处，但对于整个社会却是大有裨益的，因而只能通过集体行动来执行。这可视为对公共产品思想的最初表述[①]。1954年，保罗·萨缪尔森总结了公共产品的含义，将公共产品界定为，“每个人对这种物品的消费不会造成任何其他人对该物品消费的减少，……将该商品的效用扩展于他人的成本为零，因而也无法排除他人共享。”该定义得到了学界的一致认同。20世纪70年代，公共产品理论引起了西方社会的广泛关注，学者们从不同方面对公共产品的定义进行了扩展，但都是基于萨缪尔森的定义。

萨缪尔森认为，公共产品是具有非竞争性和非排他性的产品。非竞争性也称为消费上的无竞争性，即消费者消费某种产品时并不影响其他消费者从该产品中获益，也就是说增加消费者消费的边际成本为零。非竞争性源于产品的不可分割性，由于产品不可分割，每个消费者均可从该产品中获益，消费者的利益不存在冲突。例如国防，每个社会成员都可从政府提供的国防安全服务中获得保障，不受别国的侵犯，增加或减少一些社会成员对国防服务的享用，并不会因此而影响他人获得国防的保护。非排他性是指在产品消费中，很难将其他消费者排除在消费利益之外。一方面，技术上很难做到，如防洪堤坝，一旦建立就无法排除该区域的某个成员从中获益；另一方面，从成本上来看，排除其他消费者受益也是不可行的。如市中心的道路，尽管可以使用技术手段排除某些消费者使用，但成本巨大，远远高于排除所带来的好处[②]。

按照竞争性和排他性的定义，社会产品可划分为三类：公共产品、

① 秦颖：《论公共产品的本质——兼论公共产品理论的局限性》，《经济学家》2006年第3期。

② 蒋洪：《财政学》，上海财经大学出版社2000年版，第83—84页。

私人产品和混合产品。其中私人产品具有竞争性和排他性，一旦被消费或使用就不可能被他人所用，同时，也能够借助某些手段排除部分消费者消费该种产品。如购买一个面包，消费者可以填饱肚子，但若与其他人分食，则会影响购买者的效用。而消费者若不付款，自然也不会得到面包的所有权。而在现实中，许多产品既非公共产品，也非私人产品，是混合产品。混合产品是介于公共产品和私人产品性质之间的产品。日本著名经济学家植草益根据竞争性和排他性的强弱，将混合产品分为两类，一类是具有排他性但弱竞争性的混合产品，如医疗、教育、保险、俱乐部产品以及水电气等自然垄断产品；另一类是具有竞争性但弱排他性的混合物品，如森林、草原等公共资源以及孤儿院、养老院等社会福利服务。美国学者奥斯特·罗姆夫妇按消费性质将社会产品分为私人产品、公共资源、收费产品和公共产品四类。其中收费产品包括俱乐部产品和自然垄断产品[①]。

（二）公共产品的提供方式及生产方式

由于三类社会产品具有不同的性质，因此其提供方式也不相同。这里的提供方式指谁来付费，包括市场提供和公共提供（政府付费）两种方式。市场提供是指消费者用自己的收入从市场上购买产品；公共提供是政府通过税收方式筹措资金，免费向消费者提供产品。对于私人产品来说，市场提供最有效率，避免了消费者对产品的过度使用。公共产品通常采用公共提供的方式。值得注意的是，混合产品通常视产品公共性的强弱采用混合提供方式，来决定个人和政府承担的比例。表 3.1 归纳了不同产品的特征及提供方式。

按生产方式划分，社会产品通常可采用公共生产和私人生产两种方式。生产方式是指产品由谁来生产。公共生产是指由公共部门制造产品或劳务，私人生产则是由个人、企业制造产品或劳务。以公共产品为例，它既可以采用公共生产方式，如公立学校、公立医院，也可以采用私人生产方式，经由“政府采购”途径向社会公众提供产品。选择何种生产

① 张军、贾鸿：《完善准公共产品定价机制的思路》，《中国国情国力》2009 年第 4 期。

方式，取决于生产效率的高低，公共生产并不意味着效率就更高。由于公共部门通常有一个庞大的运行机构，且缺乏明确的绩效考评制度，与私人生产相比，公共生产的成本和效率难以取得优势，同时，公共生产还可能存在“权力寻租”等腐败现象。在公共产品的生产方面，政府失灵难免出现。在这种情况下，通常采取“政府买单、市场生产”的方式，借助政府采购、公共服务外包等形式提供公共产品。公共产品的市场生产机制的确立，既需要市场机制在生产某些产品方面更有效率，同时也需要政府的积极作为。总之，无论采取哪种生产方式提供公共产品，政府的规制、监督作用都不可或缺。

表 3.1　按消费性质划分的社会产品

产品类别		特征	提供方式	举例
纯公共产品		非排他性、非竞争性，社会所有成员都可享用，外部效益→∞	政府通过税收方式弥补产品成本，免费向公众提供	国防、社会治安、天气预报
混合产品	准公共产品	非排他性、竞争性，外溢性较强，公用资源	混合提供，政府承担一定成本，享用者付费，共同承担	博物馆、公园、森林、草原
混合产品	准私人产品	在一定范围内具有非竞争性、排他性，内部效益远大于外部效益，俱乐部产品	混合提供，以收费方式为主要途径，弥补成本；政府补贴为辅	公共交通系统
纯私人产品		排他性、竞争性，内部效益→∞	市场提供，个人付费享用	食品、服饰

公共产品理论界定了政府的职能范围，为政府制定财政政策提供了理论依据。根据公共产品理论，并非所有的社会产品都要由政府来提供，

应按照其公共性的强弱来决定政府的干预程度。对私人产品而言，由于不存在市场失灵的问题，其提供完全可以让市场来解决。而公共产品有纯公共产品和准公共产品之分，针对它们的财政政策是不同的。对于纯公共产品而言，免费搭车者的存在导致市场失灵，市场机制不能有效提供纯公共产品，无法实现社会福利的最大化。因此，纯公共产品必须由政府全额提供，财政支出必须全力保障纯公共产品的供给。而对于准公共产品来讲，其受益除了具有内部性，还存在一定的外溢性，因此政府必须承担部分成本。在政府与个人的分担比例方面，则视外部性的强弱而定。至于公共产品究竟采用哪种生产方式，完全取决于哪种生产方式的经济效率更高，生产方式的选择与产品性质并不相关。

在理解公共产品理论时，还应注意：（1）优值品（merit good）。优值品是指消费者对于商品的评价低于市场的合理评价，这是由消费者的不合理偏好造成的。在现实生活中，往往会存在这样一些商品，消费者对这些商品的价值判断低于其实际价值。如教育即是优值品，但有些家长对教育的评价较低，不希望送子女入学，因此政府在这种情况下必须强制其消费，实行义务教育，纠正他们的不合理偏好，增进社会福利。（2）根据公共产品的受益范围不同，公共产品可分为地方性公共产品、全国性公共产品和世界性公共产品。（3）由于消费者的效用函数不同，对消费相同数量的公共产品，不同的消费者的满意程度也不尽相同，因此，对不同的公共产品的需求程度也会不同。例如社会治安服务，富人出于保护其财产的目的，对社会治安的需求更为迫切，从中获得的利益也比穷人多。（4）公共产品的性质在社会经济发展变化时也会发生相应的调整。以教育为例，在经济不发达时期，教育是私人产品，只有富裕人家的孩子才可进入学校接受教育；而随着经济的发展，公众教育平等思想的觉醒，其对接受教育的愿望日益强烈，教育遂成为公共产品，被囊括在政府必须提供的产品之中。因此，政府在提供公共产品时，宜从实际出发，既要考虑到社会需求，还要关注公共产品的提供对经济效率和社会公平的影响。

（三）职业教育是准公共产品

按照公共产品的判定标准衡量，职业教育兼具公共产品和私人产品的性质，非竞争性和非排他性的特征并不完全具备。所以说职业教育是准公共产品。

首先，职业教育具有不完全的非竞争性。在一定范围之内，增加接受职业教育的学生数量并不会影响其他学生从职业教育中获得的收益，也就是说增加职业教育学生的边际成本为零，职业教育具有一定的非竞争性；但随着教育需求的增长，职业教育的既有规模无法满足公众需求，对职业教育的消费就会出现供不应求现象；经济发展不平衡导致城乡、区域间教育质量存在一定差异，而优质资源是稀缺的，这就使得理性经济人追求优质的职业教育，造成职业教育需求者间的竞争，导致职业教育的消费具有一定的竞争性。

其次，职业教育具有不完全的非排他性。职业教育资源是有限的，一部分人享用了职业教育服务，这就意味着会有另一部分人不得不放弃接受职业教育的机会；此外，职业教育实训阶段成本高昂，学校可以采用收费方式，以排除不缴费学生入学的可能。因此，职业教育具有不完全的非排他性。

再次，职业教育具有一定的外部性。除了接受职业教育的学生及家人是职业教育的直接受益者外，职业教育的普及提高了整个社会的平均受教育年限，一定程度上提高了国民素质；职业教育为企业和社会培养了大量技术人才，增强了企业的创新能力，极大地推动了产业结构的调整和优化，这是职业教育所带来的“溢出效应”，这种效应并非立竿见影，而是伴随着产业经济的发展逐日显现；从教育提供者的角度来看，当前我国的地方政府是职业教育的经费供给主体，作为生产要素的劳动力可以自由流动，这就使得地方政府投资职业教育的收益溢出其辖区，使其他地区受益。

根据上述三个特点，我们将职业教育界定为准公共产品。在提供方式上，职业教育的准公共产品特性要求实行经费分担机制，即利益相关者应按照受益程度承担职业教育成本，一方面，政府需通过财政预算来弥补职业教育的部分生产成本，享受职业教育服务的个人也应承担一定的教育费用，至于政府和个人经费分担比例则视不同情况而定。在职业教育的生产方式上，无论是政府举办还是个人投资兴办，关键是看谁的生产效率更高。由于职业教育属于准公共产品，其举办应是为了增进公共利益，而不应以营利为目的，其生产效率的衡量也不应是单纯的经济效益。我国当前的职业教育以政府举办为主体，这主要是计划经济时期政府办教育沿袭的产物，但并不说明职业教育由公共生产效率就是最高的。若个人举办效率更高，则积极发展职业教育的私立学校将是历史必然。

鉴于职业教育类型多样，不同阶段的职业教育准公共产品的特性也不相同，相应的，成本分担模式各异。义务教育阶段的职业教育属于纯公共产品，如职业初中，应由公共财政出资，免费向社会提供。而义务教育阶段后的职业教育，都属于准公共产品。其中，本文研究的对象——中等职业教育，属于高中阶段教育的重要组成部分，具有明显的外部效应，公共性较强，在成本负担方面，公共财政应承担较大比例；而高等职业教育、高等专科教育属于高等教育，虽然有一定的外部效益，但与受教育者的内部收益相比，则要小得多，这类职业教育虽然也属于准公共产品，但私人产品属性要强一些，毫无疑问，个人应是高职类教育的主要成本负担者。总体来说，职业教育是准公共产品，尽管分担模式不同，但公共财政对职业教育的经费支持是十分必要的。

此外，我们认为随着社会经济发展水平的提高以及政府财力的日益雄厚，职业教育的准公共产品属性会演变为纯公共产品，也就是说职业教育的产品属性具有时代性特征。

二、公共产品相关理论综述

职业教育的管理责任、经费责任在政府间的划分，主要依据是财政学中的地方性公共产品理论和财政分权理论。下面将对这两种理论予以介绍。

（一）地方性公共产品理论

公共产品层次问题是公共产品理论的进一步细化。根据公共产品受益范围的大小，决定公共产品提供的政府层级。斯蒂格利茨与阿特金森在合著的《公共经济学》一书中，这样描述地方性公共产品："某些公共产品可能并不带有空间的限制，但对于其他公共产品来说，尽管新来的居民无需耗费更多的成本便可获得其收益，然而这种收益却局限在一个地区中（可能会溢出某些利益到邻近地区）。"显然，地方性公共产品除了具备公共产品的两个特性——非竞争性和非排他性外，还具有以下几个典型特征。

第一，受益上的地方性。地方性公共产品是指受益对象仅局限于某一区域居民的产品。如供水供电供气、垃圾收集和处理、水利，都是地方性公共产品，都存在着受益上的区域性，因此应属于地方政府的职责范围。提供地方性公共产品是地方政府存在的基本理由，根据委托—代理理论，辖区内居民将地方性的公共事务委托于地方政府，地方政府必须履行代理责任，向辖区内居民提供符合他们偏好的公共产品和服务。由于不同区域内的居民对公共产品的偏好往往不同，由中央政府统一提供地方性公共产品，会忽视居民的差异性偏好而造成效率损失；而地方政府对辖区内居民的偏好更加了解，具有一定的信息优势，因而提供公共产品的种类和数量也更符合当地居民的需求，有利于资源的有效配置。

第二，存在溢出效应。溢出效应是指公共产品的受益范围与行政上的地理范围不完全一致，公共产品地域特征的模糊性使得受益难以严格界定，受益易向周边地区扩散。以森林消防为例，尽管从地理位置来看森林属于某一地区，但若森林火灾得不到及时控制，往往殃及邻近区域。诸如此类的地方性公共产品，其受益往往具有一定的外溢性，相邻区域联合提供该类产品，将收益的外部性内在化，实现地方性公共产品的有效供给。

根据上述标准，职业教育属于地方性公共产品。

（二）财政分权理论

地方性公共产品的存在为财政分权理论提供了客观依据。1965 年，蒂博特发表文章《地方支出的纯粹理论》，提出了“以足投票”理论。该理论认为，彻底的财政分权和地区之间的竞争，可以达到社会公共资源配置的帕累托最优状态。“以足投票”生动地描述了消费者对公共物品的不同偏好，充分说明了地方政府存在的必要性。蒂博特模式表明，地方性公共产品由地方政府供给可以实现资源配置的优化，避免公共产品供给的无效。同时，政府的财政分权十分必要。

马斯格雷夫从考察财政的三个主要职能——配置、分配与稳定出发，分析了中央政府与地方政府存在的合理性和必要性。同时，他还通过建立最优社区财政理论界定了最优财政区域数和每个区域最优人口数。在中央政府存在的必要性上，他指出，中央政府对于全国性的公共产品提供以及分配稳定职能不可或缺。

1972年，奥茨出版《财政联邦主义》一书，证明了蒂博特模式的有效性。此外，他还提出“分权定理”，即对某种公共品来说，如果对其消费涉及全部地域的所有人口的子集，并且关于该公共品的单位供给成本对中央政府和地方政府相同，则地方政府能够向居民提供有帕累托效率的产量，而中央政府不能[①]。换言之，地方政府和中央政府同时提供同样的公共产品，由地方政府提供更好，因为地方政府更了解居民的偏好。

布坎南提出分权俱乐部理论来论证分权的合理性。该理论的核心包括以下两个方面：一是随着俱乐部成员增多，边际服务成本降低；二是随着新成员进入俱乐部，会增加拥挤成本，从而增加外部不经济。一个俱乐部其成员的最佳规模应是在外部不经济所产生的边际拥挤成本等于新成员分担运转成本所带来的边际节约这个点上[②]。

综上所述，地方公共产品的出现是财政分权的前提，财政分权则是地方性公共产品存在的必然结果。两者共同奠定了政府在职业教育所应承担责任的理论依据。

---

① 马静：《财政分权与中国财政体制改革》，上海三联书店2009年版，第20页。

② 许正中、苑广睿、孙国英：《财政分权：理论基础与实践》，社会科学文献出版社2002年版，第66页。

第三节 政府干预与委托代理理论

公共产品、外部性等市场失灵现象的大量存在，使得社会资源无法依靠“无形之手”进行有效配置，这就需要“有形之手”——政府的干预。

一、国家的起源

早在古希腊时期，人们就开始注意到概念上的国家——城邦。在柏拉图和亚里士多德等人看来，家庭是私人领域，而城邦则是公共领域，两者有着根本的不同。其中，家庭是以血缘为基础的，家庭的稳定依靠家庭成员之间自然存在的等级制来维持，而城邦则是以理性为基础，公民之间应该以正义为原则，这样才能保证城邦的正常秩序。柏拉图对城邦的起源进行了详细的解释，认为个体的自由民不能实现自足，有许多愿望仅通过个人的努力是无法实现的。只有当自由民与自由民结合起来，形成城邦，才能实现这些愿望①。在亚里士多德看来，城邦是在自发形成的“村坊”基础上结合而成的②。因为只有在城邦里，人类的生活才可以获得完全的自给自足，过上他所谓的“优良的生活”。应该说，古希腊时期的城邦即是国家一词的雏形。显然，国家一词的出现要比其实体的产生要早得多。对于国家起源的研究，则是从近现代开始的。最有影响的学说主要有两种：一种是西方国家的“社会契约论”，另一种是马克思主义的历史唯物主义学说。

（一）社会契约论

社会契约论的兴起，是与西方的社会变革、西方的契约文化传统，

---

① 李蜀人：《从私人领域到公共领域——西方政治的启示》，《四川大学学报》（哲学社会科学版）2012 年第 178 卷第 1 期。

② 亚里士多德：《政治学》，吴寿彭译，商务印书馆 1997 年版，第 17 页。

特别是与资本主义上升时期日益普遍的契约经济的发展有一定联系的[①]。作为社会契约论的代表人物霍布斯与洛克，其学说对后来的思想家产生了深远的影响。

1. 霍布斯与利维坦

“利维坦”是《圣经》中的一个概念，是传说中生活于海洋里的一种威力巨大的动物。霍布斯用利维坦来比喻强大到可吞噬一切的国家力量。通过对利维坦的系统剖析，他系统地发展了国家学说体系。在霍布斯的逻辑体系中，人类的生活分为“自然状态”和“社会契约”两个部分。

在国家出现之前，人类是生活在“自然状态”中的。所谓自然状态，就是指人按照自己的本性而行动，并且这些行动被认为是自然、合理的。霍布斯认为，人性本恶，自然状态下的人自私自利，残暴好斗，如同狼一般。自然人并不具备社会性，这与亚里士多德的“人是天生的政治动物”的观点截然不同。在自然状态下，人人互不信任，每个人都按照自然权利行事。由于人天性中的忌妒、好胜等性格或“起于他为其财产和自由与他人争斗的需要”等原因，即“源于人天性的贪婪”使得人彼此无情加害，即为了求利，求安全和求名誉而进行侵犯，形成充满争斗和恐惧不安的自然状态[②]。这种状态就是残酷的战争状态。而由于人人在体力和智力上的相等，这使得每个人的生存和安全都无法得到保障。就个人而言，保全生命是最大的善，死亡则是最大的恶。每个人为了保全自己的生命，都会不遗余力地、尽可能多地占有一切，甚至包括占有他人天赋的自然权利。为此，霍布斯总结道，在没有一个共同权力使大家慑服的时候，人们便处在所谓的战争状态之下；这种战争是“每一个人对每个人的战争”，不仅存在于实际的战争行动之中，而且也存在于以进行战斗争夺的意图之中[③]。

为了保证个人的人身安全和幸福生活，人们会尽力寻求和平。这样

---

① 苏力：《从契约理论到社会契约理论——一种国家学说的知识考古学》，《中国社会科学》1996年第3期。

② 霍布斯：《论公民》，应星、冯克利译，贵州人民出版社2003年版，第6页。

③ 霍布斯：《利维坦》，黎思复、黎廷弼译，商务印书馆1996年版，第94—96页。

做并非因为人们善良，而是相互惧怕，避免同归于尽，于是人们组成了社会。在社会中，人们开始受到理性的控制，学会应用判断和推理来合理地保护自身安全。这是人们订立契约的根本原因。在霍布斯看来，如果没有某种有形的力量，没有某种绝对权威来使人们慑服，人们是没有办法脱离自然状态的。而契约作为社会生活的基础，不仅在于每个人与每个人之间所订立的权利相互转让的契约，更重要的一种契约形式是人们交付一部分权利或所有权，给一个共同权力——公共权力，使全体真正统一于唯一的人格中。大家将所有的权利和力量托付给某人或一个能通过多数意见把大家的意志转化为一个意志的集体，大家都使自己的意志服从这个人或这个集体的意志，从而保证个人之间的契约得以实现。当一群人以这样的方式统一于一个人格中，就意味着国家的诞生，即利维坦的诞生①。

利维坦是霍布斯设计的契约社会中拥有公共权力的载体。社会契约一旦形成，利维坦则具有巨大的统治威力，且授权者不可收回其让渡的权力。利维坦的威力要想持续，必须要履行其历史使命，实现权力转让者的初衷——实现和平，保证公共安全。具体来说，一个合格的主权者应履行以下职责②。

（1）主权者应全力保护主权的完整，不得让渡或者放弃主权。

（2）主权者应当对人民进行教育。

（3）主权者应甄选良好的参议人员，倾听底层人民的需求，同时注意驾驭军队及其统帅。

社会契约论是霍布斯国家学说的理论核心。这一理论从契约角度揭示了国家的起源。虽然契约论主张君主权力和对主权绝对服从，这些观点学界还存有争议，但值得肯定的是，霍布斯推翻了当时君主与教会宣扬的“君权神授”思想；此外，社会契约论客观反映了资产阶级利益及对强大国家的诉求，在很多领域开启了西方近代思想的先河，具有积极

① 宋希仁：《西方伦理思想史》，中国人民大学出版社 2004 年版，第 196 页。

② 韩晓捷：《霍布斯契约理论的核心伦理价值及其现代意义》，《道德与文明》2012 年第 1 期。

意义。

2. 洛克与《政府论》

与霍布斯不同，洛克没有将自然状态理解为一切人与一切人的斗争状态，而是理解为一种自由、平等、充分享有自身生命财产的理性社会状态。他笔下的人类具有更多的理性和更少的侵略性。在洛克看来，自然状态是一种完备无缺的自由状态，人们可以完全自由地决定他们的行动和处理他们的财产，无须经过任何人的许可或同意。同时，这种状态也是一种平等状态，没有任何人享有比别人多的权利。自然状态有一种为人人所遵守的自然法对它起着支配作用；而理性，也就是自然法，教导着有意遵从理性的全人类：人们既然都是平等和独立的，任何人就不得侵害他人的生命、健康、自由或财产①。显然，自然状态虽然自由，但却不是自由放任的，理性会把人类的行为控制在合理的范围内。

自然状态具有两个基本特征：一是完全的自由，二是自然状态下的每个人都有执行自然法的权利，即“惩罚罪犯和充当自然法的执行人的权利。”这两个基本特征共同决定了自然状态下人们享有的自然权利极不稳定。洛克将自然状态的缺陷归纳为几个方面：首先，在自然状态下，缺少一个确定的、人们共同认可并且接受的是非标准和裁判尺度。其次，自然状态缺少一个公正的裁判者。即使有一个共同认可的裁判尺度，由于每个人都是自然法的裁判者和执行者，利害关系的存在使得最终无法产生公正、客观的裁判结果。第三，即使有了公正的裁决，但没有强制力来保障公正判决的执行。自然状态下这些缺陷，促使人们认识到建立社会、订立契约的必要性。显然，在洛克看来，自然状态到政治社会的过渡，并非因为人们为了克服普遍战争状态下的恐惧和痛苦，而是为了进一步增进自身的自由和福利②。

在从自然状态向政治社会转移的过程中，基于社会契约，人们让渡部分自然权力，去服从国家的权威和强制，承认其合法性。这样，个人

---

① 洛克：《政府论》（下），叶启芳、瞿菊农译，商务印书馆 1964 年版，第 4 页。

② 高照明：《走向法治的政治逻辑——论洛克政治思想的现代性》，《陕西师范大学学报》（哲学社会科学版）2011 年第 40 卷第 6 期。

就不能再像自然状态时一样，随心所欲去做他认为合适的事情，也不能自由行使处罚违反自然法罪行的权力，这两种权力已经改由政府统一行使。

如前所述，政府权力来源于人们的授权。但是，政府的权力一经取得，如何保证权力不被异化？人们让渡给政府的权力不会成为公民权利的侵害者？为解决权力集中带来的危害，洛克提出了权力制衡思想，以保证政府权力能够在正轨上运行。

洛克把国家权力分为立法权、行政权和对外权。其中，立法权是指如何运用国家的力量以保障这个社会及其成员利益的权力，执行权是指执行被制定的持续有效的法律的权力，对外权是负责决定战争与和平、联合与联盟以及同国外一切人士和社会进行一切事务的权力。为了防止权力的高度集中，这三种权力应当分开，由国家不同的机构来行使，特别是立法权和执行权绝对不能由同一机构行使。如果同一批人同时拥有制定和执行法律的权力，就会给人们的弱点以绝大诱惑，使他们动辄要攫取权力，借以使自己免于服从他们所制定的法律，并且在制定和执行法律时，使法律适合于他们的私人利益，因而他们就与社会的其余人员有不相同的利益。这就违反了社会和政府的目的①。

洛克通过对三种权力的论述，有效破解了政府"一权独大"导致专制的难题。首先，将不同的权力由不同的人掌握，形成了权力相互制约、平衡的局面。其次，权力之间是有从属性的。洛克强调立法权具有至高无上的地位，因为立法权是代表人民的。而行政权和对外权必须受到立法权的监督。再次，权力都是受到制约的。对立法权的限制是：以人们的福利为立法宗旨，以人民的授权为存在基础，立法权不能滥用和转让，并随时可以被人民收回。对执行权的限制是：政府必须严格按照立法机关制定的法律办事，不得自行其是或者滥用权力。最后他指出，如果立法机关和君主任何一方违背人民的委托，人民都有权推翻他们。②

---

① 洛克：《政府论》（下），叶启芳、瞿菊农译，商务印书馆1964年版，第91页。

② 刘勇华：《西方政府理论的逻辑结构新论——以洛克的理论构建为基础》，《河南社会科学》2011年第19卷第2期。

对于权利制衡思想，马克思主义经典作家从来没有否定过。如恩格斯甚至认为，三权分立的资产阶级民主共和国是无产阶级专政现成的政治形式①。

洛克设计的国家权力结构和权力制衡的理论模式，从制度上确保了公民权利得以实现、政府权力受到限制，也为西方三权分立政治制度的建立拉开序幕。

（二）历史唯物主义学说

在《家庭、私有制和国家的起源》一书中，恩格斯运用马克思历史唯物主义学说，分析和揭示了国家的起源。他认为国家是在社会分工发展、家庭关系发展、私有制和阶级产生、氏族制度瓦解的基础上产生的。

1. 国家的本质

恩格斯认为，国家绝不是从外部强加于社会的一种力量，国家也不像黑格尔断言的是“伦理观念的现实”、“理性的形象和现实”。具体来说，国家是社会在一定发展阶段上的产物。当社会存在不可解决的自我矛盾、经济利益相互冲突的阶级斗争时，就需要一种“表面上凌驾于社会之上的力量”来缓和冲突，将冲突控制在社会秩序之内，而这种力量就是国家。显然，国家从社会中产生、但又高于社会并且日益同社会相异化。

由于国家的产生是出于控制阶级对立的需要，而且它也是在这些阶级冲突中出现的，那么它理应代表经济上占统治地位的阶级的利益，这个阶级借助于国家成为政治上的主导阶级，他们也获得了镇压和压迫其他阶级的特权。比如，古希腊罗马时代的国家就是奴隶主用来压迫奴隶的工具，封建国家成为贵族压迫农奴和依附农的工具，现代代议制国家就是资本剥削劳动的工具。无疑，国家作为阶级压迫的工具具有历史一贯性。

---

① 崔文华：《马克思否定“三权分立”的原则吗?》，［EB/OL］. http：//www. tecn. cn，2009－02－1。

2. 国家的特点

国家是在氏族组织瓦解的基础上形成的，并不是对氏族组织的简单复制与继承。它是一种与氏族组织不同特质的社会组织。

(1) 国家是按地区划分其国民的。国家允许公民在他们居住的地方实现其公共权利和义务，不管他们属于哪一氏族或哪一部落。这种按照居住地组织国民的办法是一切国家共同的特点。而这也是国家与氏族组织的区别之一。

(2) 公共权力的设立。这种公共权力已经不再是自己组织武装力量的居民了。构成这种权力的，不仅有武装的人，还有物质的附属物，如监狱和各种强制设施。这些东西都是以前的氏族社会没有的。随着国内阶级矛盾的激化以及相邻各国的扩大、人口的增加，公共权力就会日益加强。

(3) 为了维持公共权力，公民还需要缴纳费用——捐税。随着时代的发展，国家也会采取各种形式募集钱款，以满足公共权力行使的需求。

3. 国家的消亡

国家并不是从来就有的。在经济发展到一定阶段而必然使社会分裂为阶级时，国家就由于这种分裂而成为必要了。而随着生产力的发展，阶级不可避免地要消失，正如它们从前不可避免地产生那样。随着阶级的消失，国家也不可避免地消失。

恩格斯关于国家起源的阐述极大地丰富了历史唯物主义的理论体系，深刻揭示了国家本质上是阶级统治的工具，对我们把握国家、民主等政治现象有重要的指导意义。

从国家起源的论述中我们可以发现，国家（政府）存在的根本原因是大量公共事务的存在，而这些公共事务是市场和个人都没有办法解决的，只能依靠政府通过筹集资金来完成，筹集的资金则是完成公共事务的费用。显然，职业教育也属于此类公共事务的范畴，政府必须承担起职业教育发展的责任和义务。

二、委托代理理论

委托—代理理论兴起于20世纪70年代，与信息经济学及公司治理理论相融合，进一步丰富了契约理论，并在实践中有着广泛的应用。委托—代理理论的核心是设计合理的激励机制，使代理人的行为既能满足自身效用，又能实现委托人利益，使得委托人与代理人在博弈过程中实现双赢。

委托代理理论的前提假设是存在信息不对称，且委托人和代理人有着不同的利益诉求。委托—代理理论认为，由于信息不对称，委托人只能获得代理人行动的部分信息，而代理人为了追求自身的利益往往会采取损害委托人利益的行为，出现激励不相容。为了防止代理人的“败德”行为，委托人只能设计出一套激励机制。该机制激励代理人只有在实现委托人利益的同时方可达到自身利益的最大化，化解激励不相容问题。

委托—代理关系也是现代社会的一种常态。我国公共部门的一切活动实际上都是在委托—代理框架下展开的。Alebert Breton[①] 认为公共部门中存在着三种委托代理问题。第一，公共部门存在着公民与权力中心之间的委托代理问题，这是由所有权和控制权分离所引起的所有者与管理人员的委托代理问题；第二是权力中心中政治家与公仆之间的委托代理问题；第三即是官僚机构与委托他们提供产品的消费者（即公众）之间的委托代理关系。

威尔逊（Wilson，1989）曾指出，政府机构的委托代理关系有两个关键特征：（1）政府机构一般有几个方面的努力（投入）和结果（产出），其中任何一个方面都是不可完全观察和证实的。（2）每一个代理人都要应付几个委托人，这些委托人同时试图影响代理人的决定。这些委托人包括政府的行政部门和立法部门、法院、利益集团、媒体等等。威尔逊认为，作为结果，委托人给代理人强加了一系列约束，而不是提供

① Albert Breton：“*Competitive governments：an economic theory of politics and public finance*”，London：Cambridge University Press，1966.

处理经济代理人问题时常常被建议的有力的激励机制。简言之，第一个特征就是代理人有多重任务，而第二个特征即是政府机构有多重委托人，有多个影响政府机构的组织和个体[①]。

委托代理理论可模型化为这样一个问题：一个参与人（委托人）想使另一个参与人（代理人）按照前者的利益选择行动，但委托人不能直接观测到代理人选择了什么行动，能观测到的只是一些变量，这些变量由代理人的行为和其他的外生变量的随机因素共同决定，因而只是代理人行动的不完全信息。委托人的问题是如何根据这些观测到的信息来奖励代理人，以激励其选择对委托人最有利的行动，在各种不同的行为组合中，选择最大的期望效用函数。这时候委托人面临着代理人的参与约束和激励相容约束。代理人问题解决的核心是设计一种有效的激励机制，激励代理人向委托人目标努力，实现委托人的最大利益。

在职业教育的发展过程中，存在着多重委托代理问题。公众（委托人）将职业教育的发展任务委托给政府（代理人），由于存在着激励不相容，政府可能更重视当期能够实现的政绩，如 GDP 的增长率、基础设施建设等方面，忽视当期效应不明显但长期效益显著的公共项目，如社会保障、环境保护、教育发展等公益事业。具体到教育管理方面，在政府与学校之间也存在着类似的委托代理问题。职业学校倾向于尽可能多地争取财政资金，并将财政资金用于教室扩建、办公条件改善等可以直接体现学校业绩的方面，而政府希望学校用最少的资金实现最好的教学质量。如何设计一套激励机制，使得政府和公众、学校和政府追求的目标一致化，解决代理人激励不足的问题，并能使公众可以有效监督政府、学校的代理事项，这是我们需要研究的课题。

① 徐曙娜：《公共支出过程中的委托代理关系》，《财经问题研究》2005 年第 1 期。

第四节 财政政策理论综述及分析框架

一、公共政策原理

当前，公共政策课题研究炙手可热，有关公共政策话题的讨论铺天盖地，公共政策已经深深地渗透到我们的日常生活中，影响着我们的学习和工作。那么究竟什么是公共政策？

（一）公共政策的定义

公共政策是执政党、政府基于公共利益和自身利益而制定的，用于调节经济关系和社会关系，调节人与自然关系，指导公共部门，包括目标、路径和行动计划在内的行为准则。对此，我们应把握以下要点。

1. 公共政策是用于指导公共部门的行为准则

首先，公共政策是由目标、路径和行动三个要件构成的。其中，目标也称政策目标，是政策的指向，也就是要明确“我们为什么要设置公共政策”。这个问题是管理学的首要问题，没有目标也就没有管理。不同的目标规定了不同的公共政策内容。公共政策属于管理学范畴，为此必须有明确的目标。路径也称为政策路径，指在与目标相关的诸多方案中，人们经过权衡、比较而选择的优化方案。如果政策目标是要回答“我们应往哪儿去”，那么，政策路径就是回答“我们应怎样去”。有了合理路径，公共政策才能转化为行动计划，因而路径是关键。没有路径的政策只是标语口号。行动计划指根据目标、路径和资源等约束条件而制定的行动方案。其中，时间和资源（资金）是重要的约束条件。古人说，“千里之行，始于足下”，无疑，行动十分重要。但是，与莽撞的或偶发的行动不同，公共政策下的行动是“谋定而动”，即按计划行动。这个计划也就是行动计划。它规定了我们可以使用多少资源，多少时间去实现目标，以及目标的实现程度等。按时间分，行动计划可分为短期、中期和长期计划，如逐日、月度等属于短期计划，1至10年内的计划属于中期计划，而超过10年的属于长期计划。

其次，公共政策是规范公共部门的行为准则。显然，以上内容，无论是政策目标、路径，还是行动计划，都是用于规范行政部门行为的，即规定公共部门哪些是可以做，或必须做的（即行为），哪些是不能做的（即不行为）。简言之，公共政策是为政府行政提供行为准则，而不是去具体组织行政活动。

我们说，政府是公共事务管理机关，通过行政活动来管理公共事务、提供公共服务。因此，行政活动处于政府行为的核心地位。通常，政府行政可分两类，一类是抽象的行政行为，另一类是具体行政行为。公共政策是用于指导抽象行政的，而办理公文等日常管理属于具体行政。

有人提出，行动计划属于行动，为此，公共政策就不应当称为行为准则，或者说，若公共政策是行为准则，就不应将行动计划包括在内。我们认为，这一说法不妥。行为准则是用于规定主体应做或不做什么的，行动计划虽然用于指导具体行政，但基本内容仍然是规定行政主体在实施某一公共政策时，应做或不做什么，以及何时做、怎样做等问题的，而不是去具体组织实施，因而行动计划应当属于行为准则；而具体地组织实施计划，则超出了公共政策，属于政府行政范畴。进一步说，在公共政策的体系中，政策目标和路径固然重要，但若没有行动计划，就无法实施，成为纸上谈兵式的公共政策。

综上所述，首先，行动计划在公共政策中是不可或缺的；其次，行动计划的制订必须符合相关性原则，即目标与计划密切相关，否则就是隔靴搔痒；再次，大型的公共政策的行动计划涉及许多政府职能部门，并非一个部门就能完成。总之，行动计划是公共政策的有机部分，无可争议。

2. 公共政策是由政府和执政党制定的

首先，公共政策是由执政党和政府制定的，是多种因素作用下的产物。必须指出，公共政策体现了公共利益，这是必然的，否则也就不是公共政策。但由于任何政治活动都是有阶级性的，公共政策也是如此。

它在体现公共利益的同时，或多或少会体现统治阶级的利益，并通过执政党和政府利益来表现。公共利益与执政党和政府的利益有时是统一的，但有时是相悖的。这种情况下，执政党会将自己的利益说成公共的利益，并通过制定公共政策予以实现。而现实的公共政策往往是公众利益和政府利益的妥协或混合。

其次，公共政策是用于规范公共部门行为的准则的。准则不同于真理，是有适用范围的，而不是放之四海而皆准的。公共政策作为行为准则，主要适用于公共部门。例如，政府稳定房价的政策，并非约束房地产开发商，强制地要求他们低价出售房屋，也不是规定交易价格，而是要求各部门以稳定房地产市场价格为目标。政府根据管理职能采取不同措施，如土地管理部门适当增加土地供给，尤其是经济适用房的土地供给，建设部门增加经济适用房的生产量以分流商品房需求，银行在增加总贷款量的同时，限制对个人限购房贷款发放等等。这些，最终将形成对商品性住房需求量下降，价格稳定的“合力”。而以上具体措施都是针对政府部门，而不是约束百姓的。因此，公共政策是约束公共部门行为的，通过对他们行为的约束，产生对经济和社会的全面影响。

通常，执政党和政府制定公共政策，必须符合三项要求：一是基于对客观环境的判断；二是基于政府（执政党）的责任和公共利益的判断；三是基于对政府（执政党）自身利益的考量。每一项公共政策，我们都可以从这三个方面找到依据。

最后，中国共产党和中国的各级政府不同于其他执政党和政府。中国共产党是代表全中国人民最广泛利益的政党，这就使它脱离了党派利益，可以从全体人民最大利益角度制定公共政策。然而，由于体制和机制等问题以及各种利益矛盾的存在，造成制定公共政策的复杂性。

3. 公共政策用于调节经济关系、社会关系和人与自然的关系

执政党和政府制定公共政策的目的，除了表明自己的意志和立场，更是要借助于它，调节经济关系和社会关系，调节人与自然关系。在人类生存和发展过程中，有三种关系特别重要：经济关系，社会关系以及人与自然的关系。经济关系是基本的社会关系；通常，我们将经济关系

之外的人与人的关系，称为社会关系；此外，人类是通过群体方式来战胜严酷的自然得以生存和繁衍的，因而人与自然的关系是重大的问题。公共政策就是要调节这三种关系，实现三种关系的和谐状态。

应当指出，调节这三种关系的不只是公共政策，法律、行政等都是重要手段。但是，有一点必须明确：在一些场合，公共政策或许以独立的形式出现，而在另一些场合，公共政策是以法律和行政法规面目出现的。随着经济和社会关系的日益复杂化，公共政策显得愈加重要。

将以上三个方面概括起来，公共政策并不神秘，它是执政党、政府基于公共利益和自身利益而制定的，用于调节经济关系和社会关系，调节人与自然关系，指导公共部门，包括目标、路径和行动计划在内的行为准则。

（二）公共政策的功能

公共政策的功能，是指公共政策固有的并在运行过程中表现出来的性能和用途，主要有导向、分配和管理功能[①]。

1. 导向功能

公共政策的导向功能，是指公共政策能够引导社会发展方向，其目标是引导整个社会朝着所希望的方向发展。导向功能还体现在公共政策对政策客体的教育指导作用上。公共政策将公众的活动统一到一个共同的目标之下，用所确立的目标来规范公众的思想意识和行为，同时对社会价值判断具有指导意义。

2. 分配功能

公共政策的分配功能，是指公共政策能够对不同阶级、社会集团以及社会成员之间进行收入与财富的再分配，其核心就是经济利益的分配。由于资源的稀缺性，社会成员都希望能在有限资源里获得尽可能多的利益，这必然造成一系列的矛盾和冲突。为缓解矛盾冲突，需要制定公共政策来调整和改善利益关系，平衡、协调各利益集团的利益所得。

---

① 谢明：《公共政策导论》，中国人民大学出版社2004年版，第26—27页。

3. 管理功能

公共政策的管理功能，是指公共政策在运行过程中需要承担和完成基本政策任务的功能。国家的管理活动，大体分为行政管理、科技文化管理、思想意识形态管理等，而所有这些管理活动都需要通过公共政策来实现，可以说，公共政策是国家管理的工具和手段。政策因素已渗入现代社会当中，公共政策的管理功能显而易见。

（三）公共政策的一般过程

制定公共政策时，必须先回答几个问题：（1）是否产生了必须采取政策性措施加以解决的社会问题？能否对问题的产生进行预测？（2）必须采取什么政策？（3）这一政策需要多少费用？它可以带来多少益处？（4）这一政策将给整个社会带来什么变化等等。这就要求政府在出面解决问题、制定相关公共政策时，必须搞清楚具体的政策措施、所需经费以及政策所带来的社会影响。①

通常来说，公共政策一般遵循以下流程：确认政策问题、提出政策方案、政策合法化、执行政策措施、政策效果评估。

1. 确认政策问题

政策问题的确认是指对于政策问题的察觉、界定和描述的过程。公共政策研究就是发现问题和解决问题的过程，首先需要明确问题的症结所在，然后才能研究应该怎么做和能够怎样做。从认识论的角度来看，确认政策问题是从对客观事实的感性认识到理性认识的升华。一般来说，问题的有效确认比政策制定更为重要。对决策者来说，抓住主要问题是提出科学、合理对策的前提条件。

问题界定是指对问题进行详细的分析和阐释。这就需要明确政策问题的性质和适用范围。比如，从性质来看，政策问题可归属不同领域，如经济方面、政治方面、文化方面；从涉及范围来看，包括全国性的、区域性的、国际性的。对于不同性质及领域的政策问题，研究方法及切入点都会有所不同。其次，根据问题表象考察问题产生的根源。如同医

① ［日］药师寺泰藏：《公共政策》，经济日报出版社1991年版。

生诊断病情一般，查清引发疾病的深层次原因，标本兼治。这第二步是问题界定的核心所在，厘清了问题产生的根源，也就实现了从表象到实质的飞跃。

2. 提出政策方案

政策方案的制定主要包括两个程序：一是明确政策目标，二是设计政策方案及措施。

（1）政策目标

政策目标是政策设计的基本依据，也是政策执行的指导方针，同时也为政策评估提供了参考标准。无目标的政策是盲目的政策，政策执行也是随意的，就如同缺乏灯塔指引的船只，只能迷失在一望无际的大海中。在确定政策目标时要注意几个方面：一是政策目标须是具体的，不能模棱两可。这就要求政策目标实现数量化，避免口号式目标。二是政策目标必须具有前瞻性。事物总是处于不断发展的过程中，公共政策亦应遵循这一规律。要用发展的眼光看待周围事物，确立政策目标必须高瞻远瞩，预见未来的发展和变化，具有一定的前瞻性。三是政策目标必须切合实际，确定政策目标必须以社会客观条件为基础，以事实为依据。过高的政策目标很难实现，形同虚设，而偏低的政策目标也失去了其存在的意义，无法发挥政策目标的导向作用。

（2）设计政策方案及措施

政策方案的设计是制定公共政策的关键一环。政策方案也称为政策路径，在设计政策方案的过程中，尽可能地对实施方案的细节予以规定。没有这种规定，再好的政策方案，也都很难付诸实践，即便执行者努力揣测政策意图，由于缺乏指导性的规则，政策效果也会不尽如人意。此外，政策方案毕竟不是行动方案，它是对决策予以实施的详细计划和步骤。鉴于某些公共政策实施范围较广，在不同区域往往存在着不同的情况，这就要求政策方案在设计时还要具备一定的灵活性，能够因地制宜，在既定的范围内给予政策执行者一定的灵活性和权限。

3. 政策合法化

所谓政策合法化，是指法定主体为使选定的政策方案获得合法地位而依据一定的规则和程序，对政策进行审查、通过和发布的过程。无论是中央政府还是地方政府制定的政策，都必须经历政策合法化。政策合法化是公共政策过程的重要环节，直接关系到公共政策的权威性和合法性。

4. 政策执行

政府针对特定的现实问题，制定一定的政策，仅仅是完成了政策过程的一部分，与政策目标的最终实现还有相当长的距离。只有通过有效的政策执行，才能保证政策目标的最终实现。简言之，政策执行就是政策方案被采纳后，政策执行者通过一定的组织形式，将政策方案付诸实践的过程。如果说政策目标是对未来的预期，政策方案是实现预期的计划，那么，政策执行则是弥补和修正政策方案缺陷的过程。在政策实践中，多数政策都属于宏观政策，往往着眼于全局，带有战略特征，一般很少涉及操作层面的细节问题。这就要求各地和各部门因地制宜，结合本地区、本部门的特点，进行灵活的操作和实践，切忌生搬硬套，搞“一刀切”。但也正是由于政策执行的灵活性，执行者在对政策细节方面的理解难免有所偏差，在激励机制和社会监督尚不完善的情况下，执行者更倾向于采用产生利己结果的执行方式，这也直接导致了政策执行与政策意图大相径庭。若能避免这种情况的产生，将极大地提高政策执行的效力。

5. 政策评估

受制于人类认识的局限性，政策规划在实施过程中难免会出现这样或那样的问题，预想中政策方案的可行性与在实践过程中政策方案能否顺利执行总有一定的差距，而预想与实践截然相反的事情也时有发生。这就需要人们在政策执行之后，进行信息反馈和政策效果评估，研究究竟是哪一个环节出了问题。

所谓评估，就是根据一定的标准对事物作出评判和估量。对政策评估而言，政策效果是核心，其宗旨是某一公共政策是否已经实现了或者在多大程度和范围内实现了它的预期目标。换言之，政策评估是通过对比政策目标与政策效果，考察政策执行是否到位的过程。政策评估之所以必不可少，是因为它直接反映了政策者意图的实现情况，此外，政策执行者是否遵从了政策本意、政策初衷是否有违事物发展规律，政策方案是否对症下药、抓住了问题关键所在，这些都会从政策评估中反映出来。

二、财政政策理论综述

（一）财政政策的内涵分析

财政政策是指有关公共资源（资金）配置的公共政策总称。简言之，公共资金如同一块蛋糕，应该分给谁、分多少、怎么分，就是财政政策需要解决的问题。以教育为例，财政应该拨款多少给教育事业，其中义务教育、中等教育、职业教育、高等教育各应获得多少经费，中央和地方政府分别承担多少，这些都是财政政策关注的焦点。如前所述，涉及公共利益的事务都需要政府来操作，既然是围绕公共事务展开的战略规划，那么用公共之财办公共之事也是理所当然的了，这就需要财政政策进行指引。

从字面上来看，“财政”作为中心词“政策”的修饰语，包括财和政两个方面。所谓财，即财产收入，也就是经费来源；政，即管理，也可理解为支出。财政连在一起，则包含了收入和支出两个方面。一提到财政，人们通常会联想到政府预算和公共支出，而非私人收入支出，因此英文中，财政也常译为 public finance。由于修饰语的限制，财政政策也包含了收入政策和支出政策，简言之就是针对筹集公共资金和使用公共资金的政策。自然，在研究财政政策时，收、支就成了不可或缺的两个方面。

财政政策是公共政策的核心。之所以这样定义，是因为凡是公共事务皆离不开公共经费二字，脱离了公共财政的支持，公共事务无一不是归于失败。从理论上来讲，根据“谁受益、谁负担”原则，公共事务理应由受益者——社会公众承担经费支出；从实践来看，没有公共资金相助的公共事业必然不能持续进行。

具体到职业教育发展政策，财政政策更是不可或缺。首先，职业教育是准公共产品，这是没有异议的。职业教育无论是对于经济社会的发展还是缩小收入差距、改善弱势群体的地位都有显著作用，政府对职业教育发展具有不可推卸的责任，必须承担起职业教育的规划、管理及发展的责任。这就涉及财政政策，包括政府出资多少、哪级政府出、出资方式是什么、公共资金使用效果等多个问题。其次，职业教育的发展政策内容涵盖办学规模、教学质量、长期规划等多个方面，这些方面能否获得成功归根结底是取决于经费是否充裕。而作为职业教育，经费需求量大，没有公共资金的大力支持，职业教育的发展根本无从谈起。追根溯源，财政政策是职业教育发展政策的本源。财政政策直接决定了职业教育发展政策能否顺利执行，这也说明了财政政策的重要性。研究职业教育发展政策首先必须研究职业教育财政政策，这是不容回避的问题。

（二）财政政策的分类及工具

1. 财政政策的分类

理论上，财政政策可分为扩张性财政政策、紧缩性财政政策和中性财政政策。扩张性财政政策通过财政收支规模的变动来增加社会总需求，在总需求乏力之时，采取增支、减税的手段，缩小总需求与总供给之间的差距以达到平衡。紧缩性财政政策的实行通常发生在需求过旺的情况下，手段与扩张性财政政策相反，即减支增税。中性的财政政策是指财政收支活动对社会总需求的影响保持中性，以期实现财政收支平衡，避免出现预算盈余或预算赤字。

根据政策覆盖范围划分，财政政策可分为国家财政政策与地方财政政策。国家财政政策是指国家根据一定时期政治、经济、社会发展的任务而规定的财政工作的指导原则，地方财政政策必须在国家财政政策的思想指导下，因地制宜，明确具体的财政责任和义务。以职业教育的经费责任为例，国家财政政策是国家和地方具体承担职业教育发展所需的资金，地方财政政策则根据地方实力，具体细化经费承担比例。根据财政资金的流向划分，财政政策可分为收入政策和支出政策。收入政策主要指税收，支出政策包括购买性支出政策和转移性支出政策。对职业教育而言，收入政策主要指通过税率改变影响企业缴纳的教育费附加，以此改变职业教育公共资金收入；支出政策一是指政府购买职业教育服务，二是通过提供无偿资金以调节区域教育资源分配不均的政策。

2. 财政政策工具

财政政策工具包括税收、行政性收费、财政支出、公共管制和公债。税收是政府筹集财政收入以进行资源配置的最主要手段。从公共经济学角度来看，税收是公共产品的价格，是公众购买和消费公共产品所必须支付的。行政性收费是指国家行政机关、司法机关等机构，依据国家法律、法规行使其管理职能，向公民、法人和其他组织收取的费用。值得注意的是，税收是政府凭借政治权力无偿、强制取得的一种收入，而行政性收费主体则是政府下属的各行政单位，收费依据是各单位的具体管理和服务职能。财政支出是政府为满足社会需要，提供公共产品而进行的财政资金支付。从本质上来说，财政支出是政府履行职能的成本费用。公共管制是指政府以效率和公平为管制目标，针对不完全竞争、外部性、信息失灵和偏好不合理等市场缺陷，凭借行政权力直接干预市场配置机制的行为。公债是政府以债务人身份，采取信用方式，向国内外筹集资金的过程。公债的发行，一是可以弥补财政赤字，二是在一定程度上可以调节经济，通过资金市场调节货币需求，从而影响社会总需求。①

三、公平与效率

财政政策的终极目标无外乎公平与效率。公平与效率是人类社会发展的永恒主题，公平是对现实生活中存在的不公平的一种抗争，意在最大限度缩小人与人之间的不平等，尤其是享有各种资源之间的差距；效率奠定了公平的基础，没有效率也就失去了发展的动力，公平无从谈起。在实际的财政政策执行过程中，如何把握公平与效率，寻找公平、效率的最佳均衡是一个历史性难题。因此，职业教育财政政策的研究自然也离不开公平与效率，以期实现公平与效率的双赢。

① 杨晓华：《中国财政政策效应的测度研究》，知识产权出版社 2009 年版，第 8—11 页。

（一）教育与公平

需要明确的是，教育公平不等于教育平等。平等是一个描述性概念，指人们在社会地位、权利和利益分配等方面的相同状态，是对客观存在的一种概括描述，可称为事实判断；而公平是一个规范性概念，涉及主观判断，是人们对于利益分配状态的一种认定和评价[①]，可称为价值判断。这与休谟提出的“是”与“应该”的问题有相似之处。事实判断即“是什么”，是一种客观存在；价值判断即“应该怎样”，是根据主观经验得出的结论，根据事实描述作出价值选择，从而指导人们的行动。对教育公平来说，教育平等是基础；离开了教育平等，教育公平也无从谈起。此外，教育公平具有相对性，公平性的判定常常是与某一特定参照系比较得出的结论，只能进行规范性分析；教育平等问题可进行实证性研究，将平等状态量化[②]。概括来说，教育公平并不局限于教育平等，公平涵盖平等。

美国社会学家科尔曼认为，教育公平主要包含四层含义：一是向人们提供达到某一规定水平的免费教育；二是为所有儿童，不论社会背景如何，提供普通课程；三是为不同社会背景的儿童提供进入同样学校的机会；四是在同一特定地区范围内教育机会一律平等[③]。

受罗尔斯《正义论》的影响，许多学者对教育公平达成了共识，认为教育公平通常包括起点公平、过程公平和结果公平三个方面。起点公平，是指人人都有平等接受教育的权利。我国《教育法》就明确规定：“公民不分民族、种族、性别、职业、财产状况、宗教信仰等，依法享有平等的受教育权利”。机会公平是教育公平的前提条件，其终极目标是人人享有受教育的机会。教科文组织还提出了教育起点公平的原则，包括（1）提供免费教育到一定水平，提供进入劳动力市场的机会，为此必须消除机会不平等的经济原因。（2）必须提供不同的教育机会以适用不同

---

① 刘复兴：《教育政策活动中的价值问题》，《北京师范大学学报》（人文社会科学版）2002年第3期。

② 刘复兴：《我国教育政策的公平性与公平机制》，《教育研究》2002年第10期。

③ 翁文艳：《教育公平与学校选择制度》，北京师范大学出版社2003年版，第3—4页。

学生的能力和态度。（3）在学生无法维持学习生活时，由国家提供奖学金或赞助[①]。过程公平，指在接受教育过程中，人人都能享受到数量和质量相同的教育。教育过程公平应贯穿于整个教育活动之中，如教师应公平地对待每个学生，根据不同学生的特点，因材施教；过程公平还体现在客观条件的公平上，如教育设施配置、教学资源的使用、教育经费的分配等方面，通过相应的制度及政策保障教育公平的实现。结果公平，指学生取得学业成功的机会是公平的，每个学生都能使其天赋得以充分发挥。本质上来说，并不是所有的学生都能取得一样的学力水平就算实现了教育公平，教育公平是一种更注重人性和差异化的目标，它是根据不同学生的特点、兴趣、能力，最大限度地挖掘其潜力，使其达到综合素质的提高。这也可以称为教育的横向公平和纵向公平，即水平相当的人应该接受相同的教育，水平不同的人接受的教育应该有所差别。就教育公平的实现来看，瞿葆奎和郑金洲认为[②]，起点公平是相对容易做到的，而质量公平则较难实现；受社会条件、个人天赋等客观因素的影响，教育结果的公平几乎不可能实现。

教育公平并非一成不变，它是一个随着社会发展内涵不断丰富的概念，公平“始终只是现存经济关系的或者反映其保守方面或者反映其革命方面的观念化的神圣化的表现[③]。”正如恩格斯所言，“关于永恒的公平的现象，不仅因时因地而变，甚至也因人而异。一个人有一个人的理解。[④]”在封建社会，受教育的权利是与所属的社会等级相一致，教育资源严格按照等级制分配。在资本主义社会，资产阶级提出“自由、平等、人权”的口号，提倡“人生而平等”。显然，教育公平也蕴含在“生而平等”思想之中，但这只是形式上的教育公平。一战前，欧洲存在大量双轨制学校，贵族子弟与平民子弟就读不同的学校，教育公平仅局限于入

① 马和民、高旭平：《教育社会学研究》，上海教育出版社 1998 年版，第 86 页。

② 瞿葆奎、郑金洲：《中国教育研究新进展》，华东师范大学出版社 2003 年版，第 61—63 页。

③ 《马克思恩格斯选集》第 3 卷，人民出版社 1995 年版，第 212 页。

④ 《马克思恩格斯选集》第 3 卷，人民出版社 1995 年版，第 212 页。

学机会的公平，而非真正的教育公平。进入社会主义社会，教育公平不仅要求实现教育形式上的公平，还要在教育实质上达到真正的公平，即教育作为公共服务的主要内容，要实现均等化，为城乡、区域、不同社会群体提供等质等量的教育服务。

教育公平是教育的社会理想，也是制定教育政策要实现的终极目标。职业教育存在的理由是为了满足社会对不同类型教育的需求，是教育公平的自身要求。众所周知，受客观因素制约，每个人在智力、体力、兴趣、爱好上都不相同，这就要求教育能够满足公众的差异化、个性化的需求，教育类型需多样化。职业教育恰恰满足了公众对差异发展的需求，保障了个人的生存权和发展权，尤其是为处境不利群体提供了发展平台的可能性和条件。职业教育作为以培养技能、提高职业素质的教育，是实现教育公平的重要途径。

从社会学的角度来看，职业教育公平也进一步推动了社会公平。众所周知，一个人的受教育程度、教育经历与其所属的社会阶层存在着紧密联系，同时受教育状况也决定了其进入社会后的流动路径。郭丛斌的实证研究就表明，教育在一定程度上会复制原有的生产关系，但这种复制功能较弱，相形之下，教育直接影响子女的社会地位、促进代际流动的功能更强①。尽管我们提倡教育公平，但由于各人的起点不同，教育机会是不可能均等的。在高等教育进入了大众化的时代，职业教育是对“考不上大学”的青年，或无力承担大学高昂费用的家庭而提供的公共教育，也是为具有不同天赋、兴趣的人提供了一个完善自我、施展才能的机会。职业教育作为“平民教育”，其对减轻社会阶层固化，推动个人向上层社会流动都具有重要意义。

总之，职业教育不仅对经济发展贡献巨大，对社会而言，作为一种重要的代际流动机制，它还承载着促进社会公平、维护社会稳定的重大责任。温家宝曾指出，发展职业教育是一项重要而紧迫的任务。政府应

① 郭丛斌、闵维方：《教育：创设合理的代际流动机制——结构方程模型在教育与代际流动关系研究中的应用》，《教育研究》2009 年第 10 期。

充分重视职业教育对社会公平的积极效应，大力发展职业教育，创造平等的就学环境，真正为弱势群体提供一个公平发展的机会和途径。

（二）教育与效率

在教育研究领域，教育效率问题始终是理论界的研究热点。下面主要从教育经济学和教育管理学两个学科来讨论。

在教育经济学的视角下，教育效率也称作教育投资效率，教育资源利用效率，它是对经济学里效率概念的移植，可理解为教育资源的有效配置和使用①。通常有两种研究方法，一是从技术角度出发，比较教育投入与教育产出的关系，简言之，教育效率问题可以视为成本收益分析或者是投入产出研究。另一种方法是基于福利经济学的分析框架，研究如何通过教育资源的合理组合与配置来实现居民效用的最大化②。由于居民效用难以量化，人们常常只进行教育的投入产出研究。为此，教育经济学也针对教育效率设计了一系列指标，包括毕业率、图书利用率、教室使用率等，希望能够量化教育效率。

同时，效率也是教育管理学研究领域的一个核心问题，教育管理学中对学校效能的研究重点集中在提升教育效率、提高学生的学业成绩以及探讨影响学生学业成绩的因素方面。教育管理学中对效率的分析也采用投入产出分析法，但与教育经济学的侧重点有所不同。郑燕祥③就在其著作中区分了“学校效能”与“学校效率”，“学校效能”可通过学校非金钱性的输入（如课堂组织、教师专业训练、教学策略、学习安排等），与其输出功能比较得出，“学校效率”则通过金钱性的输入（如生均经费、教师工资、机会成本等），与其输出功能进行比较得出。对学校效能的研究也使得越来越多的国家更加关注学生的学业成绩，并将学业成绩

① 褚宏启：《教育公平与教育效率：教育改革与发展的双重目标》，《教育研究》2008年第6期。

② 康建英、田茹：《义务教育支出效率评价及财政分权影响》，《改革与战略》2010年第26卷第2期。

③ 郑燕祥：《学校效能与校本管理：一种发展的机制》，上海教育出版社2002年版，第11—12页。

作为衡量学校是否有效率的标准。可见，教育管理学中对教育效率的理解更加全面，关注不仅限于金钱性输入与输出的比较，更强调非金钱性输入与输出的比较。

总之，无论是教育经济学还是教育管理学，对教育效率的研究都是采用了投入产出分析法。而投入产出法必须借助量化指标来评价教育效率，而这些指标仅能反映教育效率的某些维度，无法反映教育效率的全貌，如学生综合素质的提升、道德素质培养等方面。这也决定了“效率”概念无法从经济学中简单复制过来，在研究教育效率时还要考虑无形的、不可测度的方面。

在政策层面研究教育效率时，则不应拘泥于细枝末节，为技术问题所制约，可以将教育效率放在一个更开放的背景中进行研究，即根据教育对个人和国家发展的贡献来衡量教育效率①。显然，教育自身并不能证明其效率的高低，它通过为个人提供一个自由、广阔的发展空间，促进个人的全面发展，从而推动国家发展，以此实现教育效率。

在个人发展层面，教育效率表现为个人在学识、能力、素质等方面的发展水平，学业成绩只是教育效率的一个具体方面。大量研究显示，接受过较多教育的人与接受过较少教育的人相比，综合素质更高，其看待问题的视角更为全面，分析问题的思路也更为客观，参与公共事务的积极性较高；在走入社会后，其就业途径较广，薪酬收入较高，相应的幸福感较强；此外，由于接受了较多的教育，其对不良行为及习惯有较强的抵制能力，换言之，他们更容易养成良好的生活习惯，注重日常保健，长寿的概率更高，触犯法律的概率较小。

在国家发展层面，教育效率考察教育对于国家发展的各个领域的贡献及影响，包括经济发展、政治发展、文化发展等方面。回顾资本主义国家的近现代发展史，我们可以清晰地看到，教育发展不仅促进了国家的经济繁荣和财富积累，也推动了社会文明的全面进步。比较典型的例

---

① 褚宏启：《教育公平与教育效率：教育改革与发展的双重目标》，《教育研究》2008 年第 6 期。

子如日本，其之所以能在短短 100 年内实现现代化，教育功不可没。教育是推动国家发展的基本力量和重要力量，这一观点已经成为一种共识，深入人心。

其实，无论是从个人发展层面还是国家发展层面，对教育效率的考察都是在投入产出分析框架下进行的，只不过将产出外延进行了扩展，不再局限于那些可量度的指标范围。为了研究方便，下面仅就教育效率在经济增长方面的影响进行简要分析。

根据萨缪尔森的观点，经济增长可归结为四个因素，即人力资源、自然资源、资本积累和技术变革，用公式可以表述为：

$$Y=Af(K, L, R) \quad \text{（式 3.3）}$$

式中：Y 表示产出，f（·）为生产函数，A 表示经济中的技术水平，K、L、R 分别为资本、劳动力和自然资源。经济产出是技术、资本、人力资源和自然资源不同比例组合的函数，经济增长必须依赖这四个要素的有效结合，才能达到资源的合理配置。

运用简化的柯布—道格拉斯生产函数，将职业教育因素加入到该函数中，表示如下：

$$Y=AK^{\alpha}L^{\beta}V^{\gamma} \quad \text{（式 3.4）}$$

在这里，α、β、γ 分别为资本、劳动力和职业教育的产出弹性，$\alpha>0$，$\beta>0$，$\gamma>0$，且 $\alpha+\beta+\gamma=1$。对上述生产函数取对数，可得：

$$\ln Y=\ln A+\alpha\ln K+\beta\ln L+\gamma\ln V \quad \text{（式 3.5）}$$

两边同时对时间 t 求导：

$$\frac{1}{Y}\frac{\partial Y}{\partial t}=\frac{1}{A}\frac{\partial A}{\partial t}+\alpha\frac{1}{K}\frac{\partial K}{\partial t}+\beta\frac{1}{L}\frac{\partial L}{\partial t}+\gamma\frac{1}{V}\frac{\partial V}{\partial t} \quad \text{（式 3.6）}$$

令 $y=\frac{1}{Y}\frac{\partial Y}{\partial t}$，$a=\frac{1}{A}\frac{\partial A}{\partial t}$，$k=\frac{1}{K}\frac{\partial K}{\partial t}$，$l=\frac{1}{L}\frac{\partial L}{\partial t}$，$v=\frac{1}{V}\frac{\partial V}{\partial t}$，代入上式，得：

$$y=a+\alpha k+\beta l+\gamma v \quad \text{（式 3.7）}$$

其中，y 表示经济的年增长率，v 代表职业教育投入的年增长率，a、k、l 分别为技术、资本和劳动力的年增长率。这样即可得到职业教育对经济增长的贡献率，$R_v=\frac{\gamma v}{y}$。这种方法可以从一个侧面反映出职业教育的效率高低，即职业教育的投入是否有效促进了经济增长。

（三）绩效：公平与效率的交点

公平与效率往往被认为是“鱼与熊掌不可兼得”。其实，效率和公平并非是对立的矛盾关系。公平与效率的长期纷争，根源在于价值取向的分歧。教育公平强调教育资源的分配符合社会公平正义，坚持以人为本的理念，尤其关注弱势群体的受教育机会以及阶层流动等问题，认为教育公平的贡献在于可以显著改善社会不公平的现状。而教育效率则聚焦于教育资源的使用充分、有效，促进个人的全面发展以及国家的繁荣昌盛。

事实上，教育公平与教育效率二者相辅相成，缺一不可，无论是教育公平代替教育效率抑或教育效率代替教育公平都会对国家和个人造成难以弥补的损失。20世纪的巴西、墨西哥等国，片面追求教育的经济效益，大力发展与经济科技密切相关的高等教育而忽视基础教育，引发了教育不公，一方面文盲剧增，另一方面社会贫富差距恶化，国家也一度陷入危机之中①。

无论是教育效率还是教育公平，二者追求的都是高质量的教育公平或是公平的优质教育，毕竟，低水平的教育效率不可能产生公平的教育结果，同样低水平的教育公平也不可能有高质量的教育产出。因此，唯有将教育公平和教育效率融合在一起，实现教育公平与教育效率的共生，才是教育发展的捷径。

在政策层面，财政政策可以认为是解决效率与公平问题的逻辑起点。所以，在制定职业教育的财政政策时，关键是要找到实现公平与效率的最佳契合点，同时呈现教育公平与教育效率。

在这里，我们提出“绩效”的概念。何谓绩效？“绩”就是成绩、业绩，“效”即效果。绩着眼于效率，衡量投入——产出；效注重公平，重

① 冉亚辉：《最公平的教育才是最有效率的教育》，《上海教育科研》2011年第2期。

点考察经济活动对收入分配、社会公平的影响。绩效是一种动态均衡状态。在这种状态下，既有的资源配置是具有帕累托效率的，无法通过变动要素分配实现帕累托改进；此外，这种配置也是具有社会公平性的。对于财政资金而言，其绩效可用如下公式表示：

绩效（财政资金效率）＝有效公共服务/财政支出

之所以在这里提到绩效概念，是因为职业教育绩效涵盖了效率和公平两个维度，它是效率和公平的组合。可以将职业教育绩效表示如下：

$$P = f(x, y) \qquad \text{（式 3.8）}$$

其中，P 代表绩效，x 表示效率维度，考察教育活动的质量，对职业教育而言，x 可以用$\frac{\text{就业率}}{\text{生均投入}}$表示。就业率（相当于产出）越高，生均经费（相当于投入）越低，则可以认为职业教育的效率就越高；y 代表公平维度，考察教育资源的分配是否合理，可以用$\frac{\text{入学率}}{\text{区域间教育投入方差}}$表示，职业教育入学率越高，说明教育机会公平，区域间教育投入的方差越小，即职业教育区域发展均衡，则职业教育发展越为公平。

如图 3.1 所示，绩效曲线类似于无差异曲线，可以用一组凹向原点的曲线来表示，距离原点越远的曲线其绩效越高，AB 为既有资源下社会产品的配置组合，显然，绩效 $p3>p2>p1$，$p2$ 表示的曲线与 AB 的切点 O 点即为绩效最佳点，此时，效率为 $x1$，公平为 $y1$。

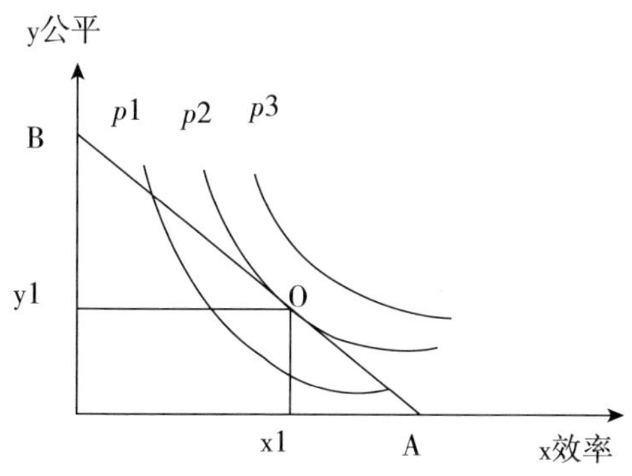

图 3.1　绩效曲线图

“绩效”概念将效率和公平有机地联系起来，促进效率和公平也就是提高绩效。应用到职业教育方面，提高职业教育绩效的同时就是改善职业教育公平与效率的过程。按照由现象到本质的逻辑顺序，教育公平与教育效率问题归根结底是财政政策问题，构建兼顾效率和公平的职业教育财政政策是本书的主要内容。

四、财政政策框架分析

如前文所述，教育公平与教育效率是现象，而财政政策则是本质。要想实现教育公平与教育效率，必须从财政政策这个本质入手，因此，在制定职业教育财政政策时必须把握公平与效率原则，实现教育公平与教育效率的共赢。下面将详细阐述职业教育财政政策的框架，包括为什么拨款、拨多少、怎么拨（拨款方式）、谁来拨（由哪一级政府承担经费）以及拨款效果的考核（职业教育财政的管理问题）。

（一）为什么拨款

社会事务繁杂多样，如果每一样事务都由政府来管理，这既不科学，也不现实。什么样的社会事务需要政府参与、管理，取决于该事务是否涉及公共利益。摩尔根认为，政府起源于社会分工，政府是将公共事务的管理从一般社会活动中分离出来并逐步制度化的结果。显然，政府之所以管理公共事务，一方面是因为这类事务关系每个人的切身利益，但由于市场缺陷的存在，个人不愿做，也做不好这类事务，如提供国防安全，维护社会治安，惩处犯罪、保护环境等；另一方面，政府只要制定完备的法律规则、拥有足够的财政资金，完成这些事务轻而易举。显然，政府的产生既是大量公共事务存在的必然结果，也是社会效率的客观要求，可以说，提供公共产品和服务是政府的天然职能。

根据委托—代理理论，委托人（即社会公众）通过契约方式，将一部分工作或事务授权代理人（即政府）管理，相应地，委托人为此支付相关费用（即税收），而作为代理人的政府有义务用好这笔费用，向公众提供满意的、有效的公共服务。前文已经界定过职业教育是准公共产品，因此，向社会提供职业教育是政府义不容辞的责任。值得注意的是，这里的提供是指发展职业教育的经费由谁负担，无疑财政资金是职业教育经费的主要来源。

（二）拨多少

既然政府扮演资金供给者的角色，那么政府需要划拨多少经费给职业教育呢？这是职业教育财政的总量支出政策。要回答这个问题，首先必须明确职业教育未来的总体发展规模以及生均培养成本。职业教育实行全覆盖战略，是将所有未能升学的初高中毕业生纳入该规划中去，覆盖面广，涉及人数多，总体规模宏大；由于职业教育的专业特点迥异，生均培养成本不应该也不可能一刀切，其确定应随专业不同而有所区别。其次，财政支出规模必须考虑政府财力。曾有学者提出，职业教育应实行免费制度，即财政全额负担职业教育的发展经费。全覆盖战略下职业教育发展的经费规模庞大，免费制度必须经过慎重考察、充分论证可行后才能推行。在当前的形势下，免费制度将远远超出政府财力所能承受的范围，不具备可行性；其次，免费政策不能有效分担职业教育发展成本，不符合受益—付费原则，容易造成公共资源的浪费和滥用。

（三）职业教育的成本分担问题

如前所述，职业教育经费完全由政府负担是脱离实际的，违背了效率原则。按照谁受益、谁负担的原则，职业教育的受益同时具有内部性和外溢性，所以，其发展成本需在受益主体之间予以分摊，即政府、企业、个人三方；至于具体的分担比例则依据受益原则和量能原则划分。针对贫困家庭的学生，建立完善的资助体系，保证职业教育的机会公平；同时健全奖学金制度和激励机制，提高职业教育办学效率。

（四）政府间分权与教育财政体制问题

我国当前的教育财政体制中，职业教育经费投入以地方为主。按照财权与事权一致的原则，地方政府也应具备相应的财政能力。但实际情况是，由于地方、区域经济发展的不均衡，地方政府财力也相差悬殊，对职业教育的支持力度方面自然也是天壤之别，因此区域之间职业教育经费的充裕度也大不相同。厘清中央政府与地方政府在职业教育领域的经费职责，缩小区域、城乡职业教育财政经费差异，实现职业教育发展的均等化，这都是本书的主题——职业教育财政政策需要解决的问题。

（五）职业教育财政的管理问题

职业教育财政的管理问题直接关系到政府的角色定位。政府在扮演经费供给者角色的同时，是要充当职业教育的“掌舵人”还是“划桨人”，抑或两者兼而有之？本书认为，政府的角色取决于其在职业教育财政管理方面的效率高低。在管理方面，主要涉及举办主体、管理体制、拨款方式以及财政经费使用效果四个问题。以举办主体为例，职业教育举办者既可以是政府，也可以是个人，当然也可以是企业或者是第三方的非营利机构。谁办的职业教育效果好、效率高，自然举办者就应该由谁承担，政府举办的职业教育未必就是社会公众最满意的。解决这些问题，也为财政政策提出了巨大的挑战。

第四章　我国职业教育的公平与效率状况分析

第一节　职业教育的发展历程回顾

教育的发展从来不是孤立的，总是处于一定的社会背景之中，受到当时的经济、政治、文化多种因素的影响。职业教育也不例外。在研究职业教育发展历程的时候，就不能不考虑职业教育所处的整个社会大环境的影响。无疑，在不同时期，职业教育的发展必然会受制于生产力水平以及经济的发展程度，职业教育的办学方针、指导思想也会带有特定历史时期思想意识形态的特征。本节以重大历史事件为界限，将职业教育的发展划分为四个阶段，分别为：新中国成立之前、新中国成立后、改革开放后、进入21世纪后。

一、新中国成立之前的职业教育发展

中国的职业教育发端于19世纪60年代的洋务运动。以曾国藩、李鸿章、左宗棠等为代表的洋务派，为了维护清王朝的统治，创办新式学堂，开展实业教育，正式拉开了中国近代职业教育发展的序幕。

洋务运动的三十余年中，中国职业教育经历了从“救亡图存”到“求富”的两个阶段。第一阶段始于19世纪60年代，洋务派开办江南制造局、福州船政局等大型军事工业，为了培养洋务人才，改革科举制度，兴办了外国语学堂、军事学堂和科学技术学堂等新式学堂，这一时期教

育被赋予了化解社会危机的政治重任。1864年，李鸿章在给清廷总理衙门的信中写道："中国欲自强，则莫如学习外国利器。欲学习外国利器，则莫如觅制器之器，师其法而不必尽用其人。"同治五年（公元1866年），左宗棠开办的福建船政学堂，是我国近代第一所职业技术学校[①]。洋务运动的第二个阶段为19世纪70年代至90年代中期，该时期创办民用工业，并举办实业学校，开展实业教育。实业教育是职业教育的雏形，但此时的实业教育仅限于农、工、商三种教育。洋务派认为，机器生产并非奇巧淫技，而是可以"资以治生"，有利于国富民强。此时的实业教育只是充当了统治者实现政治意图的工具。

1904年，清政府以日本教育体制为蓝本，颁布《奏定学堂章程》，充分体现了"中学为体，西学为用"的办学指导思想。实业教育被正式列入学制系统，一批研究应用技术的学堂开始发展起来，范围涉及农业、商业、法律、商船等领域。据统计，1907年，全国实业学堂有137所，学生达到8693人[②]。这类学堂的兴起一定程度上改变了近代中国教育体系，为近代职业教育的发展奠定了基础。

辛亥革命推翻了清王朝，建立了中华民国。1912年1月19日，教育部第一任教育总长蔡元培颁布《普通教育暂行法令》，1913年8月起陆续出台一系列学校章程，合并为"壬子癸丑学制"。该学制将实业学堂改为实业学校，分农业、工业、商业、商船各类，学制三年，教授农工商必需的知识和技能。

1917年5月，以黄炎培为代表的教育界、实业界的48位名流在上海创办了中华职业教育社。中华职业教育社把教育救国和实业救国结合在一起，其宗旨在于"推广职业教育，改良职业教育，改良普通教育为适于职业之准备"。1918年，职教社创立中华职业学校。根据社会实际和客观需要，黄炎培提出了"知识与技能并重，理论与实践并行"的教学思想。一方面，职业教育的发展符合民族工商业发展的要求，顺应了时代

---

① 吴应彪：《中国职业技术教育的历史概况与现状分析》，《曲靖师专学报》1999年第18卷第4期。

② 王炳照：《中国职业技术教育问题的历史反思》，《教育学报》2005年第1卷第2期。

发展潮流，职业学校得到了空前发展；另一方面，“民主科学”、“实业救国”思潮的兴起，极大地推动了职业教育的发展，实业家争相创办职校。1925 年职业学校已发展到了 1662 所，而 1918 年却只有 531 所[①]。

可以说，新中国之前的职业教育都是在经济的推动之下产生的，顺应了政治发展的要求，如洋务运动促进了中国民族资本主义的产生，实业教育与民族资本主义具有相互促进作用；而职业教育也恰巧迎合了民国时期的教育救国思潮。

二、新中国成立后的职业教育发展回顾

新中国成立之后，经济建设成为新中国的头等大事，培养有文化的劳动者成为这一阶段教育的主导方针，先后被写入 1949 年的《共同纲领》和 1954 年的《宪法》。教育的具体方针是“为工农服务、为生产建设服务”。而这一时期的职业教育自然也被打上了这一思想方针的烙印。

这一时期的职业教育学校主要包括技工学校、农业中学、半工半读职业学校、中等专业学校等，教育目标是把高小毕业生培养成为有社会主义觉悟、有文化、又有一定生产技能的劳动者[②]。这段时期职业教育的发展随意性极强，缺乏长远规划，受社会、政治环境影响十分明显。如“大跃进”时期，出现了不顾客观条件、盲目举办职业院校的现象。以技工学校为例，1959 年技工学校数为 744 所，到 1960 年陡然增至 2179 所，一年之内学校数增长了近 2 倍，职业教育质量可想而知。

1964 年，刘少奇提出实行“两种劳动制度、两种教育制度”，开办半工半读学校，将教育和生产劳动制度相结合。按照这一思路，职业教育发展回归理性，关闭了许多“大跃进”时期开设的质量较差的职业学校，截至 1965 年底，中等职业教育的在校生比例达到 52.1%，超过了普通高中学生（见表 4.1）；初中阶段的职校生也占到了近三成。这样，中等教

① 曲广华：《对民主革命时期中华职业教育社的历史考察》，《吉林大学社会科学学报》1989 年第 3 期。

② 中国教育年鉴编辑部：《中国教育年鉴 1949—1981》，中国大百科全书出版社 1984 年版，第 180 页。

育结构日趋合理。

表 4.1　1965 年初、高中阶段在校生数　　单位：万人

<table>
<tr><td rowspan="2">初中阶段</td><td>在校生数合计</td><td>普通初中</td><td>比例（%）</td><td colspan="4">职业教育</td><td>比例（%）</td></tr>
<tr><td>1169.1</td><td>803</td><td>68.7</td><td colspan="4">366.1</td><td>31.3</td></tr>
<tr><td rowspan="4">高中阶段</td><td rowspan="3">在校生数合计</td><td colspan="2" rowspan="2">普通高中</td><td colspan="5">职业教育</td></tr>
<tr><td colspan="4">在校生数</td><td rowspan="2">比例（%）</td></tr>
<tr><td>在校生数</td><td>比例（%）</td><td>合计</td><td>中等专业学校</td><td>技工学校</td><td>农业高中、职业高中</td></tr>
<tr><td>273.1</td><td>130.8</td><td>47.9</td><td>142.3</td><td>54.7</td><td>10.1</td><td>77.5</td><td>52.1</td></tr>
</table>

数据来源：根据《中国教育年鉴 1949—1981》整理计算得。

与此同时，城市职业学校也取得了较大发展。由于城市大量初中毕业生不能升学，但又缺乏就业或者下乡劳动的准备；与此同时，城市和农村急需各项劳动和技术的后备力量，而城市职业学校的出现解决了这一问题。

“文化大革命”期间，职业教育遭到了毁灭性的打击，发展基本处于停滞状态。刘少奇提出的“两种教育制度”遭到批判，中等专业学校、技工学校几乎全部砍掉，农业中学、职业学校和各类半工半读学校也都被迫停办。大量校舍改作为工厂，图书、教学设备等损失殆尽。中等教育只有普通教育一种类型。1976 年，中等专业学校、技工学校、职业中学等各类职业教育的在校生人数只有 67.7 万人，仅占高中阶段在校生总数的 1.16%。中等教育结构单一，既不利于经济、社会的发展，也不利于广大青年实现就业，改革势在必行。

新中国成立后的职业教育，受政治事件影响，在一系列脱离实际的思想指导下，一味强调规模和速度，贪多求快，职业教育入学人数虽然大幅提高，表面上是实现了教育公平，实际是以教育质量的牺牲为代价，职业教育效率较低。

三、改革开放之后的职业教育

“文革”结束后，百废待兴。1978年，具有历史意义的十一届三中全会召开，党的工作重心重新转移到了社会主义建设上，职业教育也步入了关键的转型时期。邓小平从经济大局出发，要求教育系统“两条腿走路”，提出“教育事业必须和国民经济发展的要求相适应”、“应当考虑各级各类学校发展的比例，特别是扩大农业中学、中等专业学校、技工学校的比例”。可以说，邓小平的这些重要论述，为中等教育改革指明了方向。1979年五届人大二次会议的政府工作报告也提出：“中等教育要有计划地多举办各种门类的重大职业教育，这是社会主义建设的多方面的迫切需要，同时也有利于解决大量中学毕业生的就业问题。”

1980年上半年，教育部先后召开两次座谈会，研究改革中等教育结构和发展职业教育的问题，会议《报告》指出：“应当实行普通教育与职业、技术教育并举……在城乡要提倡各行各业广泛办职业（技术）学校”。在国务院的领导下，各行各业广泛举办职业技术学校，到1981年，全国各类职业（技术）学校在校生总数达到211.4万人，占高中阶段教育在校生总数的22.8%，职业教育逐步得到恢复和发展，中国现代的职业教育体系重新确立起来。

随着改革开放的深入推进，职业教育在经济生活、教育领域中的价值和作用逐步得到了社会的认可，国家和政府十分重视职业教育的战略地位。八十年代和九十年代，有关职业教育的政策、决定密集出台（见附录一），为新时期职业教育的发展指明了方向，中等教育结构单一的状况有了较大改观。1996年，《职业教育法》的出台有力地促进了职业教育的健康发展，中国职业教育从此走上有法可依、依法治教的道路。

数据也可以证明这一点。从图4.1我们可以发现，改革开放后的二十年里，职业教育发展迅速，以中等专业学校和技工学校为例，招生人数总体趋势是增加的。仔细观察可以发现，八九十年代出台的系列政策有效地推动了职业教育规模的扩张。

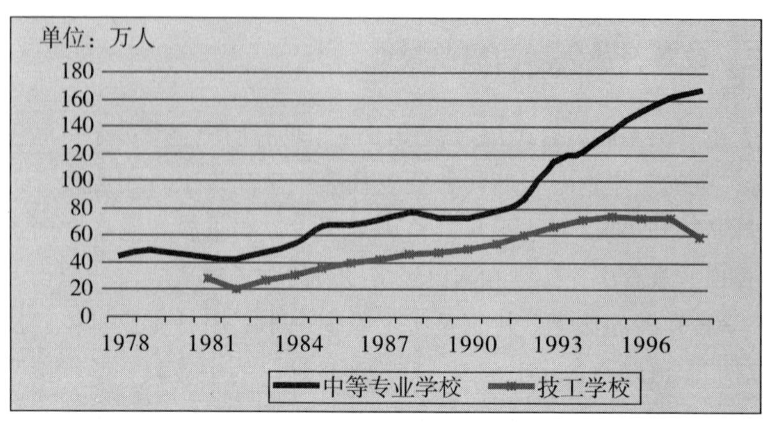

图 4.1　1978—1998 年中等专业学校、技工学校招生数

四、进入 21 世纪后的职业教育

进入 21 世纪以后，受高等教育大幅扩招的影响，职业教育发展一度跌入低谷，在招生、经费等方面遭遇瓶颈。与此同时，国家产业结构正处于优化升级阶段，职业教育就业前景良好，毕业生供不应求，职业教育服务社会、经济的效应日益显现。基于此，2002 年 8 月，国务院颁布《关于大力推进职业教育改革与发展的决定》，随后教育部等部门联合发布《关于进一步加强职业教育工作的若干意见》等文件，对职业教育的发展作了宏观规划，从战略高度上肯定了发展职业教育的重要性和紧迫性。国家领导人也多次对职业教育工作发表讲话，强调“大力发展职业教育，既是当务之急，又是长远大计”。

从 2005 年开始，职业教育经多次扩招，与普通高中教育规模相当，职业教育在中等教育中的地位不断增强，加速了教育结构的战略调整。“十一五”期间，国家拨出专款用于实训基地建设，办学条件明显好转，基础能力建设取得了阶段性成果；此外，进一步完善职业教育的奖、助学金体系，充分发挥公共财政的导向作用，为实现教育公平发挥了重要作用。

第二节　职业教育发展现状分析之一——基于公平角度

教育公平包括教育起点公平、教育过程公平和教育结果公平。起点公平是指受教育权和教育机会的公平；过程公平是受教育者享有公平的教育资源；结果公平表现为学生取得学业成就的机会是公平的，即每个受教育者可以根据其天赋、兴趣接受教育，挖掘潜力，提高其综合素质。而限于社会条件和客观因素的制约，教育结果公平很难测量与刻画。本节拟按照教育公平的实现顺序，主要从入学机会公平和教育过程公平两个维度来考察我国职业教育的发展现状。

一、入学机会公平

（一）扩大招生规模，基本实现了职业教育与普通教育的协调发展

在国家、行业企业以及社会各方的共同努力下，中等职业教育实现了快速发展，满足了社会对职业教育的迫切需求。进入21世纪以来，职业教育在校生规模逐年扩大，极大地促进了高中阶段教育的普及。中等职业教育与普通高中的招生数比例渐趋稳定，高中阶段毛入学率达到74%①。2008年中等职业教育招生811.2万人，普通高中阶段教育招生837.01万人，基本实现了职业教育与普通教育的协调发展（见图4.2），有效保证了职业教育入学机会的公平。

（二）建立职业教育助学金制度，切实保障贫困学生入学机会公平

2006年，财政部、教育部联合印发《关于完善中等职业教育贫困家庭学生资助体系的若干意见》和《中等职业教育国家助学金管理暂行办法》，详细规定了对中等职业教育困难家庭学生的资助办法，初步确立了国家助学金资助体系。2006年，中央财政安排专项资金8亿元，资助了

① 数据来源：2008年全国教育事业发展统计公报。

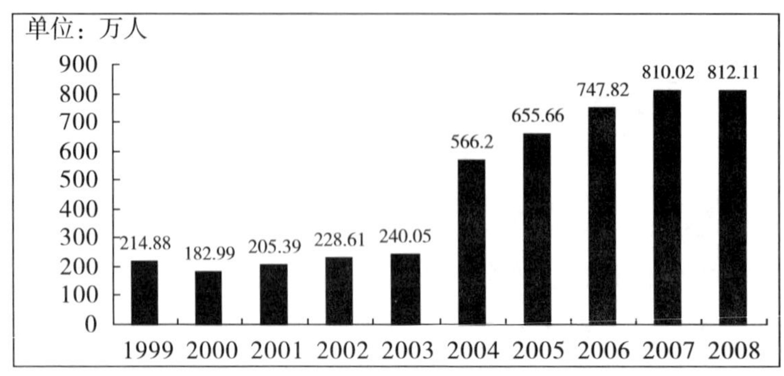

图 4.2 中等职业教育招生数柱形图

80 万中职教育的贫困生。2007 年起，实施“中等职业学校国家助学金制度”，对所有一、二年级的农村学生和城市贫困生进行资助，每人每年资助金额由 2006 年政策规定的 1000 元提高到 2007 年的 1500 元，受益面由在校生的 6%提升到 90%。2008 年，中央和地方财政共安排 308 亿元国家助学金，其中超过一半是面向中职生的。

助学金制度的建立，使贫困家庭学生在国家的帮助下顺利完成学业，有效保证了贫困学生以及处境不利者的教育机会公平，最大程度降低了因贫困导致失学的概率，进一步体现了社会公平。

二、教育质量公平

按照基本公共服务均等化的要求，教育过程公平意味着向社会提供数量和质量大致相同的教育。下面主要从两个方面予以论述。

（一）从纵向来看，职业教育在三级教育体系中财政经费的分配不公平

按照公共产品理论，政府根据外部性的强弱来提供教育服务，既有助于社会资源的最优配置，同时也利于实现教育公平。理论上来看，在三级教育体系中，义务教育的外部性最强，中等教育、高等教育外部性逐渐减弱，相应的，政府的提供力度也应减小。换言之，义务教育接近于纯公共产品，财政应全额负担，免费向社会提供；中等教育包括职业

教育在内为准公共产品，可由市场和政府共同出资提供；高等教育类似于私人产品，应主要由市场，即个人付费接受教育。

在三级教育体系中，我国财政经费的投资结构距离理想状态相差甚远。在教育经费总量一定的情况下，各类教育所占用的资源直接影响到各级教育能否健康发展。伴随社会公众及政府部门对于教育的关注和重视，近年来，无论是教育总经费、财政性的教育投入抑或是生均教育支出，其增长都较为显著，但具体到不同类型的教育上，资金分配却并不合理。表 4.2 的数据显示，2006 年，小学、初中、高中、职业中学、高等学校的生均预算内事业费支出比例分别为 1 ∶ 1.28 ∶ 1.16 ∶ 1.38 ∶ 2.75，财政投入过于偏重高等教育，初等教育和中等教育的投入比例过低。尽管该问题已引起了相关部门的关注，高等教育生均预算内事业费支出连年下降，但从 2006 年开始，又有大幅上升的趋势。换言之，高等教育的财政投入产生了“挤出效应”，在一定程度上挤占了本应投入初、中等教育的资源。公共资金在三级教育体系中分配不合理的状况，已经影响我国教育事业的协调发展，违背了教育公平和效率原则。

表 4.2 2001—2008 年生均预算内事业费支出

单位：元

年份	小学	初中	高中	职业中学	高等学校	初中/小学	高中/小学	职业中学/小学	高等学校/小学
2001	645.28	817.02	1471.12	1547.32	6816.23	1.27	2.28	2.40	10.56
2002	813.13	960.51	1565.25	1664.06	6177.96	1.18	1.92	2.05	7.60
2003	931.54	1052.00	1606.58	1684.79	5772.58	1.13	1.72	1.81	6.20
2004	1129.11	1246.07	1758.63	1842.58	5552.50	1.10	1.56	1.63	4.92
2005	1327.24	1498.25	1959.24	1980.54	5375.94	1.13	1.48	1.49	4.05
2006	1633.51	1896.56	2240.96	2163.69	5868.53	1.16	1.37	1.32	3.59
2007	2207.04	2679.42	2648.54	3124.01*	6546.04	1.21	1.20	1.42	2.97
2008	2757.53	3543.25	3208.84	3811.34*	7577.71	1.28	1.16	1.38	2.75

注：* 为中等职业学校数据。

数据来源：《中国教育经费统计年鉴 2009》。

此外，传统观念使得社会对于职业教育的态度并不端正，职业教育未得到社会、政府应有的认可，总是处于“先天不足，后天失调”的窘境。虽然近年来在一系列政策、规定的推动下，政府对职业教育的投入有了大幅增加，但其重要性总是被置于义务教育、高等教育以及普通高中教育之后，其经费需求也往往是在满足了其他教育经费的需求之后才被提及；再者，职业教育与地方政府绩效的关系并不显著，这也是政府宁可将财政资金投入义务教育或高等教育而不愿意资助职业教育的重要原因。社会偏见、政府忽视都是造成职业教育始终处于劣势的原因。

具体到高中阶段教育，从表 4.2 可以看出，近年来，职业教育的生均投入呈现稳定增长的态势。这主要得益于相关政策的推动，包括 2002 年《国务院关于大力推进职业教育改革与发展的决定》、2005 年《国务院关于大力发展职业教育的决定》等一系列文件，国家将职业教育提升到重要战略措施的高度，自然就加大了投入力度。但与普通高中相比，中等职业学校的生均预算内事业费支出高出了不到 22%。按照国际惯例，职业教育培训的成本远远高于普通教育，其生均投入往往是普通教育的 2—3 倍。在发达国家，政府对职业教育的重视也反映在其经费投入方面。如美国，职业教育生均教学成本就比普通教育高出 80%左右[①]。我国职业教育投资不足的问题亟待解决。

在图 4.3 中，柱形图表示高中阶段教育的总经费。很明显，中等职业教育经费虽然逐年增加，但增幅偏小；2004 年开始，普通高中教育经费的投入规模一跃超过中职教育，与中职差距有拉大的趋势；折线图表示公共投入在教育总经费中的比例，虽然公共财政占中职教育总经费的比例始终高于普通高中教育，但财政投入波动较大，趋势并不稳定；2004 年达到峰值 77.31%，2005 年跌至 54.02%，随后缓慢上升。这也反映出公共财政对职业教育的投入缺乏稳定性，由于相关制度保障和整体规划的缺位，政府投入随意性较强，从而导致财政投入增速的较大

① 刘大立、李锋亮：《国外成本收益研究与中国高等职业技术教育的发展》，《中国青年政治学院学报》2007 年第 2 期。

波动。

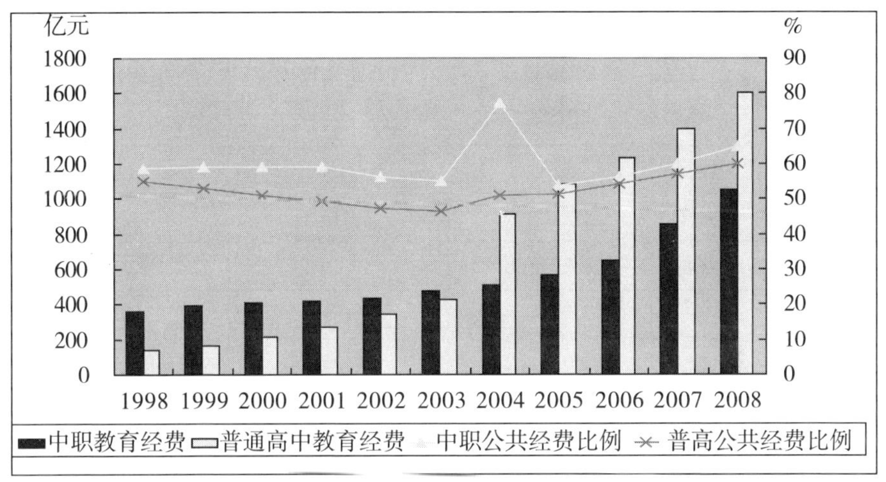

图 4.3 普通高中与中等职业教育经费结构

综上所述，职业教育在三级教育结构中始终处于弱势地位，财政对于职业教育经费分配的不公平现象必然会影响职业教育的未来发展。

（二）从横向来看，职业教育区域不公平现象突出

从横向来看，我国职业教育不均衡发展的问题十分突出，主要表现在地区、城乡、学校之间的投入水平差异上，尤其是中、西部地区和农村职业教育投入水平远低于东部地区和城市。

从地区差异来看，东部地区职业教育生均经费均高于中西部（见表 4.3）。其中教育经费投入最高的上海市，中职生均经费支出是湖北省的近 5 倍，是河南省的 4.4 倍，贵州省的 4.3 倍；在生均公用经费方面，北京市是湖北省的 25 倍之多，比全国平均水平高出 4243.81 元。由于我国区域间的经济差距较大，地方政府的财力直接影响了教育经费的投入，区域差异悬殊。在整理数据时，笔者发现西部地区的教育投入情况略好于中部地区，这主要得益于近年来国家对西部教育的大力扶持，投入大量财政资金推动了西部各类教育的发展，而中部地区则备受冷落，再加上自身经济增长乏力，在教育经费的投入方面就出现了“中部塌陷”现象。

表 4.3 2008 年中等职业学校生均经费支出情况

单位：元/人

划分原则/项目		生均教育经费支出	生均预算内教育经费支出	生均预算内公用经费支出
按归属划分	全国	7278.99	3941.49	911.71
	中央属	10532.08	5375.24	2023.53
	地方属	7274.68	3939.59	910.24
按地区划分	北京	18808.52	11455.45	5155.52
	上海	20385.2	10096.87	3283.87
	浙江	11748.56	5721.46	1673.56
	江苏	8473.1	3594.72	580.29
	河南	4629.45	2816.34	548.84
	湖北	4113.54	1840.18	204.25
	贵州	4728.16	3234.78	777.35
	云南	7187.84	4105.88	1250.54

数据来源：《2009 中国教育经费统计年鉴》，教育部财务司、国家统计局社会和科技统计司编，中国统计出版社出版。

同时，职业教育在城乡之间也表现出了不均衡，政府投资偏向于城市教育。以职业高中为例，2008 年，全国生均教育经费支出为 6767.05 元，比农村职业高中高出四分之一多，城市则高出更多；全国生均预算内公用经费为 774.85 元，比农村学校高出 27%。这种教育投资的城乡差异，既不利于实现教育公平，也对经济发展造成了不利影响，阻碍了产业经济的顺利转型。

图 4.4 以江苏省为例，从微观层面展示了一省之内中职教育经费投入的不均衡。从图中可以看出，经济越发达的地区，生均经费就越高；苏南、苏中、苏北教育经费投入依次递减。其中，苏南地区生均财政投入均在 6200 元以上；苏中介于 5000 元和 6800 元之间，苏北则在 3000 元和 6200 元之间。2008 年，江苏省生均事业性经费支出最高的城市是省会

南京市，达到 13380.11 元，最低的宿迁市仅为 3118.48 元，两者相差超过 10000 元。数字直接证明了职业教育发展在区域间的巨大差距。这也从侧面验证了经济差距对于职业教育差距的正向影响。折线图为财政拨款在教育经费中的比例。2008 年，该比例最高的为泰州市，达到了 73%，比例最低的是扬州市 31%，同为苏中地区的两城市比例相差竟然如此悬殊，这并非经济差距所能解释的。对此，我们认为，由于职业教育实行的是“分级管理，地方为主”的原则，不同地方政府对于职业教育的重视态度直接影响了教育经费的投入力度。

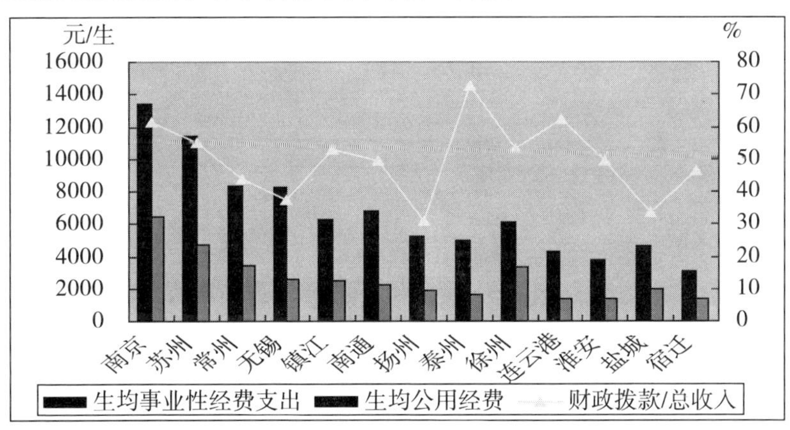

图 4.4　2008 年江苏省中等职业教育经费支出图

此外，归属于不同部门的职业学校经费差距也较为悬殊。表 4.3 列出了归属中央和地方的中等职业学校的经费情况。显然，中央属职校无论在生均总经费还是生均财政经费方面，都远高于地方属的学校。中央财政对职教发展的支持是可以肯定的，但经费投入越高是否教育的效果越好，这也是值得考察的问题。

教师是教育过程中的关键生产要素，师资力量因此也直接影响着职业教育的产出和效果。2008 年，全国中等职业学校本科及以上学历教师比例为 79%，东、中、西部地区这一比例分别为 84.1%、75.7%、74.6%，这与国家提出的在“十一五”期间教师学历达标率实现 90%的目标差距较大。在 31 个省市中，只有上海市本科学历教师的比例超过了 90%，达到国家要求，青海、江西等地甚至低于 70%。双师型教师比例也与国家“十一五”要求的50%相差较远，全国平均比例为17.2%，部分中部省份尚不足15%（见表4.4）。

表4.4　2008年分地区中等职业学校双师型教师比例

单位：%

地区	2004年	2005年	2006年	2007年	2008年
合计	11.1	12.3	14.3	15.8	17.2
地区	2004年	2005年	2006年	2007年	2008年
东部	11.9	12.5	14.7	16.8	18.6
中部	9.0	10.5	12.5	13.8	14.7
西部	12.3	14.4	15.7	16.7	18.0

数据来源：《2008年全国教育事业发展简明统计分析》（内部资料），教育部发展规划司编，2009，60。

按照基本公共服务均等化的要求，职业教育作为基本公共服务的内容之一，政府理应向社会公众提供质量大体相似的职业教育。但我国当前的职业教育，无论是在三级教育体系中还是在区域、学校之间，过程不公平现象都很突出。实现过程公平将是职业教育今后发展的重要目标。

第三节　职业教育发展现状分析之二——基于效率角度

不可否认，职业教育发展取得了显著的成就，但职业教育的效率问题始终为人们诟病。本节将主要从发展规模、经费投入、教育质量、办学体制四个方面，基于效率角度，研究我国职业教育的发展现状。

一、办学规模尚不能适应市场经济发展的要求

近年来，在一系列政策的推动下，各级政府开始重视职业教育发展，在财政投入和办学条件等方面给予充分支持，职业教育规模也实现了跨

越式发展。2008年，中职教育在校生数已占到高中阶段教育规模的45.61%。尽管如此，当前我国中职办学规模仍然不能满足市场经济发展的需要。

首先，从我国农村劳动力转移的数量和素质来看。随着工业化和城市化进程的推进，数以亿计的农村劳动力涌入城市，其中的大多数都在从事制造业和服务业的相关工作。而这部分劳动力往往文化水平并不高，与经济转型所要求的高素质技术人才相差较远，“长三角”、“珠三角”出现的“技工荒”就充分表明培养技术人才的紧迫性，技术人才的短缺已成为制约经济发展的瓶颈。2004年劳动保障部对40个城市抽样调查报告显示，全国技术工人技术等级构成情况为高级技师占0.7%，技师3.2%，高级工22.7%，中级工39.2%，初级工34.2%①。即使在发达城市如上海市，高级技工占技工总数的比例也仅为6%，而根据正常制造型企业的需求，高级技工的比例应该达到12%②。而2008年，我国中职教育在校生总规模为2085.8万人，毕业生仅为580.1万人。对江苏省苏州、无锡、常州三市职业教育的调查结果显示，职业教育的发展规模尚不能满足战略性新兴产业的需求③，显然，我国目前的职业教育规模远远小于产业结构升级、优化所需要的数量，从供给角度来看，职业教育规模扩张具备可能性。

产业人才配置规律告诉我们，一个工程师一般需要配备3—5个左右的技术人员和20—30个熟练工，才能形成有效的生产力。中职教育的重要任务是培养中等技术人员，其地位并非本科生、研究生能够替代的。随着经济全球化的日益发展，激烈的国际竞争也使得越来越多的国家意识到职业教育及培训的重要作用，国际竞争已经演变成为技术人才的竞争。欧盟从2000年的“里斯本战略”、2002年的“哥本哈根宣言”，到

---

① 数据来源：2007年第四季度部分城市劳动力市场供求状况分析，中华人民共和国人力资源和社会保障部，http：//w1.mohrss.gov.cn/gbzwxx2008－01/22/content_222087.htm。

② 数据来源：明年技工有望涨薪15%，中国就业促进会，http：//www.zgjy.org/twoji/jypxShow.asp?MessageID=502。

③ 朱新生：《职业教育发展与劳动力市场的契合度分析——基于江苏省苏南地区的调查》，《教育发展研究》2010年第19期。

2004年的“马斯特里赫特声明”都反复强调把职业教育作为提高综合竞争力的核心措施[1]，大力发展职业教育与培训。因此，只有充分意识到职业教育的战略意义，合理扩大职业教育规模，尽快破解技术人才供不应求的局面，才能在激烈的竞争中脱颖而出。

其次，从中职学生的就业率来看，2008年，我国中职学校的平均就业率为95.77%，许多院校的学生在二、三年级时就已经与企业签订劳动合同，被“预订一空”，显然，职校生并不愁就业问题。这也从侧面反映了职业学校的办学业绩，验证了劳动力市场对应用型人才的巨大需求。企业若缺乏高科技人才，可以高价引进，也可以花重金培养，但却无法靠引进来解决技术工人不足的问题。从需求角度来看，职业教育存在扩张的可行性。

综上所述，无论是从劳动力供给还是从劳动力需求来看，扩大职业教育办学规模具备可能性和可行性。发展职业教育，是适应经济发展的客观要求，也是提高职业教育效率的必经之路。

二、职业教育经费投入不足

衡量职业教育是否有效率，一个关键的指标就是看职业教育发展的资源是否充裕，经费是否能得以保障。目前，我国职业教育经费来源主要包括国家财政性教育经费、民办学校中举办者收入、社会捐赠经费、事业收入及其他经费。

前文已经提到，近年来我国职业教育经费大幅增加，2007年增速达到了30.69%。表面来看，职业教育经费的充足性已不是问题，而实际上，由于职业教育最近几年的扩招政策，在校生规模急剧膨胀，与职业教育的发展规模相比，教育经费绝对量的增加尚不能满足职业教育的发展需求。此外，职业教育学生的培养成本远远高于普通教育，但近几年我国中等职业教育生均经费支出与普通高中基本持平，无法有效满足培

① 教育发展研究编辑部：《当前我国职业教育发展的形势与任务——访教育部职成教司黄尧司长》，《教育发展研究》2008年第7期。

养应用型、技能型人才的需要。与普通高中教育持续受到关注相比，中等职业教育的总体投入要少得多。职业教育所必需的实训基地、实验中心的建设需要大量资金，许多职校为了建设实训基地，背负大量银行贷款。笔者在江苏省调查时发现，某市38所职校为建设实训基地负债7亿多，校均负债规模在2000万—4000万元之间，巨大的债务负担压得学校几乎喘不过气来。在政府投入不能满足职业教育发展需要的时候，学杂费成为学校办学经费的主要来源。但由于职业学校在学杂费的确定方面没有自主权，学杂费的高低均是由当地物价部门确定和批准。受制于学校发展能力，职业学校自我造血能力较差。整个社会对于教育事业的捐赠就不足，对于职业教育的捐赠就更少了。多种因素交互作用，共同造成了职业教育经费捉襟见肘的窘境，经费不足问题已经开始制约职业教育的发展，严重影响了职业教育的效率。

三、职业教育的质量不高

就我国当前的经济形势而言，职业教育必须坚持“以服务为宗旨、以就业为导向”，培养企业需要的人才是职业教育的发展方向。但调查显示，中职教育的对口就业率并不高，这主要是由于学校的培养目标脱离市场需求，跟不上市场的步伐所致。

数据显示，我国职业教育的资格证书获得率偏低。2008年中等职业学校的毕业生中，获得职业资格证书的比例仅为59.85%[①]。职业资格证是由劳动部门考核后发放，是持证者具有从事某项工作能力的证明。可以说，职业资格证既是学生上岗就业、企业招工的基本条件，也是评价教育业绩的重要指标。较低的资格证书获得率间接折射出职业教育培养质量不尽如人意。

国际上评价职业教育质量的通行指标还包括就业率和就业保持率，后者可作为学生的可持续发展能力指标。该指标通常在80%—90%。对上海浦东新区的调查结果显示，职校2007届毕业生的就业率在95%左

① 数据来源：根据2009国家统计年鉴数据计算得到。

右，在这些直接就业的学生中，就业保持率平均为63.83%，换言之，有将近36%的学生在初次就业半年后更换了工作或待业。就业不稳定现象一定程度上反映了职业教育学生就业适应能力较弱，职业教育质量欠佳。

四、职业教育的管理体制不顺

现行的职业教育管理体制属于行政办学模式。行政办学模式带有明显的计划经济色彩，集中体现了中央集权的办学思想。在该模式下，国家权力直接干预教育的微观管理，地方政府必须遵循中央对教育的指导方针、规划政策。虽然行政办学在特定时期具有积极意义，比如有利于教育政策的贯彻落实、调节教育发展的不平衡、统一办学标准等，但显而易见的是，行政办学是计划经济时代的产物，这种管理体制已然不能适应市场经济的发展。

首先，行政办学必然导致职业教育办学效率低下。职业教育是面向企业、面向市场的教育，这就要求职业教育必须因地制宜，满足不同地区企业的差异化要求，灵活办学。行政办学使职业教育出现“齐步走”，全国职教一刀切，不能适应各地的实际需要，这种“千人一面”的管理机制违背了职业教育的发展规律。可以说，不改变行政办学模式，职业教育的效率难以提高。

其次，行政办学束缚了学校办教育的积极性、主动性、创造性。办教育不过是传达上级指令、完成上级任务的被动表现。一方面，学校要在行政部门的领导下，完成规定的教学任务，同时接受上级行政部门的监督、检查和评估，另一方面，职业教育还要能够贴近市场，迎合市场的现实需要，感知市场的未来走向。但现实情况是，由于学校缺乏办学自主权，在办学过程中束手束脚，只能在有限的范围内作出微调，办学灵活性不够，学校特长难以发挥。以学校招生为例，在我国，职业教育的招生数量是作为指标层层下达，分配到不同的学校中去。招生名额的分配未经过科学验证，不过是根据历年招生数量拍脑袋的结果，至于招生数目是否符合市场未来的需要、学校是否有能力容纳这些学生则根本不予考虑。学校为了完成招生计划，不得不想尽办法招揽生源，根本无暇顾及生源的质量。无疑，这种脱离实际情况的管理模式极大地打击了学校的积极性，削弱了职业学校的主观能动性，职业教育质量无法得到有效保障。

再次，我国职业教育管理体制中“多头管理、政出多门”的问题已经严重阻碍了职业教育的发展。一般来讲，中等职业教育包括中等专业学校、职业高中、成人中专学校和技工学校。其中技工学校隶属于劳动部门管理，而其他三类职校属于教育部门管理。在管理上的部门分割使得这两类中等职业学校的级别、财政经费标准、教师工资和评定职业资格、毕业生的身份和待遇等方面存在巨大差异。多头管理导致教育资源的低效配置，扰乱了教育管理的有序性，直接造成不同类别学校之间的教育不公平。此外，多重管理、政出多门加剧了职业教育内部的无序竞争，专业建设重复，监管严重缺位，这都极大影响了职业教育的培养质量。打破多头管理格局、整合两类职校教育资源，将是未来教育管理体制改革的方向。

第四节　职业教育存在问题的根源探究

2008年，中国的中等职业教育在校生达到2085.58万人，成为世界上职业教育规模最大的国家。职业教育发展取得了显著成绩，但这并不能掩盖存在的一系列问题。回顾职业教育的发展历程，可以清楚地看到，我国职业教育受政策影响很大，而政策又缺乏完整的长期规划指导造成职业教育发展起伏很大，不能健康发展。我国职业教育的发展现状也显示，职业教育效率和公平都有待提高。追根溯源，是政策方面出了问题，职业教育缺乏政策层面的有力统领。下面将从政策问题界定、政策目标定位、政策执行和政策评估四个方面来研究职业教育存在问题的根源。

一、职业教育政策问题界定模糊

马克思主义基本原理指出，分析问题时，要善于抓住事物的主要矛盾和矛盾的主要方面。对于职业教育来讲，财政经费是保证其健康发展的基本条件；就职业教育政策而言，财政政策是其核心内容，因此财政政策的不完善就是职业教育发展的主要矛盾。可以说，认定政策问题是职业教育政策研究的逻辑起点，也是制定职业教育政策的根本出发点。

改革开放以来，政府有关职业教育的决定、文件众多，每一次文件的下发都会引发社会关注，引起各级政府的重视，掀起一股增加职业教育投入的高潮。但由于这类政策具有一定随意性，缺乏长远的系统规划，连贯性不强，未能抓住问题的关键和症结所在，政策效果十分有限。2005年，国务院《关于大力发展职业教育的决定》提出："到2010年，中等职业教育招生规模达到800万人，与普通高中招生规模大体相当"，同年，中职招生规模扩大了近100万，达到655.66万，2006年，招生747.82万，2007年810.02万，提前实现了800万的目标，2008年增速放缓，招生人数为812.11万。但达到目标之后，该怎样做无从得知。当然，并不是说职业教育的规模越大越好，受制于人口结构、社会阶段等因素的影响，一味地扩招既不现实也不科学。职业教育的发展是个系统工程，扩大招生规模势必会影响生均经费投入、教学质量、师资配备等各个方面，这些并非是投入资金一项就能够解决好的。显然，职业教育的健康发展需要一套完备的措施保证，单独的拨款、扩招等手段实属"头痛医头、脚痛医脚"，治标不治本，此外，"牵一发而动全身"的效果又并非这些政策之本意。可以认为，以往的各种问题皆可以归结为政策问题界定不明确，具体说来，一是政策制定缺乏系统性和连贯性，不能用战略眼光审视宏观形势；二是政策目标分散，一定程度上抵消了各自的效果，容易顾此失彼。治本的良药是建立一套完善的、针对职业教育的政策，而政策的核心和焦点——财政政策，其制定必须置于历史视野下，统筹考虑，具有连贯性和传承性；其次，财政政策的各个方面必须是有机结合、紧密联系的，其制定必须周密、系统地考虑各方面的因素，避免出现子政策彼此割裂、相互独立的情形；再次，财政政策的目标无非就是实现职业教育公平和效率的有机结合，在政策路径方面必须同时兼顾这两点。

二、政策目标定位不明确

任何政策制定都离不开政策目标，目标是政策制定的关键、政策执行的依据，也是未来政策评估的参照系。政策目标的定位和导向直接关系到政策的执行效果。我国自1996年颁布《职业教育法》以来，一直未有实施细则和配套的法律法规出台；职业教育财政政策只是由一系列文件构成，目标分散于各个文件之中，并未独立成体系；政策目标出现“虚化”，仅限于框架式的描述，缺少量化指标。此外，在政策出现不适应客观实际的情况下，政府就会颁布各类指令性文件对政策予以修正，日积月累，财政政策成了各类“补丁”的简单集合，成了“补丁政策”。补丁政策目标层层叠加，纷繁复杂，模糊了原有政策的目标定位，为以后政策执行和评估造成了困难。

三、政策执行不到位

美国学者艾利森曾经说过，在实现政策目标的过程中，方案确定的功用只占10%，而其余的90%取决于政策的有效执行[①]。在我国，职业教育政策的目标基本采用了口号般的宣传式[②]。一般来说，这类目标内容宽泛，只是概括性地描述了政策框架，很少涉及细节问题，不利于政策执行。如“加大财政投入”，虽然导向明确，强化了公共财政在职业教育未来发展中的责任，但却缺乏量化性描述，究竟是增加多少投入才算是对政策的合理解释呢？由于政策规定的不完善，实际操作过程中具体的执行措施不明确，管理部门会根据自己的偏好和理解对政策进行执行，一定程度上影响了政策效力的发挥。而职业教育强国德国，在政策执行方面都出台了具体的量化措施。如1976年颁布的《扩大职业培训位置促

---

① 罗红艳：《走向多维：我国职业教育政策研究的新趋向》，《教育学术月刊》2009年第9期。

② 周香玲：《基于过程分析的职业教育政策低效度原因探究》，《职业技术教育》2009年第30卷第34期。

进法》详细规定了促进措施，包括“一旦发现现有的职业培训场所没能超过实际需求量的12.5%，政府即须向各企业征收职业培训税，税额为扣除了40万马克后工资总额的0.25%，然后由联邦职业教育研究所负责分配，援助增办的职业培训场所及增加招生的职业培训场所。”①

我国职业教育是“地方为主，分级管理”的管理体制，地方政府在执行政策的过程中拥有大量的决策权。根据公共委托代理理论，代理人地方政府与委托人中央政府的利益常常存在不一致，因此，在执行政策时，地方政府会出于自身利益作出有利于自己的政策解读。如在教育投资方面，常常是基础较好、成绩显著的学校获得较多的资金，这类学校的发展往往会成为政府的“政绩”，也就是说，政策在执行过程中倾向于做“锦上添花”的事情，而急需“雪中送炭”的学校往往被搁置或拖延。这在一定程度上削减了政策的执行力，致使政策落实不到位，偏离了政策制定的初衷。

四、政策评估缺失

教育政策的评估在我国还属初创阶段，对职业教育的评估就更少了。职业教育财政政策的评估作为职业教育政策过程的重要一环，起着承先启后的作用。首先，它对前期政策效果进行全面的考察和分析，肯定政策的效益和效果，指出政策的不足和缺陷；其次，它为今后的政策制定指明方向，依据政策评估的结果，调整财政投入力度、方式，以期提高未来财政投入的绩效。职业教育财政政策评估的缺失，直接造成了财政资金使用效率低下，公共教育资源的配置不合理，影响了社会公平。对职业教育财政政策进行评估，也是适应新公共管理的要求。在新公共管理的理念下，政府应当是效率型政府，这就要求政府应以最为有效的方式来提供公共服务，以此实现公共利益，满足公众需求。这其中也包括对职业教育财政效率的评估。

① 王平风、张良清：《法律：德英法等国筹措职业教育经费的重要手段》，《成人教育》2009年第11卷第274期。

综上所述，我国职业教育发展中存在的诸多问题，皆可归结为职业教育财政政策的不完善。因此，建立一套立足我国国情的职业教育财政政策，是帮助我国职教走出当前困境、实现职业教育效率与公平的唯一出路。

第五章　职业教育财政政策之国别研究

在经济发展过程中，各个国家在相同的发展阶段总会出现一些共同的特征和趋势。从世界范围来看，职业教育的繁荣发展是发达国家工业化时期的普遍现象，这并非偶然，而是职业教育适应工业化进程的必然趋势。纵观发达国家职业教育发展历程，我们发现，发达国家工业化的时代背景与我国面临的环境虽略有不同，但本质是一致的。教育属于上层建筑范畴，其发展必然要受制于当时的政治、经济的状况。正确认识发达国家职业教育方面的成功经验并予以借鉴，对于推进我国职业教育的健康发展大有裨益，这也是加速工业化进程、优化产业结构的捷径。本章通过回顾发达国家的职业教育发展历程，深入剖析职教财政政策，提炼出财政政策层面的共性，为制定我国的职业教育财政政策提供有益的借鉴。

第一节　德国职业教育财政政策研究①

德国是世界第四大经济强国，工业高度发达。德国经济以出口为导向，连续几年保持了头号出口大国的地位。作为制造业强国，职业教育为德国经济和工业的高速发展做出了巨大贡献。1987 年，德国联邦政府

① 本节部分内容转载自辛斐斐：《德国职业教育财政政策述评及对我国的启示》，《外国中小学教育》2010 年第 1 期。

总理科尔在总结德国经济发达的原因时，强调指出，德国人的文化素质和发达的职业教育是经济复兴的两条重要原因①。调查显示，2004 年，20—29 岁的年轻人中仅有 14.9%没有职业技能资格，同年龄段的外国侨民的这一比例为 36.6%，本土籍的德国人这一比例仅为 11.3%②。职业教育的普及，促进了国民整体素质的提高，为做强德国制造业储备了大量的技术人才。

德国职业教育之所以能繁荣发展，一方面得益于其独特的"双元"培训模式，另一方面，也离不开政府的财政支持。因此，研究德国职教的财政政策十分必要。本节简要介绍德国职业教育体制，剖析德国职业教育的财政政策，从中总结出德国职教的成功经验，为我国的职业教育发展提供有益的借鉴。

一、德国职业教育体制概况

（一）德国教育体制简介

德国教育体系十分完备，从 3 岁幼儿教育开始，6 岁进入全日制义务小学，小学毕业后实施第一次分流，进入中等教育体系，接受 2 年的定向教育，在此期间，学生和家长共同决定下一步的教育形式。学生在 12 岁按照各自的志愿，分别进入技术中学、普通中学、完全中学和语法学校，3 年后，实行第二次教育分流，无论是毕业于哪所初中的学生，都可进入双元制职业学校、普通职校和普通高中，学制三年。至此，12 年义务教育结束（见表 5.1）。在完成中等教育后，学生还可根据自己的兴趣和成绩，选择是否就读大学或者职业继续教育。

---

① 周谊：《德国职业教育：发达的原因、发展的特征和趋势》，《西南师范大学学报》（哲社版）1997 年第 5 期。

② Ute Hippach－Schneider，Marina Krause，Christian Woll："*Vocational education and training in Germany*"，Short description，Cedefop Panorama series138，Luxembourg，2007，p. 30.

表 5.1　德国教育体制

<table>
<tr><td>年龄</td><td colspan="5">教育体制</td><td colspan="2">教育层次</td></tr>
<tr><td></td><td colspan="5" rowspan="2">科学研究；继续教育及培训</td><td colspan="2" rowspan="5">高等教育</td></tr>
<tr><td></td></tr>
<tr><td></td><td colspan="3" rowspan="3">职业继续教育</td><td colspan="2" rowspan="3">大学</td></tr>
<tr><td></td></tr>
<tr><td>18</td></tr>
<tr><td>17</td><td colspan="2" rowspan="3">双元制职业学校</td><td rowspan="3">普通职校</td><td colspan="2" rowspan="3">普通高中</td><td rowspan="3">第二阶段</td><td rowspan="7">中等教育</td></tr>
<tr><td>16</td></tr>
<tr><td>15</td></tr>
<tr><td>14</td><td rowspan="9">特殊学校</td><td rowspan="3">技术中学</td><td rowspan="3">普通中学</td><td rowspan="3">完全中学</td><td rowspan="3">语法学校</td><td rowspan="4">第一阶段</td></tr>
<tr><td>13</td></tr>
<tr><td>12</td></tr>
<tr><td>11</td><td colspan="4">定向阶段</td></tr>
<tr><td>10</td><td colspan="4" rowspan="5">小学</td><td colspan="2" rowspan="5">初等教育</td></tr>
<tr><td>9</td></tr>
<tr><td>8</td></tr>
<tr><td>7</td></tr>
<tr><td>6</td></tr>
<tr><td>5</td><td rowspan="3">特殊幼儿园</td><td colspan="4" rowspan="3">幼儿园</td><td colspan="2" rowspan="3">幼儿教育</td></tr>
<tr><td>4</td></tr>
<tr><td>3</td></tr>
</table>

注：表格宽度与就读该类型学校的学生数量无关。

（二）德国职业教育发展回顾

德国职业教育一般分为两种类型：初级职业教育和继续职业培训。初级职业教育基本属于职前教育，面向尚未就业的年轻人，主要是帮助年轻人掌握一技之长，提高青年的就业能力；继续职业培训属于在职教育，教育对象以在职人员和失业者为主，以适应国内外产业和技术变化，有效提高受训者的竞争力。

德意志民族自古就有崇尚手工制造、注重技能的文化传统，而技工在德国是一项备受推崇的职业。德国有一条谚语，“不教会青年人手艺就等于让他们去偷”。显然，技能培训已经深入人心。

德国职业教育可追溯到中世纪的学徒培训。学徒培训在许多国家都存在过，但德国的学徒制与众不同，还有同业协会的监督和管理。德国学徒制的最初形式是手工业师傅对学徒工的技能培训，由同业协会确定学徒的录取条件和合格标准，未经过培训的人是不允许从事手工业的。19 世纪以来，随着技术的发展，在传授学徒技能的同时，理论知识变得越来越重要，德国许多企业开始设置学徒培训部或教学车间，专门教授本专业的基础理论知识和基本技能，这种企业培训与学校教育的结合形成了现代“双元制”职业教育的雏形。

1850 年，德国工业革命进入了大规模的扩张阶段，这一时期德国工业开始兴起。第一、二次工业革命带来的工业化发展使得传统企业的生产方式发生了根本改变，企业家希望获得大量熟练的技术工人，开展新型的工业培训成为了客观需要。1860 年，斯图加特的 G. 库恩机器和锅炉厂开始建立造型工徒工实习车间，1872 年又建立了旋工实习车间。到 1911 年，德国已经有 28 家企业成立了实习车间[①]。为了适应生产技术的变革，职业学校种类增多，渐成体系。

魏玛共和国时期，德国将公民教育与生产劳动、职业技能结合起来，职业教育恰恰实践了“为国家服务”的思想，顺应了彼时国家发展的需要。这些思想被吸纳到《魏玛宪法》中，职业教育再次成为推动生产力发展的工具。

1933 年，希特勒上台，宣称要实现“每个德意志职工拥有一辆小汽车”的目标。他一方面指令大众汽车公司去美国福特汽车公司取经，另

① 数据引自邢来顺、吴友法：《近代德国工业化过程中教育事业的发展》，《华中师范大学学报》（人文社会科学版）2002 年第 41 卷第 6 期。

一方面命令学校培养适应汽车工业发展的技能人才。“军事工业化”道路使希特勒将所有资源都投入战争经济中，包括让妇女、农民等社会成员都从事军工行业。尽管二战留给德国一片废墟，但这场战争使德意志民族拥有了众多具备生产经验和生产技能的熟练劳动力，希特勒的无意之举无形中推动了职业教育的发展。

（三）德国职业教育现状、未来趋势及存在问题

1969 年，《职业教育法》正式颁布，首次用法律的形式规定了“双元制”职业教育制度，明确了“双元制”教育利益相关方的责、权、利。双元制是指学生在企业接受技能培训和在学校接受理论培养相结合的职业教育形式，培训对象以初中毕业生为主，它是德国职业教育的基本形式。接受双元制培训的学生，按照相关法律规定与企业签订职业教育合同，获得培训机会，之后再到相应的职校注册取得学习理论知识资格。通常，学生 2/3 的时间用于企业实训，而 1/3 的时间在职校学习技能理论。值得注意的是，职业教育合同是实施双元制的重要制度保障，突出了企业在培训中的主体地位。双元制充分结合了企业和学校各自的优势，学生在企业中可以亲身感受到技术更新，在学校中学习系统的专业知识，为今后的发展打下坚实的基础。显然，双元制有效融合了学徒培训传统和现代职教的特点。

20 世纪 60 年代，德国经济进入高速发展时期，第二产业产值在三大产业中占到一半以上，其中制造业成为经济的主要增长点。与之对应，职业教育在此时期也达到高潮。1960 年，德国各培训部门有学徒 127.89 万，其中工商业的学徒数量就达到 74.31 万；1965 年学徒数增加到 133.84 万，工商业学徒有 75.24 万人，在学徒总数中占到一半以上[①]。

伴随着欧盟一体化，德国在教育领域开展了一系列影响深远的改革。2005 年，德国颁布新《职业教育法》，强调职业教育要适应国际化的发展要求，学生还可以申请英文和法文版的结业证书，以便去其他国家就业。

① 此处为原西德数据。数据来源：Basic and Structural Data 1999/2000（Federal Ministry of Education and Research）。

欧盟职业资格证书一体化的发展、欧洲职业教育学分互认和转换，都为形成欧洲统一的劳动力市场、实现劳动力的自由流动创造了条件。2008年10月，德国联邦和各州政府首脑的“教育峰会”提出，将在2015年之前把教育科研经费提高到GDP总值的10%[①]。毫无疑问，德国政府已经充分意识到教育在国际竞争中的关键作用。

进入21世纪以来，现代高科技瞬息万变，经济结构调整对劳动力素质提出了更高的要求。德国不来梅大学的一项研究表明，德国职业教育体系，特别是“双元制”模式，亟须进行现代化改革，以便适应社会发展。此外，由于德国职业教育专业设置较多集中于传统行业，一些新兴产业，如新材料、信息通信、生物能源的专业设置落后于社会发展。受全球金融危机影响，主动提供培训的德国企业数量和培训岗位有所下降，这种过于依赖经济状况的培训模式缺乏稳定性。如何进一步提高培训企业的办学积极性，增加培训岗位，改善双元制职教停滞不前的困境，是德国职业教育发展的重大难题。

二、德国职业教育财政政策研究

德国是议会民主的联邦制国家，共有16个联邦州，联邦政府仅在外交等几个方面拥有权限，各州具有高度的自治权。政治体制的特点也反映在职业教育的财政政策上。

（一）职责明晰的管理体制

1. 各级政府事权划分明确

联邦德国《基本法》规定，联邦政府对教育文化事务不享受专有立法权，这就意味着州具有教育立法和行政管理方面的最高权限。因此，各联邦州的文化教育部门拥有对本州各级各类学校包括职业学校的管理权。但经济和劳动事务的权力掌握在联邦政府手中，对于企业培训部分，联邦政府则具有管辖权。

---

① 目前是8.9%，其中教育为6.2%，科研占2.7%。数据来源：中国驻德国大使馆教育处。http：//www.de－moe.edu.cn/article_read.php? id＝12016－20081202－397。

在联邦层面上，主要是联邦教育与研究部（BMBF）负责指导职业教育发展。其他联邦部门也会出台相应的培训法规，但其条款必须经过联邦教育与研究部的审批，与BMBF保持一致。此外，德国还设立了联邦一级的研究机构，协调联邦与各州的教育工作，如职业教育协调委员会。依据《职业教育法》，1970年成立联邦职教研究所（BIBB），之后明确了BIBB的任务：规划职教未来的发展方向、促进职教创新以及构建以实践为导向的职业培训体系。BIBB委员会由企业、行业协会、联邦政府和州政府的代表组成，代表地位平等，共同为职业教育的发展商讨对策。

在州层面上，联邦州的文化教育部门负责各州的职业教育。职业培训委员会为本州的职业教育发展提供建议，促进企业培训与学校教育的紧密结合，委员会由职教利益相关方的代表组成，包括企业、雇员以及州政府代表。

在职业教育遇到矛盾或遭遇低谷时，德国政府主动参与，帮助解决问题。近年来企业界常抱怨职校质量下降，工商大会（DIHK）的调查也证明了这一点，一半以上的企业需要为学徒补习本应在学校就应掌握的基础知识。德国联邦劳动局专门为此提供资助，2009年就有1/3的企业获得该资助，一定程度上减轻了企业负担①。

毫无疑问，德国职业教育发展有赖于各级政府的密切配合，联邦政府负责统筹职业教育宏观政策，而州政府则主要负责细节性事务。

2. 行业协会保证培训质量

从微观来看，行业协会如工商业及手工业协会，在保障企业培训质量方面，发挥着关键作用。行业协会功能包括监管本地区提供培训的企业、审查培训的适宜性、评估实训教师的资质。在《职业教育法》和《手工业法》的授权下，行业协会可因地制宜，制定相关规章。同时，行业协会还负责职业培训的中期考核、制定合格标准，学生要想获得职业资格证书必须通过行业协会的资格鉴定。这种培训与考核相分离的考核

---

① 数据来源：中国驻德国大使馆教育处。http：//www.de－moe.edu.cn/article_read.php? id＝12016－20100408－685。

办法，保证了培训质量，使职业资格证书更具权威性。此外，行业协会积极督促企业提供实训岗位，仅2005年，在行业协会的组织下，成员企业提供了总数达63000个培训岗位，企业和公共部门提供了42000个以企业为主的引导性培训岗位①。

从以上划分可看出，德国三级政府在职教领域的事权划分虽然有一定交叉，但各自的基本事权范围是明确的。职业教育利益相关方分工明确，职责清晰，完善的法律体系使得各部门在履行义务时必须严谨规范，避免了相互推诿扯皮、职责不清的现象；行业协会作为职教发展的重要社会力量，有效监管了企业培训，保证了培训质量。明晰的管理体制、有效的行业监管制度是德国职业教育效率较高的核心因素。

（二）地方财政为主的公共投资体制

在教育方面，州政府具有最高的管辖权限，这也决定了教育的公共投资结构中必然以地方政府承担为主。2001年的公共教育支出中，联邦、州、地方三级政府分别投入了79亿、616亿、166亿欧元，占比分别为9.18%、71.54%、19.28%；具体到职业教育，该比例为1.22%、81.71%、18.29%②。显然，州政府和地方政府是职业教育公共投入的主要负担者。

地方政府为主的公共投资体制并不代表联邦政府对职业教育放任不管。为了实现特定的政策意图，联邦政府常常通过教育政策、项目资助、配套拨款等方式影响各州职业教育的价值取向。如联邦政府的EQJ项目，为了激励企业提供培训岗位，为每个培训岗位提供了包括192欧元的生活费用和102欧元的社会保险费③，一定程度上减轻了企业的负担。此外，联邦政府还向职业教育提供贷学金，帮助专业技术人员实现职称晋

① Report on vocational education and training for the year 2006, p1, Federal Ministry of Education and Research.

② 数据由 Basic and Structural Data 2003/2004（Federal Ministry of Education and Research）计算得到，其中职业教育数据为公立职业学校，在德国私立学校很少。

③ Report on vocational education and training for the year 2006, p1, Federal Ministry of education and research.

升。2004年贷学金受助人数为13.3万人，投入金额达3.79亿欧元；预计2005—2009年该金额将达6亿欧元，其中联邦政府承担78%，余下22%由州政府负担①。

为了保证不同地区的居民能够享受到平等的公共服务，联邦政府运用州级横向财政平衡、垂直财政平衡等手段，实现财力均衡的目标。其中，横向财政平衡主要是调节州与州、地方与地方之间的财力差距，以此缩小地区公共服务的差异。

地方财政为主、联邦财政为辅的职业教育经费体制，有效保证了经费的稳定性；而横向财政平衡的目标使公众享受到了质量均等的公共服务，有力提升了职业教育的效率与公平。

（三）多元化的筹资渠道

按照《职业教育法》的规定，德国职业教育经费主要由公共财政和企业共同资助。一般来讲，学校内发生的费用由公共财政承担，而企业内发生的培训费用，由企业承担。

在公共财政方面，职业学校的运转经费，主要是州政府和地方政府共同负担。通常是州政府负担校内事务的费用，包括学校监管、教师培训、教职工的工资和养老金等费用，地方政府承担校外事务的成本，包括校舍、设备的建设与维修费用以及管理人员的工资等费用。

在企业培训方面，通常认为，企业内的培训经费完全由企业自己负担。企业除了负担培训设施、器材等费用外，还必须支付学徒工在整个培训期间的津贴和实训教师的工资等。实际上，各级政府也直接或间接地承担了一定的企业内培训费用。各州按照实际情况酌情减免部分培训企业的税收。由此可见，企业内培训的费用也并非完全由企业承担，可称为混合经费模式。

除此之外，各类社会基金也为职业教育提供了广泛的筹资途径。1981年颁布的《职业教育促进法》就规定，所有企业在一定时期内必须

---

① 马立武、祁伟：《近年德国促进职业教育发展的新措施》，《中国职业技术教育》2007年第2卷第261期。

向国家缴纳一定的中央基金，由国家将这些基金分配给承担培训的企业。中央基金的资助力度视企业规模及培训专业不同而不同，对于培训专业适合发展潮流的企业来说，支持力度达到100%。欧盟的欧洲社会基金（European Social Fund，简称ESF），也是职业教育的直接资金来源，2007—2013年，ESF预计拨款90亿欧元促进德国的社会经济协调发展，其中将有32%用于提高人力资本水平①；一些特殊赞助的培训项目还可以从联邦劳动部获得补充经费。

以2000年为例，德国财政教育支出，包括各级政府和联邦劳动部对教育的拨款达920亿欧元，占国内生产总值4.1%，教育支出中有72亿欧元用于双元制的职业培训，占到7.9%。表5.2显示，2000年，双元制职业教育总支出为218亿欧元，企业承担了大约2/3的费用，职业学校及联邦劳动部各负担1/6。与联邦政府相比，州政府是职业教育的主要资助者，仅2000年，州政府对全日制职业教育拨款33亿，远多于联邦政府和劳动部，但在职业教育继续培训方面，联邦政府是主要的资助者。

表5.2　2000年德国职业教育经费支出情况

	企业培训	联邦政府＋州政府	联邦劳动部	合计
金额（亿欧元）	147	34	37	218
比例（%）	67.4	15.6	17.0	100.0

数据来源：Federal ministry of education and research，Germany's vocational education at a glance，p. 18。

1990年，德国重新统一后，各州都将义务教育延长至12年，因此职业教育是免费教育，个人无需承担教育费用，学生在学习期间每月还能获得400—800欧元的工作报酬。据统计，培养一名职业学校的学生每年平均花费约1.5万欧元，而普通学校学生只需这一费用的1/3②。多元化

① The European Social Fund in Germany 2007—2013，http：//ec. europa. eu/employment _ social/esf/members/de _ en. htm.

② 数据来源：http：//www. guangztr. edu. cngztrkcyjkgdtzzjy/061030dgqs. htm。

的投资体系保证了职业教育经费的稳定来源和增长，稳固地支撑了德国职业教育的发展。

由此可见，德国职业教育筹资渠道呈现多元化，包括政府、企业、社会各个方面，其中，企业是职教体系中主要的资金供给者。在财政经费的构成中，《基本法》在对各级政府的事权进行原则界定的同时，相应地明确了各级政府的支出责任，即州政府是职业教育经费的主要承担者。

（四）完善的职业教育经费保障机制

开展职业教育的一个最大问题就是培训经费问题。如何保障国家、企业、社会的持续投入直接关系到职业教育能否健康发展。德国建立了完善的经费保障机制，主要通过立法的手段解决经费保障难题。

德国涉及职业教育的立法多达十几部，几乎囊括了所有与职教相关主体的责权利，包括《职业教育促进法》、《企业基本法》、《手工业条例》、《青年劳动保护法》、《实训教师资格条例》等。德国职业教育的立法在内容上十分规范，对经费投入会有具体的量化要求。如联邦《基本法》明确规定国民生产总值的1.1％、工资总收入的2.5％要用于职业教育，由议会审定监督。法律条文的数量化要求强化了职业教育经费投入的约束力，切实保障了经费的落实到位。此外，德国还会针对特定问题制定相应的立法条文。具体到教育经费保障方面，法律详细规定了各方的经费投入责任，甚至规定了违反者应该受到的惩罚。如《联邦职业教育场地法》规定，要充分利用现有的职业培训场地，如果企业培训场地闲置不用，则要缴纳培训费；巴伐利亚州的《学校经费筹措法》就详细规定了学校费用的种类、内容、解决具体经费的途径等执行层面的问题①。

---

① 程方平：《发达国家教育管理制度》，时事出版社2001年版，第86页。

第二节 日本职业教育财政政策研究

二战后，日本面临着严重的经济衰退，但短短几十年内，日本经济迅速恢复和发展，并一跃成为世界第二大经济强国。日本经济的快速复苏和繁荣，是诸多因素合力的结果，包括美国的扶植、政府强有力的国家干预等。除此之外，职业教育的支撑作用已经成为社会共识。日本职业教育发展虽几经波折，但因其顺应时代发展的潮流，对日本经济发展和国民生活提高做出巨大贡献，尤其是在战后日本经济复苏和繁荣时期发挥了重大影响。原文部大臣荒木万寿夫指出："从明治以来，一直到今天，我国经济快速发展，特别是战后经济发展非常惊人，为世界所重视。造成此情况的重要原因，可以归结为教育的普及与发展。"①

同为亚洲国家的日本，与中国有着相同的儒家文化背景，在文化、传统方面有着更多的相近之处，自然的，汲取日本职业教育的经验和教训对于我国职业教育发展更加具有现实意义。本节对日本职业教育发展进行系统回顾，梳理相关的教育财政政策，包括行政体制、经费投入以及经费保障机制等，以期得出对我国的启示。

一、日本职业教育发展概览

日本是亚洲最早进入资本主义社会的国家。西化的政治、经济环境要求其教育制度平等民主，而儒家的家族与国家观念又时刻渗透在教育的办学思想之中。因此，日本的教育既有东方教育形态传统的一面，又在一定程度上体现了教育平等、教育民主等西方教育特色，是东西方文化融合的产物。

① 梁忠义：《战后日本教育——日本的经济现代化与教育》，吉林教育出版社1988年版，第127、117页。

（一）明治维新后的职业教育

明治维新标志着日本由封建社会转向资本主义社会。为适应政治、经济发展需要，日本进行了教育改革，借鉴法国教育制度，颁布《学制》，建立起现代教育制度。《学制》吸收了西方教育机会均等的价值观，内容上除了规定要普及义务教育外，还规定要开办工业、农业、水产、商业等实业学校，对国民实施职业教育。由于《学制》缺乏有力的财政支持，给人民造成了极重的负担。

19世纪80年代，日本进入近代工业化阶段，产业结构的升级，直接影响了就业结构，企业对技术工人的需求猛增。在1894年的第六届议会上，议员长谷川泰指出："过去的学徒制是一种职业奴隶的教育，有必要放弃这种学徒制而新办劳动效率高的职业学校，日本才能富强起来。"[①]随后，日本把教育重心转移到中等教育方面，颁布法令大力发展职业教育。1890年出台《实业补习学校规程》，1894年发布了《学徒学校规程》、《实业教育国库补助法》及《简易学校规程》，对实业学校采取鼓励政策。其中《实业学校令》（1899）和《专业学校令》（1903）的颁布成为中等职业教育制度和高等专科学校制度建立的标志。

一战结束后，日本经济快速稳定发展，工业化水平大幅提高。实际GDP增长率从20年代的2.41%提高到30年代的4.86%；三次产业的GDP结构也发生了较大变化，第一产业的GDP比重及就业人数大幅度降低；第二产业迅速增长，第三产业占GDP的比重虽出现了较大幅度回落，但其吸纳的就业人员数量却在增长[②]。日本在工业领域的快速发展，使得对人才的需求旺盛，这期间，职业学校招生数剧增（见表5.3）。二战前，日本的职业教育已经初具规模。1935年，日本中等教育学校比例为：中学占26%，女子中学35%，职业学校39%。其中女子中学还包括以家政、手艺为主要内容的女子实业学校[③]。

---

① 外国教育丛书编辑组：《生产劳动与职业教育》，人民教育出版社1984年版，第64页。

② 侯力、秦熠群：《日本工业化的特点及启示》，《现代日本经济》2005年第4期。

③ 孙德岩、赵树仁：《日本职业教育一百年》，《教育科学研究》1986年第3期。

表 5.3　日本职业学校数及招生数

年份	1917 年	1921 年	1925 年	1929 年	1935 年	1936 年
学校数（包括分校）	590	692	797	957	1041	1304
招生数	105791	149970	212867	280904	316845	434346

数据来源：日本文部科学省网站，白皮书：日本现代教育体制（第六章），http：//www.mext.go.jp/b_menu/hakushohtmlhpbz198103/hpbz198103_2_130.html#。

20 世纪 30 年代，日本发动侵华战争和太平洋战争，战时教育体制要求职业教育要面向军事工业，为其培养所需人才。文部省相继发布相关法令条例，规定男生必须参加军事训练。1943 年颁布《战时教育非常措施法》，把男子商业学校转为工业学校①，以配合战争需要。

综上所述，日本职业教育紧紧跟随工业经济发展的脚步。在进入工业化阶段后，政府通过颁布法律、法规，扩大职业学校规模，为工业经济提供大量技术工人；在战争时期，职业教育也做出相应调整，培养军事工业人才，满足战时需要。

（二）二战后的日本职业教育

二战后，日本经济遭受重创，恢复经济、调整工业发展战略成为日本的首要任务，这一时期发展聚焦于煤炭、钢铁等重工业。1945 年，日本开始了全面的教育改革，包括规定义务教育为免费教育②，建立“六三三四”学制等。值得一提的是，这一时期还颁布了一系列法律，如《教育基本法》、《学校教育法》等（见附录二）。这些法律规范了战后日本教育形态，理清了中央和地方在教育行政方面分权管理的关系，是日本教育法制化的客观依据。

职业教育制度此时得以重建。一般来说，职业教育主要在高中阶段，即职业高中，包括农业高中、工业高中、商业高中、水产高中等，培养农、工、商、水产等行业的熟练工人和初级技术人员。受轻视职业教育

① 孙德岩、赵树仁：《日本职业教育一百年》，《教育科学研究》1986 年第 3 期。

② 吴文侃、杨汉清：《比较教育学》（修订本），人民教育出版社 1996 年版，第 161 页。

的思想影响，职业教育一度出现衰退迹象。

1950年，朝鲜战争爆发，美国大量采购军用物资，直接拉动了日本出口，日本生产机械、金属、钢铁等行业的技术大幅提高。50年代到70年代初，是日本经济高速发展的时代，也是职业教育发展的黄金时期。1951年，《产业教育振兴法》规定产业教育是发展产业经济及提高国民生活的基础，国库需对职业教育实行补助。1958年又颁布了《职业训练法》，对公共职业训练和企业内职业训练的具体标准做了详细规定。在立法层面上，职业教育得到了充分的重视。

60年代，出口导向的政策使得重工业需要大量的技术工人；在人力资本理论的影响下，职业教育再次成为政府关注的焦点。日本经济审议会在1960年的《国民收入倍增计划》中预测，从1960到1970年，需提供44万名工业高中毕业生。为此，政府将普及中等教育、加强职业教育和训练、增加教育经费等措施，作为这一阶段教育改革的主要内容。这一时期，日本经历了工业高中迅速发展的高潮。1960—1975年间，日本技术学院在校生从3375人增加到47955人，增长了13倍多。整个60年代，职业高中学生人数占高中学生总数的比例一直保持在40%以上[①]。与此相应的是，1960年之后的15年间，教育支出飞速增长，1960年教育经费支出比1955年增长71.99%，1965年比1960年增长137.73%，1970年增长98.36%，1975年增速则达到了几十年来的峰值170.97%。教育支出和公共教育支出占GDP的比重也较为稳定，1975年分别达到6.3%和5.3%，成为战后20年中的最高值。

① 沈学初：《当代日本职业教育》，山西教育出版社1996年版，第22页。

表 5.4 1960—1975 年高中、职业教育学校及学生数（包括国立、公立及私立学校）

年份	学校数					学生数				
	高中	技术学院	初等学院	专修学院*	各类（技术）学校	高中	技术学院	初等学院	专修学院*	各类（技术）学校
1960	4，598	…	280	…	8，089	3，239，416	…	83，457	…	1，239，621
1965	4，849	54	369	9	7，837	5，073，882	22，208	147，563	2，142	1，383，712
1970	4，798	60	479	…	8，011	4，231，542	44，314	263，219	…	1，352，686
1975	4，946	65	513	…	7，956	4，333，079	47，955	353，782	…	1，205，318

注：*该数字为国立工程师训练所。

数据来源：日本文部科学省网站，Statistics. Statistical Abstract，2006 edition。

表 5.5 日本教育经费支出表

年份	教育经费总支出（百万日元）	教育经费支出增长率（%）	教育经费支出/GDP（%）	公共教育经费支出/GDP（%）
1955	437，350	——	5.1	4.3
1960	752，209	71.99	4.5	3.7
1965	1，788，199	137.73	5.3	4.1
1970	3，547，031	98.36	4.7	3.8
1975	9，611，359	170.97	6.3	5.3

数据来源：日本文部科学省网站，Statistics，Total Expenditure on Education by Sphere of Education（Annual Amount），1955 to 2003。

从 70 年代开始，经济发展对于熟练技术工人的需求减弱，进入职业高中的学生逐年减少，1980 年，职业科学生占高中阶段学生总数的比例下降为 31.8%，比 1960 年下降了 10 个百分点[①]。

值得注意的是，60 年代经济的腾飞也使社会培训蓬勃发展起来。随着企业经济实力逐渐增强，企业内培训应运而生。1978 年《职业训练法（修正案）》确认了企业主在为雇员提供培训中应承担的主要责任，而政

① 吴雪萍：《国际职业技术教育研究》，浙江大学出版社 2004 年版，第 332 页。

府的主要作用是对企业所开展的职业训练给予鼓励和适当援助[①]。公共职业训练则针对离职、专业人员和中老年人员进行再培训以满足企业对技术人员的需求。

（三）20世纪80年代后的职业教育及其发展趋势

20世纪80年代以来，新科技革命浪潮席卷全球，日本掀起了第三次教育改革。此次教育改革涉及职业教育方面的主要有：重视教育的人文价值取向，变终结性的职业教育为阶段性教育，打通职业教育与高等教育的衔接通道；重视信息教育，加强信息科学的教育，即使在工、农、商科等学科也设立了信息类的课程，并开设了“农业信息处理”、“水产信息处理”、“家政信息处理”等科目[②]；建立综合学科群，消除普通教育与职业教育的限制，顺应职业教育普通化的潮流。

2000年，日本职业高中约有94万人，占高中生总数的22.5%[③]。职教学生比例下降原因有两个方面。一是产业结构由劳动密集型转向知识密集型，企业更加偏爱基础理论扎实、文化素质高的普通高中生，由于日本拥有发达的企业内培训体系，即使是职业高中毕业的学生在工作前往往也需要参加企业内培训，因此，企业倾向于聘用“通材”而非“专材”。二是“学历主义”倾向，使得越来越多的日本学生希望接受更高层次的教育，一定程度上影响了职业教育入学人数。

随着日本终生雇佣制度的瓦解，个人再也无法与企业订立长期合同，终生学习成为了员工保持就业的必要手段，社会认可的各类职业资格证书再次受到重视。一些企业也开始鼓励员工考取各类证书，以应对不时之需。

知识经济时代使得科技更新换代的速度加快，职校学生和普通学校毕业生进入企业后都要参加企业培训，职校生的技能优势无法体现。企业更加看重个人综合素质和能力，尤其希望获得大学甚至是名牌大学的

---

① 都丽萍：《日本职业教育模式形成的因素分析》，《外国教育研究》1998年第5期，第17—21页。

② 吴文侃、杨汉清：《比较教育学》（修订本），人民教育出版社1996年版，第184页。

③ 陈永明：《日本：重新塑造职业技术教育》，《职业技术教育》2001年第12期，第48页。

毕业生。在这种背景下，职业教育已经不能仅仅局限于校内的职业教育，企业内职业培训及公共职业训练再度成为职业教育发展的焦点。终身教育也成为现代日本职业教育发展的趋势。

二、日本职业教育财政政策研究

日本的职业教育包括学校职业教育、企业内职业培训和公共职业训练三部分。其中，学校职业教育属于文部省管辖，而企业内职业培训和公共职业训练属于社会教育，由劳动省主管。

学校内职业教育主要包括职业高中、综合高中的职业科、专修学校、短期大学、高等专门学校等。专修学校以私立为主，学生多以取得国家规定的职业资格和技能鉴定为目的。短期大学和高等专门学校都属于高等职业教育范畴，高等专门学校以培养高级技术人员为主，短期大学受美国社区学院影响，学科种类较多但规模不大。这几类学校按照学校性质又可分为国立、公立和私立。

社会教育包括公共职业训练和企业内职业培训。公共职业训练最初作为解决失业问题的对策，目的是“发展工人必要的职业能力，促进工人职业的安定和地位的提高”。企业内职业培训以提升员工的职业素质和职业能力为目标。

（一）集权与分权交融的教育行政体制

受传统儒家思想影响，日本教育行政体制的集权色彩浓厚。1879 年，日本颁布《教育令》，废除学区制和中央集权制，尊重地方自治。但很快，教育分权带来了辍学、教育质量下降等后果，政府不得不再度加强了对教育的管制，1886 年，首任文部大臣森有林制定了《学校令》，强调国家对教育的控制。

二战后，日本的教育改革废除中央集权制，实行地方自治，创建地方教育委员会，同时颁布《文部省设置法》和《教育委员会法》，以立法形式明确中央和地方在教育上的分级管理关系。与西方国家类似，文部省仅对教育具有指导、建议的权限，实行地方教育委员会自治，客观上推动了教育的地方自治进程。但随着国际政治形势的变化以及冷战局面的形成，1956年制定了《地方教育行政的组织及管理法》，废除了地方教委的选举制，改由地方最高行政长官的任命制，极大地强化了文部省的权限和地方纵向的教育行政关系。为此，日本政府遭到了学界和教师工会的强烈抨击。为了协调中央与地方的关系，1999年，日本政府对该法做了全面修订，改由教委任命教育长，同时还撤销了文部省对地方教育措施的要求权等，进一步放松了文部省对地方教育的管制，地方教育分权程度加大。

日本政府对教育分权的放松也并非是无条件的，国家始终对教育保持着强有力的控制。政府在不同时期都会利用其“规制”和“援助”作用，制定国家统一标准，强化文部省的权限。“统一标准”一方面加强了国家对教育管理和教学内容的介入，另一方面也促使各地提高办学条件和水平，保证了教育公平的实现①。当然，这种“规制”也在一定程度上导致了教育高度统一、缺乏多样性的弊端。

从上述分析可以发现，日本的教育行政体制，一方面受内在的传统集权惯性影响，始终不肯放松对教育的控制；另一方面，西方民主平等思想和国内要求教育民主的强烈呼声，又时刻冲击着教育体制，迫使其发生改变。因此，日本教育行政体制在保持适度集权的同时实行分权，不断调整集权、分权的均衡点，以便顺应教育民主的潮流。日本集权与分权相互融合的教育行政体制，促进了教育公平与效率的实现。

（二）根据受益情况合理分担教育经费

日本社会高度重视教育，对教育的投入也毫不吝惜。2003年，教育经费总支出高达302283亿日元，其中财政拨款在教育经费总支出的比例达到了74.1%。教育支出在各级政府的财政预算中也举足轻重，进入2000年以来，中央政府和地方政府的教育经费基本保持在财政预算的9%和20%左右。由于近年日本经济低迷，财政对教育支持虽然在绝对量上大幅增加，但在生均公共教育支出上，表现得并不明显。在表5.6中，

① 袁振国：《中国教育政策评论2008》，教育科学出版社2008年版，第336—337页。

2003年小学生均公共教育支出为908800日元，低于2002年的922478日元，高中阶段教育生均公共教育支出从2002年的1140564日元减少到2003年的1119875日元，仅初中教育实现小幅增加。

表5.6　生均公共教育支出趋势表

单位：日元

年份	幼儿园	小学教育	初中教育	高中阶段教育
2000	736184	903461	972207	1090737
2001	747877	918740	1000131	1115167
2002	736119	922478	1025558	1140564
2003	703346	908800	1026702	1119875

数据来源：日本文部科学省网站，Japan's Education at a Glance，2006。

由于办学主体的性质不同，日本教育的经费来源也大不相同。一般来说，国立学校的经费主要来源于中央财政；公立学校经费主要依靠地方财政，国家拨出一定比例的补助专款；私立学校主要依靠学费收入来维持运转，政府对私立学校的经常费予以资助，并通过私立学校振兴财团给私立学校发放长期低息贷款，此外还会通过拨款资助私立职业学校的设备、实验费用。

按照“谁受益、谁负担”的原则，日本构建了相对合理的经费分担机制。为保证教育公平，义务教育实行免费政策，教科书免费发放，免除午餐费、交通费等。义务教育阶段，政府承担了绝大部分的教育所需，中央和地方政府支出比例分别达26.3%、71.5%。针对教育的私人收益性的不同，在义务教育阶段后的其他类教育，经费来源渠道广，财政拨款只是经费来源的形式之一。2008年日本雇佣能力开发研讨会推算了教育培训的资金投入情况，职业教育投入总计1.75兆亿日元，其中国家投入1457亿日元，占全部投入的8.3%；地方投入284亿日元，占1.6%；

企业投入8800亿日元，占50.3%；个人投入6950亿日元，占39.7%[①]。以日本的职业高中为例，其投资者既有中央政府、地方政府，也有个人；短期大学中的83%、专修学校及其他各类学校的90%均为私立学校，因此职业教育的经费主要靠自筹资金和学生学费。表5.7显示，2003年这类经费占到了职业教育总支出的92%。

表5.7　日本教育经费支出结构（2003年）

	学校教育支出（%）						社会教育支出（%）	教育行政费用支出（%）	合计（%）
	小计	幼儿园	义务教育	高中教育	高等教育	专修学校及其他各类学校			
中央政府	24.7	1.4	26.3	0.6	41.7	0.5	2.3	59.1	25.9
地方政府	49.4	47.4	71.5	79.2	7.0	7.5	97.6	40.9	52.3
学校	25.9	51.2	2.2	20.2	51.4	92.0	0.0	0.0	21.8
各级教育占教育总支出比重	84.4	3.3	37.1	14.5	26.3	3.1	7.4	8.2	100.0

注：1. 学校支出包括学费、捐赠以及用于弥补私立学校支出的商业收入。

2. 义务教育包括小学和初中，以及招收残疾人的特殊学校。

数据来源：日本文部科学省网站，Japan's Education at a Glance，2006。

作为社会教育的重要组成部分，公共职业训练分别由国家和都道府县设置的公共职业培训机构举办，其经费由中央及地方政府编列预算，各级政府对于其设施和业务开支按规定补助2/3，因此，训练经费非常充裕。企业内职业培训的根本出发点是提高劳动生产率，改善企业效益，因而企业办培训的积极性非常高，经费基本上由企业负担。政府资助仅作为补充形式。为了鼓励中小企业主动开展员工培训，政府采取了一系

① 贾秀芬、田思路：《金融危机下日本企业职业教育的新发展》，《职业技术教育》2009年第30卷第22期。

列倾斜、优惠政策，补贴中小企业开发人才。

（三）完备的立法保障了职业教育经费的落实

日本职业教育的发展离不开稳定的经费来源，而完善的法律体系为教育经费的落实保驾护航。日本政府于 1947 年和 1950 年分别颁布《地方财政法》、《地方交付税法》。这两部法律规范了地方和中央的财政责任，明确了国家及地方政府在教育经费上的分担比例。《教育基本法》、《义务教育费国库负担法》、《义务教育诸学校设施国库负担法》等相关法令规定，义务教育经费由财政负担，包括国家财政直接拨款部分以及地方财政中以转移支付形式分担的部分。此外，中央财政对所有公立学校教职工人头费、学生人头补助费、特殊补助费等各负担 50%，其余由学校的设立机构——都道府县和市町村地方政府负担，国家对地方的转移支付消除了各地因经济发展不平衡带来的教育不利因素。1951 年，《产业教育振兴法》出台，该法确定了国家对职业教育仪器设施进行财政补贴的措施，鼓励地方公共团体和企业发展职业培训，规定国库对这方面予以经费补助。为了解决私立职业学校面临的财政困难，政府还设立私立学校振兴会对学校进行财政补助。

从以上分析可以发现，日本教育重视立法，依法治教，从法律途径保证教育投资和教育经费的合理利用，避免了各级政府责任转嫁或者投入不到位的现象。从立法和政策层面对私立学校予以支持，就实验设备、教育设施方面的资助进行详细规定，私人办学的积极性得到尊重和保护。为了消除地区间经济发展不均衡所造成的教育不平等，法律规定了中央对地方的财政转移支付，明确各级政府的财政职责，保证了教育经费的充足和教育公平。

（四）职业教育政策顺应工业化发展要求

日本在短短一百年的时间里就完成了欧美工业发达国家几百年完成的工业化进程，与职业教育政策顺应工业化发展要求不无关系。二战后，随着工业产业结构的调整，重心逐渐向重工业加大，工业对于劳动力素质的要求发生转变。为满足工业化发展的需求，政府相继出台多项措施。

首先，加大对职业教育的投入。1952—1984年，日本政府投入职业教育的补助金累计达1825亿日元，地方经费投入5800亿元[①]。巨额的经费投入极大地改善了职业教育的基础设施，增强了职业教育的发展能力。

其次，密集出台法律、政策支持职业教育发展。在日本经济飞速发展的50年代，日本政府先后出台《产业教育振兴法》、《职业训练法》，同时制定《新长期经济计划》（1957）、《国民收入倍增计划（1961—1971年度）》（1960），将职业教育发展置于国家战略中的关键环节。

再次，顺应经济发展要求，对职业教育进行微调，紧密联系实际。60年代，为了满足企业界对高等职业技术人才的需求，增设高等专科学校；1967年、1968年，针对高中职业教育多样化的问题，在职业高中增设森林土木、金属加工等专业[②]，适应新型产业的需要；80年代在新科技革命的影响下，为应对信息社会的挑战，职业学校开设相关信息课程及专业，满足市场对劳动力素质提高的要求。

（五）具有特色的企业内培训

二战后，日本的企业内培训进一步得到发展，并逐步体系化、制度化。日本企业充分意识到了创新能力是企业的核心竞争力，积极开展企业培训，挖掘员工潜力，为企业积累了宝贵的人力资本财富，全面提升了企业的综合实力和创新水平。

此外，企业培训具有针对性和实用性，且培训是分阶段、有步骤地开展，是在企业既定发展策略下的一个长期的固定行为。培训的稳定性保证了员工与最新的技术和管理知识保持同步，有利于企业长远的创新和进步。培训还在无形中拉近了企业与员工的距离，让员工有机会了解企业文化，培养团队意识，这无疑都会有助于实现企业的短期和长期目标。

---

① 孙德岩、赵树仁：《日本职业教育一百年》，《教育科学研究》1986年第3期。

② 孙德岩、赵树仁：《日本职业教育一百年》，《教育科学研究》1986年第3期。

第三节　法国职业教育财政政策研究

作为中央集权的典型代表，法国与中国在政治体制方面有着诸多相似之处。本节选择法国作为研究对象，系统回顾法国的职业教育发展概况及财政政策，分析其经验与教训，为同处于集权体制下的中国职业教育提供有益的启示。

一、法国职业教育发展概述

法国是世界经济发达国家之一，2008 年国内生产总值 2.978 万亿美元，位居世界第五。法国是欧洲重要的农业国，其农业生产占欧盟农业产量的 20%，农产品出口量极大。根据法国经济研究与统计局（INSEE）公布的资料，2005 年法国农业产值比重为 2.41%，工业及建筑业占 35.02%，服务业占 62.57%。法国经济常年保持低速增长，2008 年经济增长率仅为 0.9%。失业问题一直是困扰政府的一大难题，法国失业率常年处于高位，进入 21 世纪以来略有好转，2008 年全年失业率亦达到 7.7%，而这其中，尤以 25 岁以下的年轻人失业居多。

（一）十九世纪的职业教育

19 世纪初，为巩固法国资产阶级革命的成果，拿破仑采取了一系列军事、政治和经济措施，建立了中央集权政府，在教育上也实行高度集权的领导体制。

1806 年，拿破仑创建了拥有全国教育行政最高权力的帝国大学（相当于国家教育部）。帝国大学和大区均设立评议会，以期吸收社会各阶层关于教育发展事宜的观点，尽管形式民主，但决策时仍坚持“大家审议、一人决定”的方式[1]，集权色彩浓厚。拿破仑时期确定的中央集权的教育

① 王天一、夏之莲、朱美玉：《外国教育史》（上册），北京师范大学出版社 2005 年版，第 174 页。

领导体制对法国的国民教育体系影响深远。此后若干年，虽然法国实行了一系列的教育改革，但中央集权的教育体制并未发生根本改变。

法国传统上重文轻理，重视文学、修辞学、古典语文等课程。拿破仑时期，中等教育主要包括国立中学（Lycée）和地方举办的市立中学(Collège)，目标是为入读大学做准备或者培养国家官员。1803 年，法国创建了第一所职业学校。尽管法国工业革命开始很早，但由于常年战乱，复辟王朝妄图恢复封建制度，工业革命步伐缓慢，这也影响了职业教育的发展。

直到法兰西第二帝国建立之后，拿破仑三世主动采取顺应经济发展的政策，拓宽资本主义经济的发展道路，为工业革命提供了良好的环境。与之相应，中学出现不断增加实科教育比重的倾向。1865 年、1866 年设立了类似德国实科中学的学校，主要培养资本主义工商业发展所需的专业人才，增设商业算术、簿记、工业发明史等技能型课程。由于这类学校取消了拉丁语等古典课程而改学现代外语，社会认为其学业成就较低；此外，实科学校的开办理念与法国古典主义传统不符，社会对实科学校的争论不断。

1867 年，巴黎举办万国博览会，人们开始意识到法国职业教育的落后，并充分认识到在国际竞争激烈的现实状况下，产业经济的发展与职业教育联系密切，实科教育有其存在的合理性。1881 年，国家开始兴办职业教育——国立初等职业学校，1887 年，又提出成立工商实科学校，规定学生每周需在车间劳动 20 小时以上，熟练所学技能。一些大企业还在车间内举办学校，这些学校成为法国职业学校的雏形。截至一战前，法国各类职业学校培养了大约 2.5 万名学生。

与其他国家相比，法国职业教育发展起步较晚。在工业化潮流的推动下，实科教育比重不断加大。尽管如此，社会对实科学校始终存在轻视的态度，普通教育与实科教育间等级分明。

（二）20 世纪的职业教育

1919 年，《阿斯蒂埃法》颁布，规定 14—18 岁的青年工人必须参加义务职业教育；次年，国家设立技术教育最高审议会和职业教育司，明确职业教育的管辖权归属教育部，之后运用法律形式拓宽了职业教育的经费来源，规定企业需缴纳一定比例的学徒税，作为技术教育的补充经费。至此，法国职业教育体系框架得以初步确立。

二战后，在恢复经济建设的同时，法国面临着教育改革的紧迫任务。1947 年，"教育改革计划委员会"批评战前法国教育与现实社会脱节、不能适应经济结构发展需要的弊病，认为教育改革应突出"教育平等"的要求。为缓解教育领域内的诸多矛盾，戴高乐政府实行了大刀阔斧的改革，颁布《教育改革法令》，旨在适应战后经济发展对人才培养的需要，内容包括将义务教育年限延长至 10 年、义务教育后三年可施行职业教育、提高职业教育地位等措施。同年政府出台《国家与私立学校关系法案》，规定国家可采取两种方式资助私立学校（主要是教会学校），增强国家对教育的控制。

在中央集权制的领导下，全国各个地方的教育均要接受教育部的管理和监督。在职业教育方面，专业设置及课程内容均由中央政府确定，全国统一，不能改动。这种教育体系内的集权管理，虽然在保障教育质量方面取得了积极效应，但却造成了职业教育不能完全适应市场、缺乏灵活性的问题。

1975 年的经济危机，对职业教育造成了巨大冲击。职校生就业问题日益突出，大量青年失业的现实将矛头直指职业教育。在此背景下，法国政府不得不再次进行教育改革，议会相继通过有关职业教育的法案，包括《职业教育法》、《终身继续教育组织法》、《技术教育基本法》、《企业主承担初等阶段职业教育经费法》等。这些法案对继续教育、学徒培训进行了规定和改革，同时明确了企业在学徒培训方面的责任，即根据企业规模缴纳一定比例的学徒税用于学徒培训。

进入 80 年代以来，法国失业现象严重（见图 5.1），1993 年失业率一度达到 11.12%，并持续多年。职业教育发展不力是失业率居高不下的重要因素。面对这种情况，政府接连出台措施，控制失业率。80 年代政府颁布一系列关于地方分权的法令，将职业教育权力下放给大区，改革传统的中央集权的教育管理体制。职业教育的分权管理使得大区在职业教育及培训方面拥有法律权力，同时也便于因地制宜，发展地方特色。“个人培训贷款制度”（CFI）将覆盖面扩大到所有工人及求职者，优先向没有获得职业能力证书或职业学习证书的失业者提供资助。1991 年出台的《职业培训与就业法》，进一步调整了企业对职业培训的经费资助力度。随后出台的一系列法律逐步深化了职业教育的分权管理，将更多权力下放给了大区，并要求每个大区都要建立青年职业培训发展计划，保持与工业界的联系。其中，1999 年教育部提出“面向 21 世纪的职业教育宪章”，要求建立职业教育与经济发展的新型关系，实现学校教育与企业应用的顺利对接。

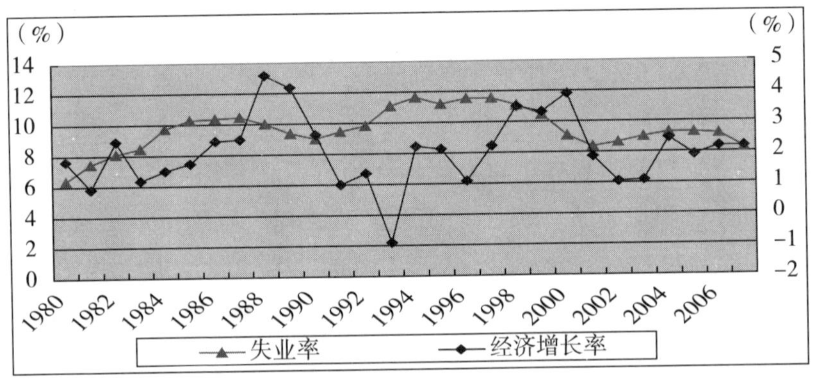

图 5.1　法国失业率及经济增长率趋势图

（三）进入 21 世纪的职业教育

进入 21 世纪以来，欧盟一体化的推进对法国职业教育提出了新的要求。2002 年 11 月，31 个欧洲国家和地区共同签署了《哥本哈根宣言》，制定了合作提高职业教育培训成就、质量及吸引力的战略，构建了欧洲职业教育培训一体化的发展框架。为此，法国政府推出多项措施予以应对。在教育政策制定方面，联合法国经济界与各种资讯委员会共同参与教育政策的制定以及职业教育专业、文凭的设置，建立职业学校与企业的合作机制，在学校和企业中分别设立相关部门负责培训交流及政策制定等。在教学方面，加强交替式教育，提高学校教育与企业培训的匹配度。在经费分担方面，企业在完成各项税收义务后，必须缴纳职工继续教育经费和学徒税。此外，法国还于 2006 年建立国家生涯指导委员会，委员会由教育、培训、就业团体等利益相关方组成，为公民参与培训、实现就业等提供咨询、建议等服务。

二、法国职业教育财政政策研究

法国是中央集权制国家，教育领域也不例外。80 年代以来，中央政府逐步将教育权力下放至地方，以此提高地方政府的积极性。尽管如此，法国教育中央集权的本质并未发生改变。

法国宪法规定，公共教育是政府的责任。各级教育，分别由不同级次的政府负责管理。其中，市镇负责小学及幼儿教育，省、大区分别负责初中、高中阶段教育，国家负责高等院校。因此，中等职业教育，包括职业高中、学徒培训中心以及高级技术员班等应属大区管辖范围，大学技术学院和职业学院则由国家负责。

（一）政府主导的多元化投资模式

当前，法国职业教育培训体系主要包括职前技术教育、继续职业教育、失业者培训三部分。其中，职前技术教育又可划分为学校技术与职业教育、学徒制培训以及工学交替制培训。

法国职业教育投资模式呈现多元化，经费来源包括中央政府及大区政府的预算支出及补贴、企业缴纳的相关税收如学徒税、行业协会资助等。此外，学徒中心开发产品创造的收入、欧盟社会基金以及失业保险计划等也作为职业教育的补充经费来源。随着国际竞争的加剧，法国社会开始重视职业教育，表现在职业教育经费的支出上。1987 年，职业教育经费总支出为 167.96 亿欧元，占 GDP 的 2.18%；1996 年，总支出上升为 342.48 亿欧元，占 GDP 的 2.82%。

法国的职业教育是以政府为主导的模式，办学主体是政府，在经费投入方面，也以政府投资为主。1996 年，公共部门投资（包括中央、地方政府以及失业保险计划等）在整个职业教育经费中占比达 69.2%（见图 5.2）。

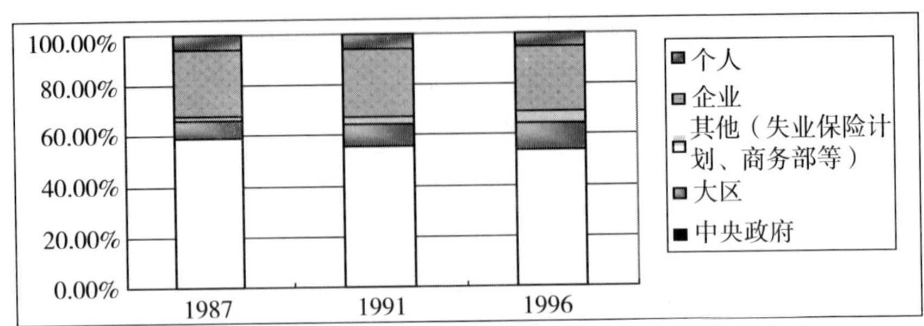

图 5.2　法国职业教育培训经费来源图

鉴于法国的集权体制，中央政府投入在公共经费中也占主导地位。1996 年，中央政府在职业教育公共投资比例为 74%，而地方政府仅为 12.4%。中央政府对职业技术学校的投资比例通常在一半以上，这主要是因为中央政府保留了教师及相关教育行政人员的工资支出，而人员经费支出在总支出中占有较大比例。中央财政支出人员工资，有效保证了教师工资的及时发放，无疑会提高教师工作的积极性以及教学质量，同时也在一定程度上减轻了地方政府的财政负担，使地方政府在校舍建设及整修、仪器设备添置方面有了更充裕的资金。

根据职业教育的类型不同，政府的资助力度也有较大差异（见图 5.3）。在三类职业教育及培训中，职前职业教育支出比例最高，占到职教总经费的一半以上。在继续职业培训中，政府投资比例接近三分之一，近年来政府正逐步减少这方面的支持，1987 年，公共投资比例为 17.2%，而 1996 年减少为 15.7%。由于法国失业率始终在高位徘徊，而 25 岁以下青年人的就业状况极不乐观，为减少这种现象，社会和政府共同加大了对失业者培训的投资，1996 年失业者培训的经费占比上升到 12.9%，经费主要由政府承担。

在中等职业教育中，我们可以发现，政府对职业学校的经费资助力度最大（表 5.8），1996 年 86.4%的经费源于公立部门，其中中央与地方的投资比例为 73.7∶12.4。对学徒制培训以及工学交替制培训，政府支持明显减少，公共资助分别占总经费的 61.2%和 29.2%，这是因为企业学徒培训税和工学交替制培训税在一定程度上弥补了办学成本。

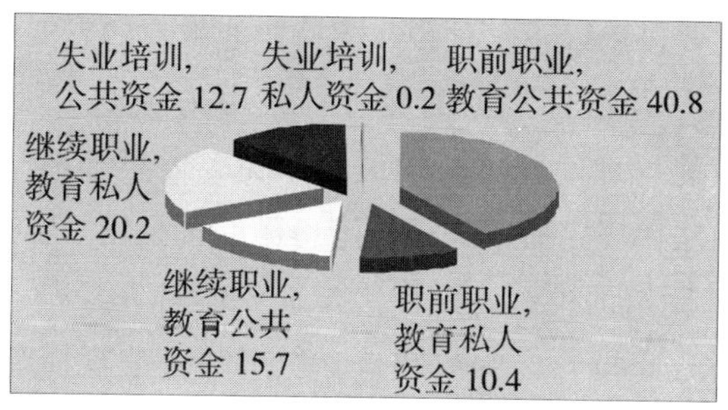

图 5.3　1996 年不同职业教育类型的资金来源结构图（%）

表 5.8　法国中等职业教育资金来源结构（%）

资金来源/教育类型	学校技术与职业教育			学徒制			工学交替		
	1987	1991	1996	1987	1991	1996	1987	1991	1996
中央政府	74.1	69.4	73.7	29.3	24	27.3	52.3	32.3	29.2
地方政府	9.2	14.3	12.4	26.3	24.3	32.1	0	0	0
其他公共部门	0.5	0.4	0.3	2.4	1.4	1.8	0	0	0
公立部门合计	83.8	84.1	86.4	58	49.7	61.2	52.3	32.3	29.2
企业	3.8	3.1	2.7	37	46.5	35.2	47.6	67.6	70.8
个人及家庭	12.4	12.8	10.9	5	3.8	3.6	0	0	0
私立部门合计	16.2	15.9	13.6	42	50.3	38.8	47.6	67.6	70.8
总计	100	100	100	100	100	100	100	100	100

数据来源：The financing of vocational education and training in France，Financing portrait，Valérie Michelet，European Centre for the Development of Vocational Education，Sep. 1998。

由上可知，法国职业教育财政政策的一个重要特点就是政府对于教育财政的强势主导。虽然有人指责，财政资助是政府干预、操纵教育的手段，但值得肯定的是，这种支持是具有战略眼光的。这种资助首先免去了学校经费短缺、发不出教师工资的后顾之忧，其次，在宏观层面上保证了教学质量和教育公平。

（二）通过法律手段明确企业对职业教育的经费责任

法国职业教育财政政策的另一大特点是通过法律手段明确企业的经

费责任。企业主要借助以下三种税收支持职业教育的发展。

1. 学徒税：学徒税面向所有企业，税率为企业工资总额的 0.5%。企业若提供了学徒培训，则可获得税收减免。近年来，学徒税的资助范围有所扩大，但法律规定必须保证一定份额的资金用于学徒制培训。

2. 工学交替制培训税：该税作为学徒税的补充经费，主要弥补学徒培训中心经费与政府投入之间的缺口。税率随企业规模和缴纳学徒税的情况不同而不同（表 5.9）。如雇员在 10 人及以上的企业，若缴纳过学徒税，工学交替制培训税税率为 0.4%；若雇员少于 10 人且未缴纳学徒税的企业，则不征税。

表 5.9　法国工学交替制培训税缴纳税率　（%，上年度工资总额）

	雇员在 10 人及以上的企业	雇员少于 10 人的企业
缴纳学徒税的企业	0.4	0.1
未缴纳学徒税的企业	0.3	不征税

数据来源：The financing of vocational education and training in France，Financing portrait，Valérie Michelet，European Centre for the Development of Vocational Education，Sep. 1998。

3. 继续培训税：主要用于支持继续职业教育培训。按照企业规模不同，税率有所变化。对于雇员多于 10 人的企业，税率为 1.5%，其他企业，税率为 0.25%。

除此之外，企业在与学徒签订培训合同后，还要支付学徒工资。根据法律规定，工资随学徒年龄以及入学年份的不同而不同，通常是最低工资水平的一个固定比例。如 21 岁以下的第一年学徒，工资水平为最低工资的 49%（表 5.10）；而 21 岁以上第二年的学徒则会拿到最低工资的 78%。企业在支付学徒工资的同时也会得到一定的补贴，以巴黎地区为例，企业可获得 1200 欧元的补贴，同时每年会有 1600 欧元的课税扣除①。对于承担工学交替培训的企业，政府也会提供一些资助，包括免除企业将近50％的社会保障税等措施。

表5.10　法国学徒工资水平

	21岁以下	21岁及以上
学徒第一年	49％的最低工资	61％的最低工资
学徒第二年	65％的最低工资	78％的最低工资

第四节　美国职业教育财政政策研究

美国是世界上排名第一的经济发达国家，2008年国内生产总值高达139800亿美元，是位居第二的日本的两倍多。在社会、经济高速发展的同时，美国政府、社会各界高度重视教育的作用。与法国鄙视职业教育的态度不同，美国人对职业教育态度积极。在教育体制方面，由于美国教育权归属州政府，联邦政府无权干涉，各州视发展需要推出不同的职业教育政策，这也直接导致各州的职业教育发展呈现多样化。借鉴美国高度分权体制下的职业教育发展经验，解析政策核心——财政政策，对于我国深化地方为主的职业教育管理体系具有重要的借鉴意义。

一、美国职业教育体制概览

南北战争是美国历史发展的重要转折点，职业教育也由此翻开了崭新的一页。1862年，联邦政府颁布了第一部职业教育立法——《莫雷尔法案》。该法案授权联邦政府向各州赠地，以建立面向产业界的农工学院。具体规则是按照各州国会议员的人数，每拥有一位议员即可向该州分配3000英亩土地，各州可将土地出售或投资，所得收入用于建立与农

① 数据来源：http：//www.essec.edu/essec－business－school/companies－partners/educational－partner/apprenticeship/apprenticeship－funding。

业和机械工业相关的学院。因此，这类院校也常常被称为“赠地学院”。《莫雷尔法案》开创了联邦政府运用法律、财政手段干预职业教育的先河，具有里程碑意义。从 19 世纪 70 年代起，美国相继开设工业、农业、商业等专科学校，并提出“4H”口号，即通过各类中学来培养手（Hand）、头（Head）、心灵（Heart）和健康（Health）①，将培养专业人才的希望寄托在学校身上。

南北战争后的半个世纪里，美国顺利完成了从农业经济向制造业的转型，而传统的学徒制远远不能满足大工业生产的需要。此外，大量移民涌入美国，城市贫困、移民缺乏技能的现象使得改革职业教育体系的呼声日益强烈。在此背景下，国会于 1917 年通过《史密斯—休斯法案》，从法律上明确了联邦政府对于职业教育的资助责任。这一时期，让不上大学的学生参加职业教育也成为中学教育的“七大原则”之一。

二战期间，国会先后颁布了《国防训练计划》一系列法案，借助财政经费开展军事工业方面的职业教育，最大限度地满足了战时需要。为缓解二战退伍军人就业问题，国会通过了《退役军人重新适应法》，规定联邦政府为退役军人提供职业培训的机会和费用，以及生活补贴。次年又出台《退伍军人就业法》，推进退伍军人的职业培训。这两项法案实施后的 7 年间，共有 780 万名退伍军人参加了职业培训，成功避免了大规模的失业现象。可以说，这两项法案的出台有力地推动了职业教育的发展，也为战后美国经济的腾飞储备了数以百万的专业人才。

1957 年，苏联成功发射了第一颗人造地球卫星，美国大为震惊，开始反思军事竞赛中落后的原因。1958 年，国会批准《国防教育法》，其中的第八章对职业教育提出了新的要求，包括向对科技发展有影响领域的职业教育提供经费补助，设立地区职业教育机构等，职业教育被摆在了国防安全的战略高度上。

60 年代以来，随着现代科技的发展，职业教育又一次成为人们关注

---

① 王天一、夏之莲、朱美玉：《外国教育史》（上册），北京师范大学出版社 2005 年版，第 231 页。

的焦点。国会相继通过多个职业教育法案，包括《人力开发训练法》(1962)、《职业教育法》(1963)、《职业教育修正案》(1968)。其中，《职业教育法》作为二战后最为重要的法律性文件，详尽地规定了职业教育中的财政拨款数额和时间节点：以 6 月 30 日为界，1964 年该日前提供 6000 万美元，1965 年提供 1.18 亿美元，1966 年提供 1.75 亿美元，1967 年及以后每个财政年度均拨款 2.25 亿美元①。以法律形式将财政拨款进行精确规定，保证了职业教育经费的稳定和及时落实，对职业教育产生了深远的影响。1965 年全美职业学校为 405 所，到 1975 年则迅速增至 2452 所。

70 年代的生计教育将职业教育融汇到了整个教育过程中，为此，美国教育总署计划在 1973 年拨款 1.68 亿美元资助生计教育实验。次年，设立隶属于教育部的“生计教育署”，当时就有 42 个州已采取措施推行生涯教育。

80 年代联邦教育政策的核心是“使教育更富有生产性”，教育与里根总统提出的“经济复兴计划”联系在一起。根据国内产业结构的急剧调整以及劳动力亟须再培训的现实，1982 年，联邦政府制定《职业培训合作法》，又一次将职业教育发展推向高潮。

克林顿政府时期的《从学校到工作机会法案》，要求扩大学校与工商企业的合作，增强学校与工作场所的协调和沟通，为青少年建立完善的职业教育体系。1996 年到 1999 年，提供工作场所的企业由 6 万增加到 15 万，学习岗位由 11.9 万增至 15 万，企业参与职业教育的积极性被充分调动起来。

进入 21 世纪以来，以知识和信息技术应用为特征的新经济发展模式改变了职业技能的内涵，劳动技能除了传统的技术素养外，还包括高水平的思维能力、适应能力、人际交往能力，发展终身教育已经成为一种世界性趋势。职业教育不再是单一的孤立形式，必须面向未来的社会发

① 王宝星：《二战后美国的职业教育：发展历程、经验及启示》，《教育研究》1996 年第 2 期。

展，成为终身教育体系的一个阶段。1998 年，美国职业协会用“生涯和技术教育”代替了传统的“职业技术教育”概念。学习领域也更多地面向未来的职业需要，包括犯罪辩护、纳米技术、3D 动画制作等。正如美国职业发展联合会主任达瑞尔·卢佐所说：“美国职业教育正在被重新界定的原因是美国和世界经济发展的需要正在改变。各级教育者都逐渐认识到，全球的企业主越来越需要的技能培养不是传统的 4 年制高等教育就能给予的。”①

可以发现，美国职业教育是在各项法律及法案推动下快速发展起来的。法令对职业教育的体制、经费、地位、形式都作了详尽的规定，职业教育的实施有法可依，有章可循。同时，职业教育能够顺应时代潮流，满足不同经济形势的要求，有力地推动了经济建设和社会发展，为美国成为世界第一强国作出了重要贡献。

二、美国职业教育财政政策

美国中等职业教育主要由综合高中（Comprehensive high school）、全日制职业高中（full－time CTE high school）和地区职业技术学校（area/regional CTE school）三类学校组成。2002 年，全美公立职业教育学校共有 18000 所，其中综合高中 8900 所，地区职业技术学校 8200 所，全日制职业高中 900 所。

表 5.11　2002 年全美公立职业学校

	合计	综合高中	全日制职业高中	地区职业技术学校
数量	18000	8900	900	8200
比例	100	49.2	5.2	45.6

数据来源：Karen Levesque，Jennifer Laird，Elisabeth Hensley，Susan P. Choy，Emily Forrest Cataldi，Career and Technical Education in the United States：1990 to 2005，statistical analysis report，p9，US Department of Education，2008，7。

① 林莉芸、廖晓艳：《美国：职业教育的“复兴”》，《教育》2007 年第 6 期。

（一）职业教育管理体制——地方分权

1. 联邦政府

美国政体上实行联邦制，宪法中并未规定联邦政府的教育义务，因此，州政府是直接管理教育的权力主体。受此影响，美国联邦级的教育领导权始终没有形成，教育权分散在各州政府手中。

1867年，美国成立了联邦教育局，但当时的教育局只是负责统计全国学校的信息和数据，对下属各州没有发号施令的领导权。在之后的100多年里，联邦教育局名称多次更改，被划归在不同的联邦政府部门之下，但其根本功能并未有太多变化。直到1979年，联邦教育部才作为独立的内阁成员正式成立。

美国教育向来被认为是地方公共事业，因此，尽管联邦教育部是联邦级的教育管理机关，但并不意味它就拥有管理教育事务的最高权力。在教育行政上，州政府位于主持者的地位，联邦政府只是提供建议、加强协调，帮助州政府完成教育方面的职责。归纳起来，联邦教育部的功能主要包括：负责联邦政府的教育项目和事务，分配联邦政府对各级各类教育事务的资助，借助制定法律、出台政策等手段，宏观把握全美的教育进程和方向；促进专门的教育研究和调查，试图通过学术途径对全美的教育施以整体影响。

在联邦层面，除了教育部负责教育事务外，劳工部、农业部等联邦部门也负责着部分相关的教育事务，这从联邦教育经费的来源即可发现。如图5.4所示，2008年，在总额达1473亿美元的联邦教育拨款中，教育部支出49%，其余的51%分别由卫生与公众服务部、农业部、劳工部、国防部等负责。

2. 州政府

州政府在教育方面拥有绝对的决定权和管理权。州议会及州政府结合各州的实际情况，通过教育立法以及拨款方案。州一级的教育管理机构主要有州教育委员会和州教育厅。其中前者是决策机关，负责教育方针和教育政策的制定，决定地方教育经费的分配；后者为执行机关，贯彻落实州的教育方针及政策，管理具体的教育事务。

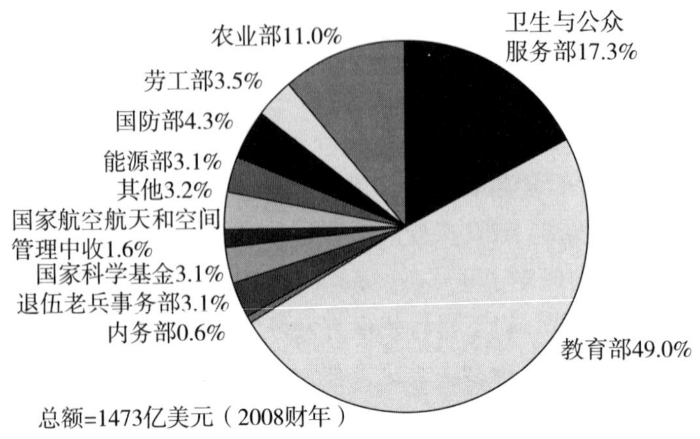

图 5.4　2008 年度联邦教育经费来源

对于联邦政府的教育政策和教育项目，各州都可自主决定是否接受。因此，联邦教育部若想在全国推行一种教育思想，必须通过州一级行政领导的同意和介入，方能顺利实行。在消除种族歧视的过程中，联邦提出黑人与白人学校合并的方案，遭到南方种族主义猖獗地区的抵制，合并方案难于落实，最后在州政府的同意和推动下，该方案才成功得以实施。

3. 学区

为了促进地方事业的发展，因地制宜地发展教育，大多数州都将教育权下放给地方——学区。学区一直是美国教育管理的重心所在，是美国教育行政管理机构的基层组织。学区负责具体实施州的教育政策，管理初等及中等学校的运营。在不违反州的法律法规的情况下，学区有权制定自己的教育规划和要求，具有一定的独立性。学区分为基层学区和中间学区。基层学区由各州设置，是直接管理学校的自治体。中间学区位于基层学区与州之间，在州的指导下监督基层学区的教育行政工作①。学区由学区委员会管理，具体事务则由教育局负责执行。

图 5.5 是美国州一级的教育行政体制。从图中可以看出，州以下的

① 马小健：《美国成人教育管理体制及其对我国的启示》，《成人高教学刊》2003 年第 5 期。

教育行政组织错综复杂，州与学区的关系虽是领导和被领导，但学区仍具有相对的独立性，还通过专门的渠道与联邦的教育机构发生直接的联系。随着教育在现代社会的地位越来越重要，联邦、州、地方学区三级教育机构的关系必然会越来越紧密。

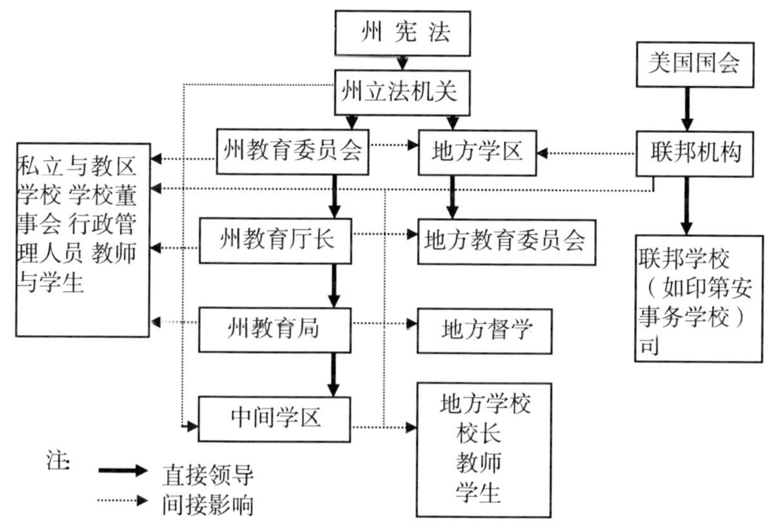

图 5.5 美国州一级的教育行政体制①

美国的教育行政体制是典型的地方分权制，联邦、州、地方学区职责分明，领导权层层下放。尽管联邦政府并不直接插手各州具体的教育事务，但会借助支持特定教育项目，通过法案等手段影响州政府的价值取向，实现联邦的政策意图，如扶助弱势群体、促进教育机会公平等。作为中间级次的政府——州政府拥有教育的决定权和管理权，在联邦宪法的规限下，掌管各州教育立法和拨款。具体的教育事务权力，则被下放到地方学区。学区的存在保证了各州教育的多样性发展，满足不同地区公众的差异性教育需求，一定程度上促进了教育公平。美国各级政府定位明确，在教育领域互助合作，共同促进了美国的教育发展。尽管这种体制还有种种不足，但可以肯定的是，分权制的教育管理既符合了美

① 程方平：《发达国家教育管理制度》，时事出版社 2001 年版，第 27 页。

国国情，也遵循了因地制宜的原则。

（二）职业教育经费渠道多元化，且稳定增长

1. 从经费投入总量来看

美国将教育视为国家竞争力核心，这可以从教育经费的投入看出来。1949 年，全美教育经费为 84.54 亿美元，占 GDP 仅为 3.18%；2007 年，教育经费已冲破万亿元大关，达到 10930 亿美元，占 GDP 的比例也翻了一番，为 7.57%（见表 5.12）。教育经费的增长也表现在生均支出上，图 5.6 展现了 1970—2007 年美国公立中小学的生均支出图，虽然生均经费会有波动，但整体呈现稳定增加的趋势。

表 5.12　美国历年教育经费支出表

学年	教育经费支出（亿美元）	教育支出占 GDP 百分比	初等及中等阶段教育经费支出（亿美元）			
			总计	财政性经费	私人经费	财政性经费/私人经费
1949—1950	84.94	3.18	62.49	58.38	4.11	14.20
1959—1960	223.14	4.40	167.13	156.13	11.00	14.19
1969—1970	642.27	6.52	431.83	406.83	25.00	16.27
1979—1980	1600.75	6.25	1031.62	959.62	72.00	13.33
1989—1990	3658.25	6.67	2311.70	2127.70	184.00	11.56
1999—2000	6493.22	6.94	4125.38	3818.38	307.00	12.44
2000—2001	7050.17	7.08	4448.11	4108.11	340.00	12.08
2001—2002	7527.80	7.32	4720.64	4353.64	367.00	11.86
2002—2003	7956.91	7.48	4928.07	4549.07	379.00	12.00
2003—2004	8302.93	7.45	5135.42	4742.42	393.00	12.07
2004—2005	8759.88	7.38	5409.69	4995.69	414.00	12.07
2005—2006	9257.12	7.32	5721.35	5287.35	434.00	12.18

续表

学年	教育经费支出（亿美元）	教育支出占GDP百分比	初等及中等阶段教育经费支出（亿美元）			
			总计	财政性经费	私人经费	财政性经费/私人经费
2006　2007	9841.92	7.35	6086.53	5622.53	464.00	12.12
2007—2008*	10530.00	7.48	6450.00	5960.00	490.00	12.16
2008—2009*	10930.00	7.57	6610.00	6110.00	490.00	12.47

注：＊数据为估计值。

数据来源：Digest of Education Statistics：2009，U.S. Department of Education Institution of Education Science。

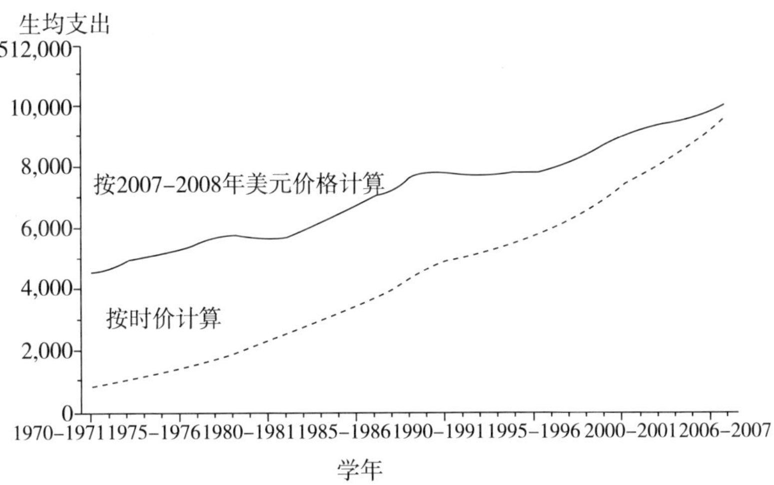

图 5.6　1970—2007 年度美国中小学生均支出经费

2. 从经费投入结构来看

美国职业教育机构有多种资金来源，主要包括财政性经费、企业、社会团体资助以及学生学费等。

（1）财政经费

财政性经费是美国初、中等教育的主要经费来源。表 5.13 的数据显示，财政经费投入远远多于私人经费，近几十年来该倍率基本保持在 12

以上。

在财政性经费的构成中，联邦、州、地方三级政府的投入比例较为稳定。与分权的教育行政体制相匹配，州政府和地方政府承担了大部分的经费支出责任。进入70年代以来，地方政府的经费投入比例从52.5%降至2006年的43.9%（见图5.7），州政府投入从39.1%提升到了47.6%，显然州对教育的控制通过财政拨款得到了强化。由于州情不同，各州承担的教育经费差距也很大。2006—2007学年，夏威夷州政府经费支出占财政性经费的比例高达90.35%，而内布拉斯加州该比例仅为27.78%。联邦政府对教育经费投入始终维持在9%左右。

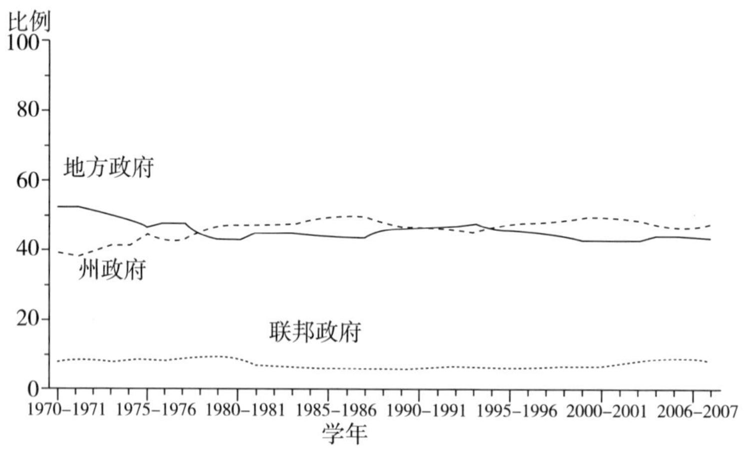

图5.7 公立学校（小学及中学）财政经费支出比例

在职业教育方面，财政性经费包括：地方财产税、州政府拨款以及联邦政府的资助。由于地方政府提供的职业教育资金主要是通过财产税筹集的，而财产税较为固定，不容易逃避和遗漏，因此资金来源较为稳定。在财政经费中，地方政府的投入占比高达50%，因此地方政府对职业教育具有绝对的控制权。由于地方政府的高度重视，职业教育在推动地方经济建设、满足当地产业需要方面也发挥了重大作用。州政府的职教经费主要来源于个人所得税，这部分资金在财政性经费中的占比约为20%。

为了平衡各州职业教育的发展，缩小区域差异，联邦政府通过两种拨款方式弥补州际的经费差距。一种是有条件地拨款，即各州必须拿出部分资金发展职业教育，然后由联邦拨付等量的补偿基金。这种匹配基金的方式在50年代较为盛行，一方面强化了各州在职业教育方面的责任，另一方面也优化了联邦资金的效益。另一种是无条件拨款，其目的主要是促进全国职业教育发展，比如鼓励学校开办适应经济发展的专业等。此外，联邦政府还会指定财政拨款的特殊用途，以实现职业教育的特定目标和国家意志。如1976年《教育补充法案》就要求各州从联邦资助的资金中拨出8.5%，指定用于为单亲家庭等弱势群体参与职业教育，另分出3%的资金用于改善职业教育的性别歧视[①]。

（2）企业资金

美国企业参与职业教育主要有两条途径：一是通过捐赠资源、技术支持等方式推动学校的职业培训；另一种是直接参与，提供学徒岗位的工作形式。

克林顿在执政期间，要求企业拿出员工工资总额的1.5%提供职业培训。这也使得当时企业花在职业培训项目上的费用从300亿美元增至317亿美元。

为了鼓励企业参与职业培训的积极性，各州也出台了相应的法律法规以分担企业的培训成本。一些州向参与培训项目的企业提供课税免除。如密歇根州制定的《密歇根高中生注册学徒制课税扣除》，明确补偿参与企业培训学徒的成本，每生每年补偿2000美元，同时还负担企业花费的教师培训成本。爱荷华州立法规定了“从学校到生涯”项目的原则和标准，高中学生参加企业的暑期实习，同时由企业负担学生在学成本。学生毕业后，必须到该企业工作或偿付培训成本。此外，如果学生在工作场所受伤，爱荷华州还限定了企业的赔偿责任。夏威夷州修订了《职业安全法》，以减少企业管理参与职业教育培训项目的学生应承担的责任[②]。

① 吴岩：《论美国联邦政府在高等职业教育中的政策取向》，《比较教育研究》2005年第9期。

② Marcs. Miller，Robert Fleegler：“*State Strategies for Sustaining School－to－work*，*Jobs for the Future & New Ways Workers National*”，March，2000.

(3) 社会团体资助

各类社会团体的基金资助是职教的重要经费来源。美国1000万以上资产的基金会至少有3000个，其中相当一部分是针对职业教育的资助项目。除此之外，行业协会也常常借助基金会对职业教育进行支持，促进经济与教育的融合。以餐饮企业联合会（Hospitality Business Alliance，简称HBA）为例，2000年该协会提出发展目标，一是要确保到2005年，“从学校到工作岗位”的合作职业培训项目要覆盖所有50个州，二是每年要吸引5000所学校、10万名学生、5万个工作场所来参与合作培训。为了实现这些目标，HBA在20个州设立基金会，为开展培训提供经费。[①] 社会团体的大力支持和资助拓宽了职业教育的经费来源。

（三）职业教育经费投入具有法制保障

美国职业教育经费充裕，是与经费投入的法制保障密不可分。职业教育立法都会涵盖相应教育项目的资金。第一部职业教育立法《莫雷尔法案》就规定将赠地的投资收入用于开办农工学院。此后的职教立法皆沿袭了这一传统。《史密斯—休斯法案》不仅规定了联邦所能拨付给各州开展职业教育经费的上限，甚至还指明了资金用途，联邦拨款必须用于资助各州开展农业、工商业、家政业三大项目[②]。《职业教育法》则详细规定了未来几年财政拨款的具体数额和时间节点。

借助这些法律法规，美国职业教育投入也步入法制化轨道，经费来源稳定且具有可持续性，从根本上解决了职业教育的经费难题。毫无疑问，政府对职业教育的财政资助已形成制度，成为国家意志不可分割的一部分。

---

① 张凤娟、陈龙根、罗永彬：《美国企业参与职业教育的动机与障碍探析》，《比较教育研究》2008年第5期。

② 荣艳红：《公共产品理论看美国联邦政府对职业教育的立法干预》，《邢台职业技术学院学报》2007年第24卷第2期。

第五节　国外职业教育发展对我国的启示

本章前四节分别介绍了德国、日本、法国、美国的职业教育财政政策。作为世界主要的经济发达国家，上述四国的职业教育发展各有特色，归结起来，有以下几点可资借鉴。

一、正确认识职业教育

一国的文化传统是教育发展的生存土壤，文化传统也会直接影响着国民对职业教育的观念和认识。

在德国，职业教育素来受到国家和人民的重视，职业教育所培养出的技工受人尊重，精益求精是技工的工作态度，也是德国严谨、精细的文化传统的重要组成部分，与之对应，职业教育也是学生优先考虑的教育类型。

法国社会对职业教育存有偏见，认为职业教育是学力不够者的选择。也正因为社会大环境对职业教育的轻视态度，法国职业教育一直落后于欧洲其他国家，青年失业现象严重。正如法国总理若斯潘呼吁的那样，“（在对职业教育的态度方面）观念中的深刻变革是十分必要的。”给职业教育以相同的社会尊重，改善职业教育发展环境，从思想上端正对待职业教育的态度，只有这样，才能真正振兴职业教育。

在我国，受传统“学而优则仕”观念的影响，职业教育是劣等教育的代名词，公众对于学历教育的追求直接导致了对职业教育的轻视。职业教育常常是学生无法入读普通高中的无奈选择，导致了职业教育生源较差。反过来，较低的生源质量进一步束缚了职业教育的发展，降低了社会对职业教育的评价，形成恶性循环。职业教育的健康发展期待整个社会对职业教育的态度转变，构建有利于职教发展的社会环境，正确认识职业教育的价值，充分意识到职业教育是推动经济、社会进步的强大动力。

二、建立财政主导的多元化的经费筹资体制

经费不足是职业教育发展的主要难题，经费的充裕与否直接决定了职业教育能否健康发展。上述四国都实行了筹资多元化，投资主体涵盖了政府、企业、个人以及各类社会团体，极大地拓宽了经费渠道。此外，以财政为主导的筹资体系为职业教育提供了有力的经费保障。上述四国虽然国情不同，财政经费分担比例也不尽相同，但公共资金都对职业教育发展起了主要作用，有效保证了职业教育的效率和公平。

以法国为例，政府高度重视职业教育的发展，上至国家规划、经济发展战略，下至企业发展策略，职业教育都占有重要地位。政府毫不吝惜职业教育的资金投入，对职业教育拨款连年增加。数据显示，法国职业高中的生均财政性经费是普通高中的三倍左右，保证了职业教育正常运转的费用。除此之外，中央政府全额拨付教师工资，保证了教育质量。

考虑到我国现实国情以及职业教育在缩小社会差距、改善社会公平方面的作用，公共财政为主的经费投入机制是必须的也是必要的。我国的行业和企业缺乏参与职业教育的文化传统，因此，提高企业参与度，通过税收优惠政策调动企业主动参与培训的积极性，同时建立跨企业的行业培训中心将是未来的一个发展方向，这也是拓展职业教育经费渠道的必然选择。作为职业教育的最大受益者，按照“谁受益、谁负担”的原则，学生也应分担部分教育成本。适当收取学费不仅有利于保证职教经费的稳定来源，也利于提高教育资源的配置效率。此外，社会也是职业教育的受益方，鼓励社会捐赠、非营利组织以及各类社会基金对职业教育的资助，实现职教经费的多元化。

三、产业界积极参与职教发展

职业教育是面向市场、面向产业的教育，与产业界建立密切联系十分必要。发达国家都意识到了这一点。德国的“双元制教育”、法国的学徒税、日本的企业内培训以及美国的合作职业培训，都是产业界积极介入的实例。

在计划经济时代，我国曾实行过一段时期的“半工半读”、“两种教育制度”的职业教育模式，虽然这种模式曾经取得一定的成效，但该模式是在强大的行政权力的推动下实施的，企业只是被动参与其中。产业界一方面享用了职业教育发展带来的大量熟练技工的好处，另一方面却视职业教育发展为政府责任。企业不愿意承担责任的做法不仅不利于职业教育发展，从长远来看，也损害了企业的效益及其公共形象，会对整个市场经济的健康发展造成伤害。无疑，引导企业积极参与职业教育发展，加强企业与职业学校的联系十分必要。企业应从大局出发，努力承担社会责任，积极为职业教育发展出谋划策，努力实现职业教育与企业需求的顺利对接。此外，政府可通过适当引导，畅通校、企沟通，鼓励产学研合作，为产业界参与职教发展建立平台。

四、积极推进职业教育法制保障

各国在职业教育发展过程中都注重立法先行，在经济、社会发展的不同时期，及时制定、修正法律，以此顺应社会对教育提出的新要求。职业教育立法保证了职业训练有序进行，指明了职业教育的发展方向，为职业教育做出了长远规划。

美国职教发展史也是一部职业教育立法史。《莫雷尔法案》、《史密斯—休斯法案》、《职业教育法》、《生计教育法》、《从学校到工作机会法案》，这些法律的出台都伴随着职业教育的发展高潮。美国职业教育立法并不谋求一次解决所有问题，而是针对上一阶段的问题以及未来的发展目标，进行下一阶段的立法，规划明确。详细的法律规定，也将职业训练的目标、形式、经费确立下来，针对性极强。

反观我国，职业教育立法远远滞后于职业教育事业的发展。职业教育立法仅有 1996 年出台的《职业教育法》，且缺乏配套的政策。政府缺乏对职业教育发展所需经费的长远规划使职业教育难以持续稳健地发展。鉴于此，我们认为，应根据我国经济发展现状定时对《职业教育法》进行修订，制订未来 10 年到 20 年的职教规划，同时细化各法律条文，真正做到依法治教。

第六章　职业教育经费总量的财政政策研究

我国当前的职业教育尚属于准公共产品，政府对职业教育发展的责任不容推卸。那么，职业教育发展总共需要多少经费，这是我们关注的问题。本章主要对影响职业教育经费总量的财政政策进行探讨。首先，对于职业教育全覆盖下的办学规模进行预测，然后对全覆盖战略下职业教育发展所需要的经费予以估算，最后提出相应的财政政策，包括科学测算职业教育发展成本、合理分担职业教育成本、加大政府投资等。

第一节　职业教育全覆盖战略下的办学规模研究

从发达国家的经验来看，职业教育与产业经济存在同步发展的现象。经济的持续增长为职业教育提供了坚实的物质基础，反过来，职业教育为经济储备了大量的技术人才，进一步促进了经济增长。这种相互促进关系在德国发展史上得到了很好的体现。20 世纪 60 年代，德国产业经济高速发展，同时，职业教育也蓬勃发展，规模急剧扩张，1960 年各培训部门的学徒就有 127.89 万人。在邻国法国，职业教育的滞后严重制约了产业经济的发展，法国也成为职业教育与经济发展不能相互协调的典型案例。

目前我国正处于产业结构转型时期，职业教育发展落后于经济发展的要求，成为产业结构优化升级的瓶颈。鉴于此，本节提出职业教育全覆盖的政策目标，明确职业教育全覆盖的基本原则以及就业可行性，在此基础上对全覆盖战略下的办学规模进行预测。

一、职业教育全覆盖的基本原则

在确立了职业教育全覆盖的政策目标之后，必须明确实施该战略应遵循的基本原则。

（一）适度超前原则

适度超前原则是由职业教育的先行性和职业教育发展战略的前瞻性决定的，主要包含以下两个方面：一是全覆盖的策略必须是在经济条件所允许的限度内超前发展。经济基础决定上层建筑，经济发展是教育发展的前提条件，它决定了能否为教育提供良好的物质条件，而超越客观条件、盲目扩张规模的职业教育必然归于失败。二是职业教育的规模不能落后于经济社会发展的客观需要。职业教育是面向市场、面向未来的教育，这也就要求其发展规模必须具有一定的超前性，能满足未来社会发展的宏观需求。

（二）外延与内涵并举原则

唯物辩证法认为，量变是质变的条件，质变是量变的结果。近几年来，我国职业教育实现了跨越式的发展，规模急剧扩张，实现了一定的量变。全覆盖战略并不单指外延的拓展，它更注重内涵的提升，实现量与质的协调统一，既要在量变的基础上实现质变的飞跃，切实改善职业教育质量；又要在增强内涵的同时，有效扩大外延，逐步推进职业教育发展规模，真正做到外延与内涵并举。

（三）主动适应原则

主动适应原则要求职业教育的规模要适应生产力发展水平、产业结构调整以及学校自身实力。职业教育是面向市场的教育，生产力发展水平和经济发展的阶段直接决定了职业教育的合理规模。全覆盖不仅是扩大职业教育规模，也是优化职业教育内部结构的过程。针对地方经济发展以及产业结构调整的需求，加大专业结构调整力度，培养现代产业所需要的技术工人，破解人才培养与社会需求脱节的难题。此外，学校还应根据自身办学实力，主动调整办学规模，开设特色专业，充分发挥专业优势。

（四）整体与局部协调原则

全覆盖的扩张战略需坚持整体与局部协调的原则，既要树立全局观念，从宏观把握总体规模，同时还要注意局部的实际情况，根据各地不同的产业结构特征及办学能力，因地制宜，逐步推进，以此达到最佳效果，避免出现“一刀切”、“齐步走”的扩张模式，影响全覆盖战略的实施效果。

二、全覆盖战略下的就业可行性分析

职业教育全覆盖战略要求所有不能升学的初、高中毕业生都参加职业教育，这意味着职业教育规模的急剧膨胀。为了避免重蹈高校扩招后大学生就业难的覆辙，认真研究职业教育全覆盖战略下的就业可行性、分析市场的就业吸纳能力，十分必要。

（一）产业结构优化为职业教育发展提供了就业可能性

在向现代工业化转型的进程中，我国原有的产业结构明显不适应生产力的发展要求，加大调整产业结构力度也成为新时期的主要经济任务。产业结构的优化升级必然要求就业结构做出相应的改变。

自 1978 年改革开放以来，伴随我国产业结构的变革，就业结构也发生了巨大的变化。如图 6.1 所示，第一产业产值由 1978 年的 28.2％减至 2008 年的 11.3％，与之对应，就业比重由 70.5％降至 39.6％，下降幅度超过四成。显然，第一产业吸纳劳动力的能力越来越弱，过剩劳动力正以较快的速度转向其他产业。第二产业比重变化不大，1978 年为 47.9％，2008 年为 48.6％。就业比重由 1978 年的 17.3％上升至 27.2％，中间虽有波动，但总体趋势是上升的。这是由于改革开放初期，工业获得了较大的发展空间，容纳了大量劳动力；90 年代的“减员增效、下岗分流”政策使得第二产业就业人口大幅下滑；进入 21 世纪后，新兴工业的发展以及对传统工业的改造，使得第二产业吸纳就业的能力再次增强。第三产业比重由 23.9%猛增至 40.1%，就业结构比重也从 12.2%快速上升至 33.2%，增幅最高，第三产业作为吸纳劳动力的关键产业效用日益显现。

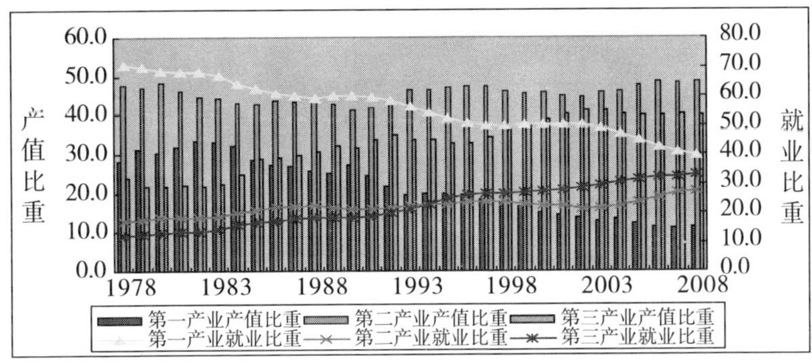

图 6.1　1978—2008 年我国产业结构和就业结构的变迁

虽然我国就业结构和产业结构都发生了巨大的变化，但通过国际比较可以发现，我国仍存在着就业结构与产业结构脱节、错位的问题，就业结构偏离了产业结构调整的轨道。表 6.1 列出了世界主要发达国家的产业结构和就业结构。美国 2005 年三次产业产值比重分别为 1.3%、22.0%、76.7%，对应的就业比重为 1.6%、20.6%、77.8%。各产业所占 GDP 的比例基本与就业比例保持一致。此外，第三产业吸纳了大量的劳动人口，占比达 77.8%，产值比例也最高，为 76.7%。德国、法国、日本也表现出了类似特征，一是产业构成与就业比重大致相同，就业结构与产业结构匹配度较强；二是第三产业的产值和就业人口最高。反观我国，产业结构与就业结构极不匹配。其中，第一产业就业人口占 39.6%，却仅实现了 11.3%的 GDP，劳动生产率较低；第二三产业占 GDP 比重分别为 48.6%、40.1%，吸纳就业人口约 27.2%和 33.2%。从国际发展趋势来看，我国产业结构调整大势所趋，在降低第一产业比重的同时，大力发展第二三产业。这种调整趋势必然使得第二三产业的就业机会增多；随着技术密集型企业的兴起，创新型企业的发展自然需要大量的技术工人予以智力支持。产业升级优化无疑为职业教育的大发展提供了就业可能性。

表 6.1　世界发达国家和中国产业结构与就业结构（%）

国家	结构（年份）	第一产业	第二产业	第三产业
美国	GDP 构成（2005）	1.3	22.0	76.7
	就业构成（2005）	1.6	20.6	77.8
德国	GDP 构成（2005）	0.9	29.7	69.4
	就业构成（2005）	2.4	29.7	67.8
法国	GDP 构成（2005）	2.2	20.9	76.9
	就业构成（2004）	4.0	24.6	71.0
日本	GDP 构成（2004）	1.7	30.2	68.1
	就业构成（2005）	4.4	27.9	66.4
中国	GDP 构成（2008）	11.3	48.6	40.1
	就业构成（2008）	39.6	27.2	33.2

数据来源：中国统计年鉴（2009），国际统计年鉴（2008）。

（二）旺盛的市场需求是全覆盖战略下实现就业的现实依据

职业教育全覆盖战略的提出，不仅是顺应产业优化的时代要求，也是缓解职业教育毕业生供不应求的必要手段。

我国职业教育学生的就业率多年来维持在较高的水平上，2008 年全国中职学校平均就业率为 95.77%，许多热门专业的学生早在毕业之前就已经被企业“抢购一空”。而与之形成鲜明对比的是高等教育扩张之后出现的大学生就业困难，大学生就业率仅在 70%左右，就业形势严峻。由于社会对于大学生的吸纳能力接近饱和，许多大学生不得不降低要求，从事与自己学历不相称的工作。显然，我国现行的三级教育规模和结构脱离了市场经济发展要求，这也就造成了职业教育毕业生供不应求、高等教育毕业生就业难的现象。

中国人力资源市场信息监测中心对全国 115 个城市的调查数据显示（见表 6.2），2009 年度，岗位空缺与求职人数的比率方面，职业教育该指标为 1.12，即职业教育学历的 100 个求职者中，可供选择的岗位有 112

个；其他文化程度的该比例均小于 1，也就是说，除了职业教育以外，其他学历的劳动力供给均大于需求。

从技术等级的构成来看，2009 年度，各技术等级的技术人员均处于供不应求的状态，岗位空缺与求职人数的比率相对较高的是高级工程师（高级职称）、高级技师（职业资格一级）和技师（职业资格二级），其岗位空缺与求职人数的比率分别为 1.9、1.86、1.84（见表 6.3）。显然，市场对高技能人才需求较为旺盛，高级技术人才供需缺口较大。

表 6.2　按文化程度分组的劳动力市场供求人数

文化程度	需求人数（人次）	需求比重（%）	求职人数（人次）	求职比重（%）	岗位空缺与求职人数的比率	与上年相比供求变化
初中及以下	5619502	26.8	6429085	28	0.99	0.01
高中	8019619	38.3	9707972	42.3	0.95	−0.01
职高、技校、中专	4535839	56.6	5400761	55.6	1.12	0.01
大专	3085889	14.7	4456014	19.4	0.81	−0.08
大学	1424848	6.8	2248907	9.8	0.75	−0.12
硕士以上	53369	0.3	88678	0.4	0.72	−0.23
无要求	2730074	13	/	/	/	/
合计	20933301	100	22930656	100	/	/

数据来源：中华人民共和国人力资源和社会保障部，2009 年度全国部分城市公共就业服务机构和市场供求状况分析。

表 6.3　按技术等级分组的劳动力市场供求人数

技术等级	需求人数（人次）	需求比重（%）	求职人数（人次）	求职比重（%）	岗位空缺与求职人数的比率	与上年相比供求变化
初级工（职业资格五级）	4021149	19.2	4352861	19	1.38	—
中级工（职业资格四级）	1933518	9.2	2055427	9	1.39	—

续表

技术等级	需求人数（人次）	需求比重（%）	求职人数（人次）	求职比重（%）	岗位空缺与求职人数的比率	与上年相比供求变化
高级工（职业资格三级）	715456	3.4	640746	2.8	1.57	−0.11
技师（职业资格二级）	387341	1.9	279535	1.2	1.84	−0.17
高级技师（职业资格一级）	155782	0.7	110276	0.5	1.86	−0.07
技术员（初级职称）	2197664	10.5	2267548	9.9	1.42	−0.09
工程师（中级职称）	953068	4.6	961770	4.2	1.44	−0.13
高级工程师（高级职称）	198762	0.9	137596	0.6	1.9	−0.15
无技术等级或职称	/	/	12124897	52.9	/	/
无要求	10370561	49.5	/	/	/	/
合计	20933301	100	22930656	100	/	/

数据来源：中华人民共和国人力资源和社会保障部，2009年度全国部分城市公共就业服务机构和市场供求状况分析。

从上述数据可以看出，职业教育有着旺盛的市场需求，在全覆盖规模政策下，职校毕业生的就业根本不成问题，具备就业可行性。

三、全覆盖战略下的办学规模预测

从现在起到2020年，是我国全面建设小康社会的重要战略机遇期，我国产业结构也会进入优化、升级的调整时期，对职业教育而言，该时期也蕴含着重大的发展机遇。因此，实施职业教育全覆盖战略，既是社会发展的现实需要，也是职业教育摆脱困境的必然出路。在此背景下，科学预测职教的扩张规模显得十分必要。

（一）年龄移算法下的职业教育发展规模估算

年龄移算法是教育预测中广为运用的一种方法。这种方法以权威部门发布的人口普查数据为基础，确定基年数据，按照一定的规则，推算出若干年后某一级教育学龄人口的数量，据此预测相应教育阶段的发展规模。

本文中，基年确定为2009年，相关数据均来自2009年国家统计年鉴。按照年龄移算法，下文将全覆盖战略下的职业教育招生规模予以估算，估算结果见表6.4。其中，2009年以后的预测数据，A列应届初中毕业生数据主要根据历年人口出生数、小学招生数及初中招生数倒推获得；C列应届高中毕业生数根据历年小学招生数、初中招生数推算取得。为方便起见，假设义务教育阶段的入学率、保持率均为100%。在全覆盖的政策下，初中毕业生入读职校和普高的比例为1∶1，高考升学率为75%。

表6.4　全覆盖战略下的职业教育招生规模估算　　单位：万人

年份	应届初中毕业生（A列）	未能升入普高的初中毕业生人数（B列）	应届高中毕业生（C列）	未能升入大学的高中毕业生人数（D列）	全覆盖战略下的职业教育招生规模（E列）	职业教育实际招生规模（F列）
1980	964.70	581.30	616.20	588.10	1169.40	110.59
1981	1154.20	826.40	486.10	458.20	1284.60	98.40
1982	1032.10	752.80	310.60	279.10	1031.90	87.06
1983	960.30	700.50	235.10	196.00	896.50	123.48
1984	950.40	688.10	189.80	142.30	830.40	148.51
1985	998.30	740.80	196.60	134.70	875.50	182.90
1986	1057.00	799.70	224.00	166.80	966.50	180.50
1987	1117.30	862.10	246.80	185.10	1047.20	184.70
1988	1157.20	912.90	250.60	183.60	1096.50	243.27
1989	1134.30	892.20	243.20	183.50	1075.70	238.83
1990	1109.10	859.30	233.00	172.10	1031.40	246.64
1991	1085.50	841.70	222.90	160.90	1002.60	215.80
1992	1102.30	867.60	226.10	150.70	1018.30	300.20
1993	1134.20	905.90	231.70	139.30	1045.20	342.74
1994	1152.60	909.20	209.30	119.30	1028.50	369.28
1995	1227.40	953.80	201.60	109.00	1062.80	397.85
1996	1279.00	996.80	204.90	108.30	1105.10	417.14

续表

年份	应届初中毕业生（A列）	未能升入普高的初中毕业生人数（B列）	应届高中毕业生（C列）	未能升入大学的高中毕业生人数（D列）	全覆盖战略下的职业教育招生规模（E列）	职业教育实际招生规模（F列）
1997	1442.40	1119.80	221.70	121.70	1241.50	446.71
1998	1580.20	1220.60	251.80	143.40	1364.00	442.29
1999	1589.80	1193.50	262.91	103.21	1296.71	473.27
2000	1607.09	1134.40	301.51	80.90	1215.30	438.62
2001	1706.98	1149.00	340.46	72.18	1221.18	430.01
2002	1879.87	1203.17	383.76	63.26	1266.43	504.04
2003	1995.60	1243.50	458.10	75.90	1319.40	515.75
2004	2070.40	1248.90	546.90	99.60	1348.50	566.20
2005	2106.52	1228.78	661.57	157.11	1385.90	655.66
2006	2062.40	1191.20	727.10	181.00	1372.20	747.82
2007	1956.84	1116.68	788.31	222.39	1339.07	810.02
2008	1862.89	1025.89	836.06	228.40	1254.29	812.11
2009	1923.60	961.80	871.20	217.80	1179.60	/
2010	1863.75	931.87	840.16	210.04	1141.92	/
2011	1856.17	928.08	837.01	209.25	1137.33	/
2012	1829.40	914.70	961.80	240.45	1155.15	/
2013	1747.00	873.50	931.87	232.97	1106.47	/
2014	1671.74	835.87	928.08	232.02	1067.89	/
2015	1729.40	864.70	914.70	228.68	1093.38	/
2016	1736.07	868.03	873.50	218.38	1086.41	/
2017	1695.72	847.86	835.87	208.97	1056.83	/
2018	1651.91	825.95	864.70	216.18	1042.13	/
2019	1603.71	801.85	868.03	217.01	1018.86	/
2020	1597.55	798.78	847.86	211.96	1010.74	/

注：1980—2008年的数据为实际值，2009—2020年的数据为预测值。

其中，2009年后的数据，列A、列C根据年龄移算法获得，列B=列A*0.5，列D=列C*0.25，列E=列B+列E。

表 6.4 估算了 1980—2020 年全覆盖战略下的职业教育规模。经过对比发现，我国实际的职教规模远远小于全覆盖要求的教育规模。尽管近年来在政策影响下，我国职教规模明显扩张，但与全覆盖规模相比，仍相差达四五百万。显然，全覆盖战略实施任重道远。

从表 6.4 可知，受人口因素的影响，2005 年初中毕业生达到历史最大值，为 2106.52 万人；从 2009 年开始，应届初中毕业生数量基本保持下降趋势，因此，在未来的年度中，实现理想状态下的全覆盖战略，就读职业教育的初中毕业生在 2009 年规模最大，为 961.8 万人；入读职业教育的高中毕业生将在 2012 年达到历史峰值 240.5 万人。综合起来，全覆盖政策下职业教育招生规模将在 2009 年达到最高峰（见图 6.2），为 1179.6 万人，2012 年将达到第二峰值，为 1155.2 万人，2015 年再次达到高潮，为 1093.4 万人。招生规模整体呈现下降趋势，中间虽有波动，但受制于适龄人口的减少，招生规模逐年缩小。

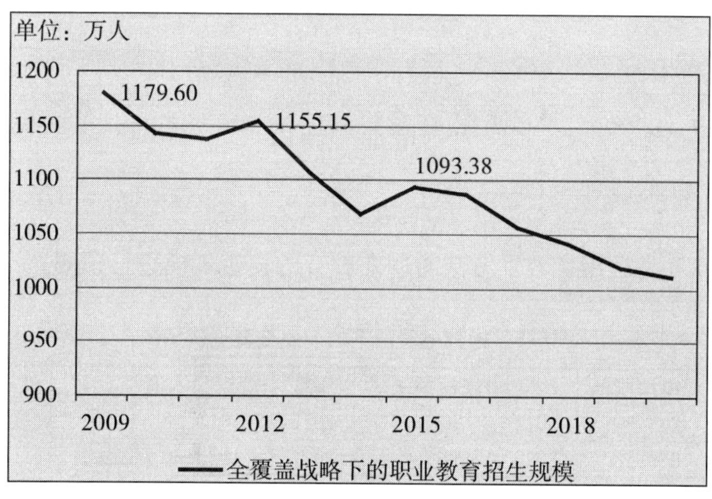

图 6.2　全覆盖战略下的职业教育招生规模趋势图

（二）运用指数平滑法预测职业教育规模

指数平滑法是较为常见的预测方法，可用于经济发展趋势预测。指数平滑法兼具全期平均和移动平均的特点，不舍弃过去的数据，但是仅给予逐渐减弱的影响权重，随着数据点的远离，其权重逐渐收敛为零。

根据指数平滑法，时间序列 y_t 的平滑序列 $\hat{y}_t$ 计算公式如下。

$$\hat{y}_t = a y_t + (1-a)\ \hat{y}_{t-1},\ 0 \leqslant a \leqslant 1,\ t=2,\ 3,\ \cdots T \quad \text{（式 6.1）}$$

其中：$\hat{y}_1 = a y_1$，a 为平滑因子，a 越小，$y\hat{y}_t$ 越平缓。重复迭代可得到：

$$\hat{y}_t = a\sum_{s=0}^{t-1}(1-a)^s y_{t-s} \quad \text{（式 6.2）}$$

预测值 $\hat{y}_t$ 是过去值 y_t 的加权平均，而权数被定义为以时间为指数的形式。

指数平滑方法包括单指数平滑、双指数平滑等多种模型，本文使用 Holt—Winters 无季节性模型。该模型与双指数平滑类似，都是以线性趋势进行预测，不同的是，双指数平滑只用一个参数，而这种方法使用两个参数①。y_t 的平滑序列 $\hat{y}_t$ 定义为：

$$\hat{y}_{t+k} = a_t + b_t k \quad \text{（式 6.3）}$$

其中：a_t 表示截距，b_t 表示斜率，这两个参数由以下递推公式给出：

$$\alpha_t = \alpha y_t + (1-\alpha)\ (\alpha_{t-1} + b_{t-1}) \quad \text{（式 6.4）}$$

$$b_t = \beta\ (a_t - a_{t-1}) + (1-\beta)\ b_{t-1} \quad \text{（式 6.5）}$$

其中：k>0，α、β 为阻尼系数，且在 0～1 之间。预测值由下式计算：

$$y_{t+k} = a_T + b_T k \quad \text{（式 6.6）}$$

表 6.5 是运用指数平滑法对职业教育的招生规模进行预测。

表 6.5　指数平滑法下的职业教育规模预测

年度	规模预测值	年度	规模预测值	年度	规模预测值	年度	规模预测值
2009	840.89	2012	927.25	2015	1013.62	2018	1099.98
2010	869.68	2013	956.04	2016	1042.40	2019	1128.77
2011	898.46	2014	984.83	2017	1071.19	2020	1157.56

值得一提的是，职业教育全覆盖并非是单纯地扩张教育规模，而是对职业教育外延和内涵同时提升，因此，不能简单依靠拍脑袋、发命令

① 高铁梅：《计量经济分析方法与建模，Eviews 应用及实例》，清华大学出版社 2006 年版，第 50—51 页。

来实施。全覆盖战略需要制订长期规划，同时配合周密的实施方案，循序渐进地开展，单纯依靠扩展规模是无法实现的。

第二节　职业教育全覆盖战略下的经费总量预测

开展全覆盖战略，职业教育规模必然会出现急剧扩张，随之而来的是经费需求的大幅上升。经费的落实直接关系到全覆盖战略的顺利实施。那么，经费总量到底有多少？政府是否有充足财力为全覆盖战略提供支持？这些都是全覆盖战略必须要正视的问题，本节主要就这些问题进行探讨。

一、职业教育相关成本概念

预测职业教育发展经费总量，最关键的内容就是研究职业教育的培养成本。研究职业教育成本，可以客观反映职业教育资源的消耗情况，有利于学校加强内部管理，不断提高职业教育效率，合理配置教育资源；此外，对职业教育成本进行分析，也为国家制定教育规划和决策、确定学费标准等提供了科学依据。

（一）教育成本定义及分类

早在20世纪50年代，就已出现了教育成本的概念。美国经济学家舒尔茨认为，教育的全部要素成本可分为两部分，一是提供教育服务的成本，二是学生上学时间的机会成本。英国教育经济学家约翰·希恩指出："教育部门同其他经济部门一样，要使用一部分宝贵资源，这些资源，如不用于教育部门，就可以用于别的部门。"① 北京师范大学王善迈教授指出，教育成本是"用于培养学生所耗费的教育资源的价值，或者说是以货币形态表现的，为培养学生由社会和受教育者个人或家庭直接或间接支付的全部费用。"② 靳希斌教授也将教育成本定义为在校学生在

① ［英］约翰·希恩：《教育经济学》，教育科学出版社1981年版，第1页。
② 王善迈：《教育投入与产出研究》，河北教育出版社1996年版，168页。

学期间所消耗的直接和间接活劳动和物化劳动的总和。[①] 综上，虽然学界对教育成本的表述不同，但实质基本一致，即教育成本是培养学生所耗费的社会劳动，包括物化劳动和活劳动，其货币表现为培养学生由社会和受教育者个人及其家庭直接和间接支付的全部费用。

依据支出的功能不同、目的不同等，教育成本可分为若干类别。

按支出的形态划分，教育成本可分为货币成本和机会成本。教育的货币成本是指直接用于教育的物化劳动和活劳动折合成货币表示的货币总额，包括政府直接支付的教育费用、社会集资捐资的经费、学生本人及家庭直接支付的教育费用。教育的机会成本既包括学校的固定资产损失的利息或租金收入，也包括学生因上学而放弃的收入等。由于机会成本的计算比较复杂，下面只考虑教育货币成本。

按支出的功能分，学校的教育成本可分为教学成本和公用成本两部分。其中，教学成本是指与教学直接相关的费用，如教师工资和课时津贴、教务管理成本、教学设备及其运转维修费用等；公用成本是指那些难以分割的、但可以分摊在每个学生身上、辅助教学顺利完成的成本，包括公用教学仪器、设备、房舍等。

按照支出性质划分，教育成本可分为经常性成本和建设性成本。通常，将一年内消耗的商品和劳务视为经常性成本，建设性成本则根据当年折旧价值和扣除折旧后资产净值的年投资利息归入年度成本。由于职业学校实行的是《事业单位会计制度》，实行的是收付实现制而非权责发生制，给职业教育成本的核算带来了一定的困难。

按照支出与教学的关系分类，教学成本可划分为直接成本和间接成本。直接成本是指与教学直接发生作用、联系而产生的成本，如职业学校实训教师的工资；间接成本是指不与教学发生直接作用，但却协助教学过程顺利开展的成本，如职业学校行政教辅人员的工资，虽然不能单独计入某个学科、专业的成本，但这部分成本却无法剔除掉。

职业教育成本的计量，看似很简单，但在理论和实践中都存在着重大

① 靳希斌：《教育经济学》，人民教育出版社 1997 年版，第 272 页。

技术难题。从国际来看，主要发达国家通常都将职业教育培养成本定为普通教育的2—3倍，但培养成本究竟应该是多少，学界并无定论。仔细分析，不难发现，职业教育的培养成本难以测算，可以归结为以下几个原因。

1. 职业教育培养成本存在地域差异。我国区域经济发展极为不均衡，教育成本的高低与地方经济发展所提供的财力密切相关，因此，不同地区的职业学校生均成本必然存在巨大差异。但值得注意的是，教育成本并非越低越好，这也是我们在使用教育成本概念时必须要关注的问题。

2. 共享教育资源的划分问题。理工类专业由于实验、实训的需要，所需的教学仪器和设备动辄几十万、几百万，对于不同专业、学科共用的设备仪器如何划分成本，在实践中也颇多争议。与之类似的是，综合职校中的中等职业教育与高等职业教育共享教育资源，在财务上很难将具各自的成本划分清楚。

3. 职业教育培养成本具有动态性。即随着社会进步，物价水平的提高，经济体制和社会环境的变化，公众对职业教育培养质量期待不断上升，培养成本必然进行相应的调整，而不会一成不变。

4. 教育成本核算的周期较长，且与会计核算年度不一致。中等职业教育的培养周期通常为三年，要核算职业教育成本也应以三年为周期。由于周期太长，不利于成本控制，我们也可将核算周期确定为学期学年制，以每年的9月至次年8月为一个周期。但我国的会计核算实行会计年度制，以元月1日至12月31日为一个会计年度。会计年度问题也会使得教育成本的测算缺乏准确性。

5. 教育成本核算缺乏具有会计制度保障的基础数据。例如，固定资产理应计入教育成本，但现行的事业单位会计制度规定不计提折旧，固定资产折旧的数据应如何计算？诸如此类，使得教育成本在具体核算过程中存在很大难题。

（二）标准生均成本

搞清楚职业教育的成本，一是为了保障职业教育经费的充足性和稳定性，借助财政政策改善职业教育的公平状况；二是希望加强职业教育经费管理，实现教育资源的优化配置，促进职业教育发展效率。

计算职业教育所需的经费，一个最为重要的概念就是标准生均成本。这里需要区分实际生均成本和标准生均成本。实际生均成本是指按照学校财务制度，职业教育占用和使用资源的实际情况。笔者认为，标准生均成本应是一个参考值，是国家、地区出台的一个规范数值，职业学校要想获得持续健康发展，其获得的经费就不应低于标准成本。因此，标准生均成本应是公共财政对职业学校拨款额度的硬性指标。

严格来讲，标准生均成本应是一个动态的计量模型，其参数应包括地区经济发展水平、学科专业种类、价格指数等指标。它所反映的信息应是政府拨款、学费水平确定的基础。

二、全覆盖战略下职业教育经费总量的预测

如上所述，职业教育经费总量的计算应使用标准生均成本，预测公式为：经费总量＝标准生均成本×在校生规模。

但由于标准生均成本受区域经济、专业学科等相关因素影响，要想获得精确的数据并不现实。为计算简便，这里使用实际生均成本以及第一节的全覆盖办学规模预测值对全覆盖战略下的总经费进行预测。

（一）保守估计

实际生均成本取值为 2008 年全国中职教育的生均教育成本，为 7278.99 元①，在校生规模为年龄移算法加总的三年内招生数，得到表 6.6。

① 数据来源：《2009 中国教育经费统计年鉴》，教育部财务司、国家统计局社会和科技统计司编，中国统计出版社 2010 年版。

表 6.6 职业教育全覆盖下的经费总量预测:保守估计

1	2	3	4	5	6	7	8	9	10	11	12
年度	在校生规模预测值(万人)	职业教育经费需求预测值(万元)	国家财政性教育经费(万元)		民办学校中举办者投入(万元)	社会捐赠经费(万元)	事业收入(万元)		其他教育经费(万元)	财政收入预测值(亿元)	财政性教育经费/财政收入(%)
				#预算内教育经费				#学杂费			
实际数据	—	100	60.13	51.76	0.86	0.34	34.7	28.19	3.93	61330	0.84
2009	3773	27463338	16514008	14214522	237180	93206	9530716	7741242	1088227	70530	2.34
2010	3575.8	26028285	15651095	13471765	224787	88336	9032704	7336736	1031364	81109	1.93
2011	3458.9	25176935	15139168	13031121	217434	85447	8737256	7096761	997629	93276	1.62
2012	3434.4	24998963	15032152	12939006	215897	84843	8375494	7046595	990577	107267	1.4
2013	3399	24740923	14876990	12805450	213669	83967	8585945	6973860	980352	123357	1.21
2014	3329.5	24235470	14573055	12543836	209304	82251	8410536	6831385	960324	141861	1.03
2015	3267.7	23785847	14302692	12311120	205420	80725	8254501	6704647	942508	163140	0.88
2016	3247.7	23639830	14214891	12235544	204159	80230	8203829	6663489	936722	187611	0.76
2017	3236.6	23559325	14166482	12193876	203464	79957	8175890	6640796	933532	215753	0.66
2018	3185.4	23186276	13942164	12000793	200242	78691	8046430	6535643	918750	248115	0.56
2019	3117.8	22694581	13646502	11746300	195996	77022	7375795	6397046	899266	285333	0.48
2020	3071.7	22359092	13444769	11572657	193099	75883	7759369	6302480	885973	328133	0.41

表 6.6 中的第一行为实际数据，列 3—列 10 分别为 2007 年职业教育各经费来源的投资比例，其中国家财政性教育经费占总经费比例达到 60.13%，职业教育的国家财政性教育经费占财政收入比例仅为 0.84%。列 11 为 2008 年财政收入，达到 61330 亿元，列 12 财政性教育经费占财政收入比例仅为 0.84%。在全覆盖战略下，按照 2007 年的生均经费标准，我们可推算得出 2009—2020 年间职业教育的总经费需求，总经费需求（列 3）＝生均成本（7278.99 元）×在校生规模（列 2）。

在总经费需求既定的情况下，假设各投资方对职业教育投资比例不变，我们可推算出职业教育筹资方需融资的金额，如列 4—列 10 所示。假设财政收入增速为 15%，列 11 得出财政收入的预测值。列 12 是财政性教育经费占财政收入的比率。显然，2008 年财政性教育经费占财政收入的比率为 0.84%，远远小于预测值 2.34%，职业教育财政投入力度有待加强。尽管如此，这一比例将逐年减小，至 2020 年仅为 0.66%。

（二）激进估计

按照同样方法，我们将生均成本值取为全国生均支出最高省份——上海市，生均支出为 20395.2 元[①]，表 6.7 为估算值。

① 数据来源：《2009 中国教育经费统计年鉴》，教育部财务司、国家统计局社会和科技统计司编，中国统计出版社 2010 年版。

表 6.7　职业教育全覆盖下的经费总量预测:激进估计

年度	在校生规模预测值(万人)	职业教育经费需求预测值(万元)	国家财政性教育经费(万元)		民办学校中举办者投入(万元)	社会捐赠经费(万元)	事业收入(万元)		其他教育经费(万元)	财政收入预测值(亿元)	财政性教育经费/财政收入比例(%)
				＃预算内教育经费				＃学杂费			
2009	3773	76912544	46248361	39808527	664236	261029	26691280	21679761	3047633	70530	6.56
2010	3575.8	72893602	43831727	37728396	629527	247389	25296570	20546920	2888389	81109	5.4
2011	3458.9	70509349	42398049	36494350	608936	239298	24459152	19874857	2793913	93276	4.55
2012	3434.4	70010931	42098345	36236378	604632	237606	24296184	19734365	2774164	107267	3.92
2013	3399	69288276	41663804	35862345	598391	235154	24045398	19530666	2745529	123357	3.38
2014	3329.5	67872727	40812620	35129683	586166	230349	23554155	19131658	2689433	141861	2.88
2015	3267.7	66613533	40055452	34477947	575291	226076	23117171	18776722	2639543	163140	2.46
2016	3247.7	66204606	39809560	34266294	571759	224688	22975260	18661456	2623339	187611	2.12
2017	3236.6	65979146	39673988	34149600	569812	223923	22897017	18597904	2614405	215753	1.84
2018	3185.4	64934405	39045774	33608861	560790	220377	22534456	18303417	2573008	248115	1.57
2019	3117.8	63557384	38217756	32896140	548897	215704	22056583	17915269	2518444	285333	1.34
2020	3071.7	62617830	37652792	32409844	540783	212515	21730526	17650431	2481214	328133	1.15

从表6.7可以看到，按照上海市的生均成本估算出的教育经费总量是按照国家平均水平估计出的预测值的近3倍，财政性教育经费占财政收入的比例也由2.34%升至6.56%。显然，这一数值并非朝夕即可达到。我们希望采取的全覆盖战略应是渐进式，以点带面。

当然，本表的预测值只是基于理论的推算，是一个大概的估算值。之所以选取全国的生均经费支出和上海市的生均经费支出，一是因为全国生均支出应该视为全覆盖下生均经费的一个最低标准，当前许多中西部地区的生均支出远远低于这一水平，要想不拉低这一平均水平，一个关键做法就是扩张的增量都要高于这一下限值；二是由于上海市经济实力雄厚，职业教育发展在全国确实也走在前列，其生均经费支出也是全国最高水平，该支出水平具有一定的参照意义。当然，我们并不是说生均成本越高越好，但不可否认的是，教育成本的高低确实在一定程度上影响着职业教育的质量。因此，这一水平应视为职业教育生均经费的一个发展目标。

第三节　全覆盖下的经费总量财政政策选择

一、科学测算职业教育成本，建立职业教育生均经费标准

职业教育成本是财政拨款、学费政策制定的重要参考。如前所述，教育成本应是一个包含多元参数的模型，成本应视学科专业、地区发展、价格指数等因素的不同而有所区别。正因为成本测算困难，我国至今尚未有对职业教育成本的权威测定，而成本问题恰恰是职业教育财政政策的一个核心问题，科学测算职业教育成本十分紧迫。

在测算职业教育的成本时，必须明确生均成本的具体内容、涵盖范围、测算方法以及计算口径，成本确定应经过权威专家以及第三方机构的认定和评估。由于职业教育属于准公共产品，职业教育成本的核算过程还应接受社会公众的监督，提高教育财政的透明度。

此外，应依据测算的成本，建立职业教育生均经费标准。这里需要指

出的是，职业教育生均标准并不等同于生均教育成本。成本是教学过程中实际消耗资源的数量和费用，并不能说明在此成本下的教学是有效率的、教育效果是最佳的，而生均经费标准则不然，它应是实现教育效率下的生均耗费，在该经费标准下，职业教育的基本教学需求以及发展潜力需求都能得到充分满足。换言之，在满足了生均经费标准后，职业教育的发展效率应大幅提高。

对于无法达到生均经费标准的省份，政府应通过转移支付手段补足差额，保证教育经费的充足性。建立生均经费标准，是实现职业教育效率和公平的捷径，也是基本公共服务均等化的客观要求。

二、加大经费投入，建立以政府主导的、多元化的筹资体系

职业教育全覆盖战略是一项规模宏大的教育工程，经费支撑则是保障全覆盖战略顺利实施的强大后盾。与普通教育不同，职业教育运转成本较高，实训基地建设、实训设施配备、学生实习费用等支出较大。按照第二节的预测，全覆盖战略下财政性教育经费应占财政收入比例为2.34%甚至更高，而现实中这一比例仅为0.84%。显然，职业教育经费投入缺口巨大。

职业教育是准公共产品，政府无疑是最重要的筹资主体，为此，需加大财政对职业教育的经费投入，落实各级政府对职业教育的经费责任。为保证经费落实政策，可借鉴发达国家经验，激励各地方政府加大力气发展职业教育。如美国的有条件拨款方式，具体做法是，除生均经费标准之外，各州若能再对职业教育进行额外投资，联邦政府应拨付等量的补助资金。当然，联邦政府的补助资金并非所有州都能得到，只有职业教育办学业绩好的州，方可申请。

除政府之外，建立多元化的筹资体系，合理分担职业教育成本是全覆盖得以实现的根本手段。由于发展职业教育所需的经费庞大，单靠政府的财力是无法持续，同时也是不科学的。拓宽融资渠道、广开财路，其本质就是政府和社会力量共同分担职业教育的经费责任。为此，笔者提出：

（一）完善相关法律法规，将各级政府的职业教育经费责任纳入法律体系，实行经费问责制，保障职业教育的财政投入每年按照一定的比例增长，

对未能实现经费目标的地方政府追究责任。

（二）鼓励产业界介入职业教育发展，开展多种形式的校企合作，借助税收优惠政策引导企业对职业学校的资金支持和技术指导，加强企业与学校的联系。

（三）加大教育捐赠的宣传力度，鼓励社会团体、民间组织对职业教育的捐赠，拓宽职业教育的经费来源。

三、创新办学体制，提高优质教育资源的使用效率和效益

创新职业教育的办学体制是指办学主体由生源地为主转向就业地为主，开展东西部的联合招生、合作办学，充分发挥东部等发达地区优质教育资源的辐射作用。现行的办学体制是计划经济时代的产物，是一种“行政办学”模式，背离了劳动力市场化要求，制约了职业教育发展：(1) 农业县是劳动力输出地，又是财政困难地区，按“行政办学”模式，无力实现职业教育全覆盖，更谈不上质量的提升；(2) 即使他们做到了全覆盖，由于学生去城市和工商业区就业，“溢出效应”将限制其办学积极性，更何况，他们在办学理念、课程、师资、实训条件等方面都不如东部发达地区，因而培养的学生缺乏就业竞争力；(3) 从教育均等化要求看，城市和工商业区财力充足，具备良好的职业教育基础，有广泛的就业需求，但“行政办学”体制限制了生源，而农业县的生源潜质较好，却无机会接受职业教育；(4) 从提高教育资源的使用效益来看，东部沿海等发达地区，随着教育经费投入的不断增多，边际效用递减规律发挥作用，教育资源使用效益下降，部分地区教育浪费现象严重。

面对这些问题，上海市充分发挥职业教育优质资源的作用，开展联合招生、合作办学，设置与新型产业密切相关和城市新增劳动力缺口较大行业的相关专业，面向全国招收初中毕业生，仅 2005 年就录取 4029 人。新型的办学体制，一方面为上海市的经济腾飞储备了技术力量，另一方面，也极大地优化了上海市职业教育的生源素质，在全国率先做到了“立足本地，服务全国”的职业教育发展宗旨，同时也有效提高了优质教育资源的使用效率。

基于上海市的经验，在实施就业地为主的办学政策上，有以下建议。

（一）建立国家层面的职业教育跨区招生制度

根据各地的外来人口数，科学确定东部地区（发达地区）向中西部地区（欠发达地区）招生的指标，各省教育厅也应规定省内的跨区招生指标。此外，还应赋予学校一定的跨区招生自主权，学校可根据自身的师资力量、办学能力，适当扩大跨区招生的规模。跨区招生制度使稀缺的教育资源得到了充分利用，也为落后地区的学生提供了一个公平享受优质教育资源的平台，一定程度上提高了职业教育的生源质量。

（二）建立跨区招生的考核机制

将跨区招生计划的完成情况，列入和谐社会建设的考核指标，建立相应评价体系，以此激励东部发达地区开展联合办学，提高其积极性，进一步提升职业教育效率。

（三）建立“2＋1”办学模式

由于初中毕业生年龄较小，联合办学可采取“2＋1”的模式，即学生前1至2年的学习可在当地完成，其余时间到联合办学的东部地区学习技能和毕业实习。通过合作办学，选派东部优秀教师赴西部任教、培训，接受西部教师到东部地区进修，既改善了西部职业教育师资的整体实力以及教育教学质量，也实现了东西部、城乡之间职业教育的均衡发展。

四、循序渐进实施全覆盖战略，确立绩效评价制度

2008年，我国职教招生规模达812.11万人，与全覆盖战略下的规模1254.29万相差400万。而在第二年就实现了全覆盖，这显然是不现实的，也是违背教育规律的。合理的步骤应该是：在经济允许的条件下，分步扩张，有计划、有步骤地扩大职业教育规模，同时推进职校基础设施建设，加大中职师资力量的培训，用5—6年的时间切实提升职校的软硬件能力，同时实现规模全覆盖。

从长远来看，全覆盖的视野不应当只局限于初高中毕业生，其覆盖范围还应不断扩展。随着我国城镇化步伐的加快，数以亿计的农村剩余劳动

力转移到城市中来，产业结构的调整使得工人的转岗培训、在职工人的技能培训变得异常迫切。因此，职业教育还应逐步与成人培训融合，面向转岗工人、农村转移劳动力、在职人员等，为其提供技能培训，从而实现更高层次上的全覆盖。

职业教育全覆盖还暗含着职业教育质量的提升，为此，这里提出建立绩效拨款制度，将竞争机制引入职业学校的发展中。财政拨款根据职校业绩来决定，通过比较职校的教学质量、学生就业状况、职业资格证书获得情况、社会反响等，对业绩好的学校增加相应财政经费予以奖励，同时淘汰办学业绩差的学校，整合职业教育资源。具体来说，用3—4年时间开展绩效评价试点，5—6年时间进行全国推广，并将该制度予以确立。

第七章　职业教育成本分担的财政政策研究

当前，我国职业教育财政正陷入两股改革潮流的漩涡之中，一是社会对职业教育公益性要求的呼声日渐强烈，为此，许多学者建议实行职业教育免费；二是由市场化带来的职业教育产业化倾向。在这两股潮流的夹击下，职业教育资金筹措如何兼顾公平与效率显得愈发重要。回顾我国职业教育发展历程可以发现，成本分担由单一化向多元化转变，经费筹措从注重公平转向公平与效率兼顾。职业教育全覆盖政策的提出，意味着职业教育规模的大幅扩张，这必然给职业教育的财政带来一定的冲击。如何合理有效地分担职业教育经费、成本，实现效率与公平的均衡则成为一个迫切需要研究的问题。

本章将聚焦于职业教育的成本分担机制研究，在成本分担理论基础上，简述我国职业教育成本分担的发展历程及现状，提出我国职业教育全覆盖目标下成本分担的设想，各利益相关者应承担的经费责任，以及中央和地方政府的财政责任，设计完善分担成本机制的政策路径。

第一节　职业教育成本分担的理论基础

教育成本分担是伴随着公众教育观念的改进、教育财政的日益紧缩而出现的。二战后，科学技术发展迅速，教育的经济价值越来越被社会所重视，个人投资教育的收益日渐丰厚，与此同时，教育成本不断攀升。再加上 20 世纪 70 年代世界范围的经济低迷，各国政府财政捉襟见肘，教育若继续被当作福利性事业完全由政府负担，已然不能实现。教育成本的合理分担也成了水到渠成的解决方案。

一、职业教育成本分担的基本原理

1986 年，美国经济学家布鲁斯·约翰斯通（D. Bruce Johnstone）首次提出了教育成本分担理论。他在《高等教育成本分担：英国、联邦德国、法国、瑞典和美国的学生资助》一书中，按照“谁受益、谁承担”的原则，分析了高等教育受益方所应分担的责任，对这一理论进行了阐述。他书中指出，高等教育成本可分为四大部分：（1）政府或纳税人，政府通过向高等教育财政拨款来分担部分成本，考虑到税收直接或间接来源于纳税人，所以公共资金的来源也可认为是纳税人；（2）学生家长，他们以支付学生的学费或生活费的方式承担了部分教育成本；（3）学生，通过勤工俭学、贷款等方式承担教育支出；（4）个人和社会捐助者，以捐助资金的形式或者建立奖学金来弥补高等教育运行成本。高等教育成本分担理论是指高等教育的成本完全或几乎完全由政府或纳税人负担转向至少部分依靠家长和学生负担，通过交学费来补偿部分教学成本。该理论一经提出就在国际上引起了广泛影响，许多国家将这一理论运用到高等教育的成本分担中去，以此摆脱高等教育的经费困境。

除高等教育外，成本分担理论还适用于非义务教育阶段的教育，职业教育也包括在内。成本分担理论适用的前提条件是职业教育的准公共产品属性。所谓公共产品，就是同时具有非竞争性和非排他性的产品。对受教育者而言，职业教育除了具有一定的私人收益外，还具有正的外部效益。正是由于这种外部效益的存在，市场无法有效提供所需的职业教育，这就需要政府对这种缺陷予以干预和矫正，所以，政府必须介入职业教育的发展。

在国际比较中，尽管各国职业教育经费采取的成本分担内涵和比例不尽相同，但总体上说，各国在成本分担问题上已达成共识，职业教育经费多元化已成为一种趋势。我国的职业教育自然无法违背成本分担的规律，职业教育成本必须进行合理的分担。

二、职业教育成本分担的理论依据

（一）受益原则

受益原则是指教育成本的支付应与收益相结合，按照收益的大小支付相应的成本，谁受益，谁承担，收益多的人应分担较多的成本，收益少的人分担较少的成本。它是成本分担的基本原则。在我国，职业教育的受益人包括社会、个人、企业。相应的，政府、个人以及企业应根据各自的收益负担相应的成本比例，这也是市场经济条件下经济公平的客观要求。

职业教育是与社会发展联系最为密切的教育类型，可以说，它是继义务教育之后，对社会影响最为深远的教育类型。当前我国产业结构的升级和转型迫切需要大量的技术人才，职业学校则是培养这类人才最有效率的机构，中等教育的普及也有助于社会文明程度的提高，社会无疑会从职业教育的大发展中获得巨大的经济利益和社会效益；此外，职业教育是改善弱势群体不利处境、切断代际贫困的有效途径，对缩小收入差距、实现社会公平有着积极意义。无论是从效率还是公平角度，职业教育发展对社会都做出了巨大贡献，政府必须为其提供相应的财政支持。

学生及其家庭是职业教育的直接受益者。学生在就读职业教育后，掌握了一门谋生技能，就业前景比同等条件未参加职业教育者明显提升。按照受益原则，个人也需承担一定的教育成本，但考虑到其承担能力，比例应控制在合理范围内。

在市场经济下，企业竞争的实质就是技术和人才的竞争，企业所拥有的技术人才的数量和质量直接决定着其能否在激烈的竞争中脱颖而出。职业教育为企业培养了管理、服务第一线的应用型人才，有效提高了企业的生产效率，增加了企业经济效益，因此，企业理应参加职业教育成本的负担与补偿。

（二）能力原则

能力原则是指按照职业教育受益者的经济支付能力，来支付教育成本，能力越大，支付越多，能力越小，支付越少。换言之，教育成本的支付需要考虑到受益者的经济水平。这也是社会公平的内在要求。

经济理论认为，越是收入低、支付能力弱的个体，在接受职业教育后其边际效用就越高，换言之，相对于高收入者来说，低收入者在接受了职业教育后其收益要大得多。但若完全遵循受益原则，这类个体需支付较高比例的教育成本。而能力原则充分体现了公平原则，为经济状况不佳者提供了接受职业教育的机会，但却收取较低的费用。按照能力原则，国家在制定学费政策时需考虑到学生家庭的经济承受能力，同时辅以配套措施，如提供助学金、贷学金等，帮助学生顺利完成学业。

根据上述原则，职业教育成本分担机制在运行过程中既要考虑到经济公平，还需遵从社会公平所体现的价值理念，在能力范围内根据受益分担成本。

三、职业教育成本分担的现实需要

2005年以来，我国大力发展职业教育，针对职业教育的财政拨款增长较快，2007年财政性教育经费增幅达39.4%。尽管如此，基层职业学校的经费短缺问题仍十分严重。巨额的财政投入并未有效改善职业教育经费不足的窘境，这一方面是由于经费供需缺口较大，另一方面，我们不得不去反思办学成本的问题，寻找职业教育办学效率低下的根源。而实行成本分担机制，多渠道筹集资金，有利于经费投入方积极监督学校的教育资源使用状况，督促学校节约办学成本，提高经费使用效益。

随着科技信息时代的到来，职业教育面临着一系列的挑战和机遇。为了满足信息时代对职业教育提出的新要求，职业教育内部必须做出相应的调整，包括市场需求研究，学校办学条件的改善、师资队伍的提升。这些无疑都会提高职业教育成本。为筹建实训基地，部分学校负债数亿，沉重的债务负担已开始影响学校的正常运转。随着全覆盖战略的逐步推进，职业教育经费需求激增，将达到有史以来的需求最高峰。与此同时，我国政府财力虽然会逐渐增强，短期内或许可以满足职业教育经费需求，但长期来看，职业教育全覆盖战略涉及的巨额经费，将使传统的国家包揽式制度安排难以为继，巨大的经费供需缺口将使得全覆盖战略的实现变得遥遥无期，因此，迫切需要建立合理的成本分担机制来支撑职业教育全覆盖战略的实施。

职业教育成本的合理分担直接关系到我国职业教育健康、持续的发展，拓宽职业教育的筹资渠道是摆脱经费困境的现实出路，建立、健全职业教育成本分担体系已是当务之急。

第二节 重构职业教育成本分担体系

在现代职业教育体系中，职业教育成本普遍采用公共部门和私立部门共同承担的混合提供模式。职业教育的公共支出在中央政府和地方政府间按比例进一步分担。在不同国家的不同发展阶段，分担比例出现了较大的变化。本节首先对我国职业教育成本分担的变革进行简要回顾，然后提出成本分担设想，详细阐述职业教育各利益相关者应该承担的经费责任。

一、我国职业教育成本分担变革的简要回顾

回顾我国职业教育发展历史，可以发现，办学主体经历了由单一向多元主体转变的过程，与之对应，职业教育经费的分担机制也发生了巨大的变革。

（一）计划经济时期的职业教育成本分担机制

在计划经济时期，职业教育的举办主体众多，在经费来源方面都遵循着“举办者出资”原则。1963 年 9 月，教育部、劳动部和财政部联合下发《关于职业学校经费、编制的暂行规定》，详细规定了职业教育的经费来源。内容包括：（1）中央和地方各业务部门举办的职业学校经费，列入该部门的教育事业费预算；（2）经批准厂矿企业开办的职业教育经费，列入企业营业外项目开支；（3）各省、市、自治区举办的职校列入各省、市、自治区的教育经费预算；（4）由初中改办的职业学校经费，由主管行政部门拨付；（5）在各级教育行政部门的教育经费预算中，还应安排一定数目的“职业教育补助费”，用来解决集体所有制单位举办的职校经费困难问题；（6）职校的学杂费可参照或略低于同级普通中学的

规定，学杂费及学生劳动纯收入的一部分可用于教学行政费的开支及设备的补充。①

为了鼓励学生就读职校，新中国成立后相当长的时间里，职业教育还是免费教育，同时发放人民助学金，标准为每人每月 30 元，由学校掌握使用。1953 年 12 月又出台进入工农学校的产业工人待遇规定："按工资的 75％发给人民助学金。如原工资低于 32 元，暂按 32 元发放。"对于中等专业的学生，75％享受助学金待遇，其中采煤、艺术、体育、护士、助产士专业全部享受助学金。②

尽管职业教育呈现"办学主体多元化"，但其实质都是政府办学。无论是政府开办的职业学校还是国有行业企业出资兴办的中专学校或技工学校，归根结底，其办学主体都是公共部门，办学主体单一也直接导致了成本分担的单一现象——职业教育经费几乎全部是由政府财政直接或间接提供的。

计划经济时期的这种经费分担体制，将有限的教育资源进行集中，有计划按比例地培养职业技术人才，是一种效率较高的经费模式，在特定历史时期，发挥了巨大的作用。

（二）改革开放以来职业教育成本分担机制

1978 年 12 月，党的十一届三中全会作出把工作重点转移到社会主义现代化建设上来的战略决策，职业教育改革被提到议事日程上来。1980 年 10 月，国务院批转的《关于中等教育结构改革的报告》提出，职业教育应有专项经费开支，同时强调拓宽经费来源，提倡半工半读、半农半读，坚持勤俭办学，勤工俭学。这方面的收入，应主要用于解决学校经费开支和办学条件，抽出一部分用于解决师生的集体福利和学生的学习费用，学校要逐步做到部分自给；此外，还规定中专学校的校办工厂、农场免缴所得税和利润，其收益由学校用于扩大再生产和教学设备购置。从 1980 年 6 月起，中等专业学校的人民助学金标准按照当地工资区类别提高后的助学金标准执行。

---

① 中国教育年鉴编辑部：《中国教育年鉴 1949—1981》，中国大百科全书出版社 1984 年版，第 186 页。

② 中国教育年鉴编辑部：《中国教育年鉴 1949—1981》，中国大百科全书出版社 1984 年版，第 207 页。

为了适应市场经济改革的需要，职业教育的招生规模逐步扩大，政府没有足够的财力负担越来越庞大的职业教育，而职业教育对于提升个人经济地位也发挥着越来越重要的作用，因而收取学费便成了水到渠成的选择。尽管如此，为鼓励中等职业技术学校优秀毕业生和高中毕业生投身职教事业，国家对师范生仍免收学费，同时还实行专业奖学金制度。

1996年，《职业教育法》正式颁布，该法明确了职业教育的经费来源，包括收取学费，社会捐资助学等方式，逐步改变了过去由政府办学的单一局面，形成了多元主体的办学体制；教育财政支出占教育经费的份额减少，职业教育的经费来源趋向多元。应该说，职业教育经费多元化的转变是计划经济向市场经济过渡的必然结果。在计划经济时期，政府包揽一切，公共财政也试图解决教育领域的资源配置问题。随着市场化改革的深入，市场机制要求政府对社会产品的配置方式进行调整，政府对职业教育支出的涵盖范围也发生了变化。

（三）现行职业教育成本分担体系

进入21世纪以来，我国逐渐确立了多元化的成本分担体系。从经费构成来看，职业教育成本分担呈现出多元化投入体制下的单一化格局。我国当前职业教育经费来源包括国家财政性经费、民办学校中举办者投入、社会捐赠经费、事业收入及其他教育经费五部分。国家财政性经费具体包括预算内教育经费拨款、按国家规定用于职业教育的教育费附加、企业办学经费、校办企业、勤工俭学和社会服务收入用于职业教育的经费。国家财政性经费与事业收入是主要经费来源，两者之和占比达九成，2007年这一比例更是高达94.83%。个人办学经费投入极不稳定，2006年民办学校举办者投入33.04亿元，2007年陡然降至7.36亿元。捐资助学经费连年下降，直至2006年才有所回升，捐资助学经费在总经费中的比例极低，始终未超过1%。其他教育经费波动较大，2005年其他教育经费比例为12.34%，2006年则降至4.17%。由此可见，尽管在政策理念上，政府提出了构建以政府财政拨款为主体的多元化资金筹措机制的目标，然而在现实中，这种模式没有得到有效的贯彻实施。由于事业收入中绝大部分是学杂费收入，因此政府与个人成为职业教育经费的主要分担者，社会和企业分担比例过低。

表 7.1 中等职业教育经费来源比重（%）

年份/来源	合计	国家财政性教育经费	民办学校中举办者投入	社会捐赠经费	事业收入	其他教育经费
2000	100	59.00	1.66	0.91	28.71	9.72
2001	100	59.19	2.09	0.57	28.55	9.60
2002	100	56.22	2.04	0.54	29.02	12.18
2003	100	55.22	2.74	0.44	29.37	12.23
2004	100	54.35	3.30	0.39	29.40	12.56
2005	100	54.02	5.17	0.34	28.13	12.34
2006	100	56.37	5.07	0.33	34.06	4.17
2007	100	60.13	0.86	0.34	34.70	3.96

注：2000—2005 年事业收入为学杂费收入。

数据来源：2003—2009 年《中国统计年鉴》计算。

职业教育具有准公共产品的属性，政府将无可争议地成为经费投入主体。但分析我国职业教育经费结构却发现，财政分担比例并不高，国家财政性教育经费占比在 60%左右，其中，预算内教育经费占总经费的比例仅为 50%。显然，政府对于职业教育经费的投入不足以体现政府的经费投入主体地位。

相对于其他各级教育而言，职业教育财政经费投入比例偏低。以 2007 年的数据为例，财政经费投入比例由高到低依次为小学（32.3%）、初中（21%）、高等学校（19.9%）、高中（9.63%）、中等职校（6.19%）。与高等教育、普通高中教育相比，中职教育的外部性收益更强，但其财政投入却低于上述两者，政府对于职业教育经费的分担明显不足。

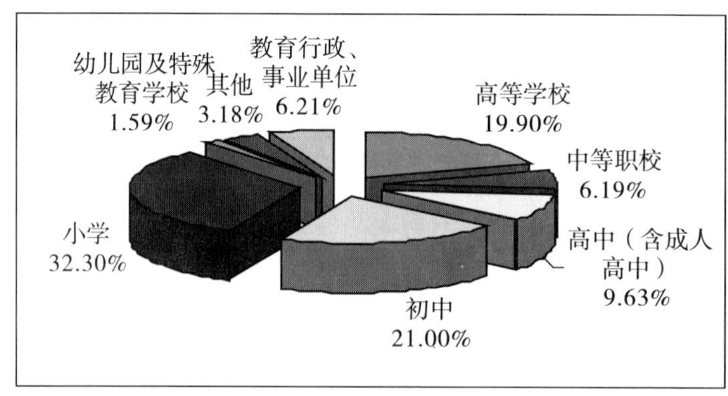

图 7.1 2007 年财政经费在各类教育机构中的分配比例

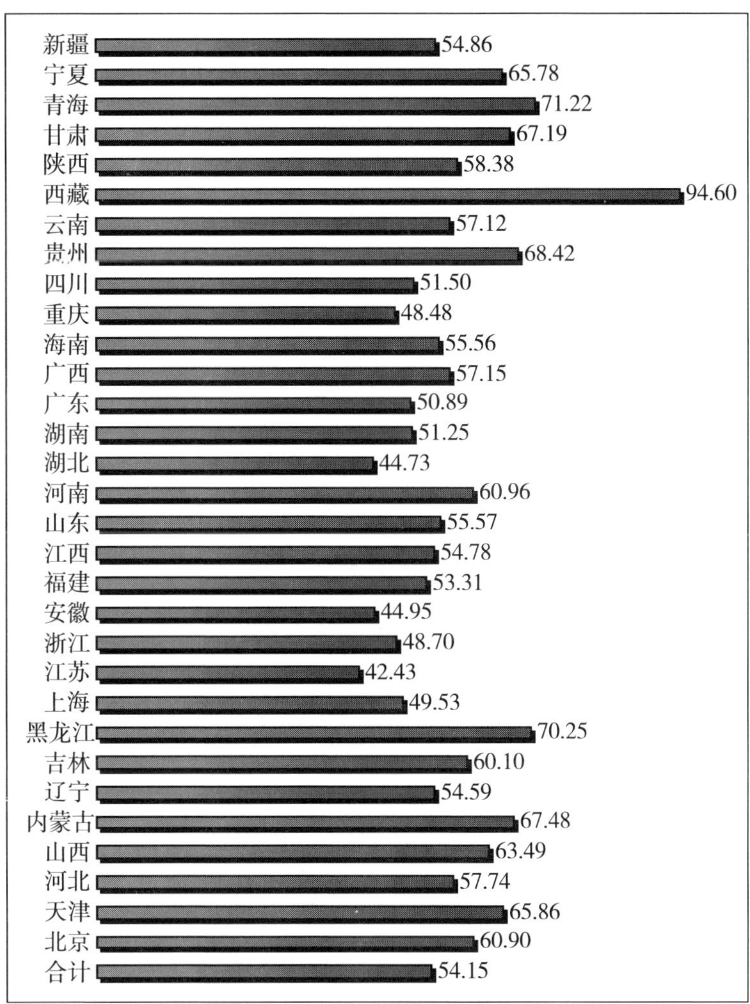

图 7.2　2008 年中等职业教育生均预算内经费占生均教育经费比重

职业教育的财政负担情况还可以从生均预算内经费占生均教育经费的比重体现出来，该比例直接反映了财政承担生均经费的多寡。从全国范围来看，财政在各地的负担比例相差较大，但多数省份集中在 50%—60%范围内（见图 7.2）。其中西藏以 94.6%的比例居全国首位，这和中央政府对西藏的特殊优惠政策密不可分。部分欠发达地区如甘肃、贵州、青海等地的财政经费比例也较高，这与政府支援西部建设、大力增加财政投入有关。此外，还有一些经济不发达省份如安徽，该比例仅为44.95%。财政负担过低，这也意味着个人负担较重。

总体来说，现行职业教育体系成本分担的特点是：个人分担比例过高，政府承担比例不足，企业分担比例过低。为此，根据受益原则和能力原则，重建职业教育的成本分担体系，十分必要。

二、职业教育成本分担设想

前文已经阐述过，职业教育的受益者可划分为政府、企业和个人，因此，成本分担的研究也主要限于在这三个主体中展开。职业教育成本分担机制的确立，首先需要明确资金的使用目标及其原则。在这里，我们尝试构建一个分析框架（见图7.3）。职业教育成本分担应包含以下两个阶段：一是保障和构建职业教育的基础能力，二是丰富和提升职业教育的发展内涵。

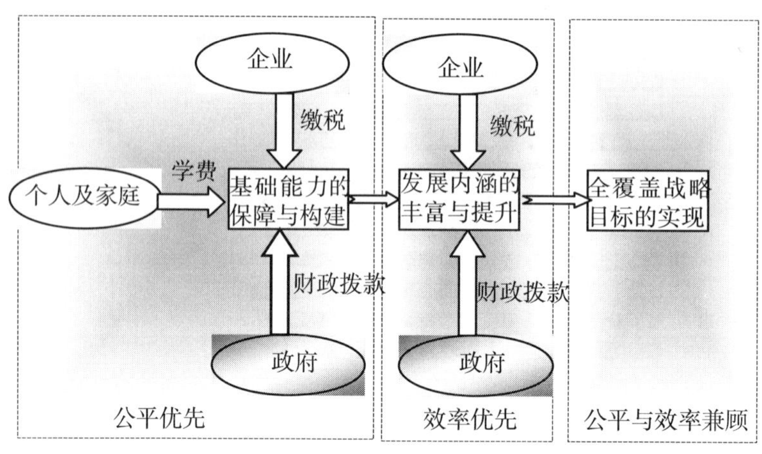

图7.3 职业教育成本分担体系的分析框架

在第一个阶段，职业教育必须拥有稳定的资金以保障其未来持续发展的可能性。在保障最低经费标准的落实方面，财政拨款应在职业教育经费中居于主导地位，出于教育公平的目的，缩小职业教育的区域差异也正是政府的责任所在；企业缴税和个人学费是职业教育资金来源的重要渠道，在成本分担体系中发挥关键影响。

在完成基础能力构建之后，进入职业教育成本分担的第二个阶段，即丰富和提升职业教育的内涵，这就需有充足的经费支撑职业教育发展优势和特色，最大限度挖掘学校的发展潜力。具体来说，企业以缴税方式参与职业教育的发展，既有利于学校把握企业需求，明确职业学校的办学方向，同时也提高了职业教育中企业的参与度，便于企业选拔、吸引优秀的毕业生，储备技术人才，增强企业竞争力；政府拨款可帮助落后地区学校因地制宜地提升发展潜力，充分发挥职业教育对区域经济发展的助推作用。显然，职教内涵丰富与提升的目标关乎效率。从发展内涵到职业教育全覆盖战略目标的实施，效率与公平达到了最佳的结合。

理论上的受益原则要求根据获益者的受益情况分担成本。按照职业教育受惠者的获益大小，政府、个人、企业承担的经费比例也应依次下降。鉴于具体受益大小的计算比较复杂，这里仅就能力原则对政府、家庭、企业的成本分担予以设计。为此，职业教育成本分担可以考虑采用7∶2∶1的分担方案，即政府承担70%，学生家庭承担20%，企业资助10%。

以2008年为例，职业教育生均经费支出为7278.99元，按照7∶2∶1的比例，政府、家庭、企业分别需支付5095.29、1455.80、727.90元。按照全覆盖要求，在校生规模应达到3773万人，财政经费需求为1922.45亿元，仅占财政收入（61330.35亿元）的3.08%，显然，在现有的财力下，这是可行的。

对学生家庭而言，2008年，城镇居民家庭人均可支配收入15780.8元，以三口之家为例，一个职业教育学生的学费占家庭总收入的比例仅为3.08%，农村居民的这一比例为10.19%①。从学生家庭角度考虑，这也是在可承受范围内的。

2008年，国企利润总额为13307亿元②，全覆盖战略下，国企对职业教育经费承担比例仅占利润总额的2.06%。若再加上私营企业、外资企

---

① 2008年农村居民家庭人均纯收入是4760.6元。

② 数据来源：http：//news.hexun.com/2009－12－18/122082139.html。

业等，企业实际承担的比例应远远小于2%。对企业来讲，分担职业教育成本的10%是可行的。

这里需要指出的是，上述分担方案特指通用性职业教育。所谓通用性职业教育，与专用性职业教育相对，其所教授的内容不以特定行业和企业为对象，学生所学到的知识可运用到绝大多数行业中去，因此学生可自由流动。而专用性职业教育教授内容仅限于特定行业和企业，学生所学知识针对性较强，学生接受这类专用性职业教育机会成本较高，风险较大，流动性差。对这类企业而言，专用性职业教育培养的人才直接面向本企业，与企业所需人才的匹配度极高，可以说，企业是专用性职业教育的最大获益者。为此我们建议，针对专用性职业教育，可采用3∶2∶5的分担方案，即政府承担30%，个人及家庭承担20%，企业承担50%。此外，对农林、体育、航海等专业和家庭经济困难的学生应实行免费教育。

以历史的宏观视角来看，随着技术进步以及社会需求的发展变化，社会产品的属性也具有可变性，职业教育当然也不例外。在巴泽尔（Barzel. Y）看来，并不存在僵硬的私人产品和公共产品的分界线①。在我国当前的经济背景下，职业教育属于准公共产品，但随着职业教育全覆盖战略的逐步推进，公众对职业教育的外部性评价会发生变化，职业教育的私人收益将受到削弱，外部收益变大，职业教育的产品属性也会发生变化，更偏向于纯公共产品。与之对应，职业教育的成本分担方案也需随之作出调整，在进一步降低个人分担比例的同时，提高政府和企业的分担比例。

三、职业教育成本分担设计

（一）职业教育成本的政府分担

在分担方案确定的基础上，厘清各级政府的财政责任十分必要。因

---

① 李俊杰：《我国中等职业教育免费的理论解读》，《教育与职业》2009年第33期。

此，职业教育成本的公共分担应视地方经济发展水平的不同，采取差异化的财政分担策略。

按照经济发展水平，可将全国划分为东（发达地区）、中（发展中地区）、西（欠发达地区）三类区域。由于职业教育实行地方为主的管理体制，因此地方政府需保障职业教育的基本发展经费。东部地区财力雄厚，除了有能力实现本地区域的全覆盖，还可通过联合办学等方式帮助解决部分中西部地区的职业教育经费。中部地区，正日益崛起，可解决本地的全覆盖经费，但在能力提升方面仍有待中央政府的转移支付；对于西部地区，自身经济实力较差，需在中央政府的帮助下推进全覆盖。

（二）职业教育成本的企业负担

当前，在职业教育成本分担中，企业负担比例偏低。鉴于我国企业缺乏参与职业教育发展的传统，企业主动分担职业教育发展成本基本是不可能的，因此可借鉴国外职业教育企业投入的经验，譬如德国的双元制及法国的学徒税模式，引导企业积极参与职业教育，拓宽职业教育经费渠道。

具体做法是：将我国教育费附加由3%提高到5%，增额部分用于建立职业教育基金，设立职业教育基金委员会专职管理；而职业教育基金主要作为企业实训的补偿费用。企业有三种选择：（1）参加职业教育实训。按照培训学徒的数量，委员会将培训基金部分发放给企业，培训结束后，由委员会考核培训质量，通过审核后方可发放剩余培训基金。这种方式主要针对国有大中型企业，这类企业实力雄厚，开展企业实训也是履行企业社会责任的体现，为行业内其他企业作出表率。（2）不参加职业教育实训，但提供实训场所和设施，由职业教育基金委员会附给一定的使用费。（3）不参加职业教育实训，全额缴纳学徒税。

（三）职业教育成本的个人负担

重建职业教育成本分担机制，在个人负担方面，学费标准的确定应从学生及其家庭的实际经济情况出发，将学费控制在家庭的可支付能力之内。考虑到不同专业的办学成本和预期收益不同，应实行弹性学费制。

所谓的弹性学费制是根据专业的办学成本和就业前景划分，以生均成本和历届毕业生的收入为基础，弹性调节各专业的学费。针对收入预期较高、办学成本较高的这类专业，可在原学费基础上适当上浮 10%—20%，而对于收入预期较低、办学成本低廉的专业，则应在一定范围内下调学费。应当注意的是，弹性学费制必须以科学测算办学成本、调研不同专业的预期收益为依据。

针对联合办学情况，学生在当地学习时，学校应按当地标准收取学费；学生在办学地学习时，学校可按本地标准收取住宿费和一定比例的学费，由于联合办学的学生大部分会留在办学地工作，为办学地的经济发展做出贡献，因此差额学费部分应由办学地政府财政负担。

第三节　各级政府的职业教育财政责任

前文已经分析过，职业教育是准公共产品，政府对职业教育发展具有不可推卸的责任，提供职业教育是政府的职责所在。我国目前的政府体制由中央、省（自治区、直辖市）、市、县、乡（镇）组成，层级较多，哪级政府来承担职业教育的经费最为合理？这是本节的主要研究内容。

首先，需要明确作为公共产品，职业教育的具体受益范围，究竟是地方性公共产品、全国性公共产品还是跨区域性的公共产品，根据受益范围来决定由哪级政府承担经费。通常，职业教育的招生主要面向当地适龄人口，受益范围局限于职业学校所在地，根据受益原则，地方政府必须承担起发展职业教育的职责。

考虑到我国地域广阔，区域间经济差异较大，许多身处不发达地区的职校毕业生就业时会选择东部沿海等地区，职校学生的大量流失无疑会影响欠发达地区的经济发展和企业创新。而发达地区在未付出任何成本的情况下，就聚集了大量技能娴熟的专业人才。受益与付出的不对等必然会削弱落后地区政府发展职业教育的热情和积极性。长此以往，整个国家职业教育发展都会受到影响。由于受益范围在技术上难以测算，单独由某级政府提供经费都是不合适的，为了将这些外溢效应内部化，中央政府必须对职业教育流出地进行补偿性拨款。

以东部发达地区为例，职业教育的学生毕业后绝大多数留在本地，并未产生太多的外溢效益，所以，在东部省份职业教育为地方性公共产品。而在中西部等不发达地区，人才流失严重，职业教育外溢到其他省份的效应较强，因此可视为跨区域性的公共产品，由中央政府和地方政府共同负责。

其次，根据财权与事权相一致的原则，管理职业教育的事权必须对应相应的财力。我国现行的职业教育管理体制是地方为主、分级管理，地方政府享有充分的职业教育事权，支出责任自然也应由地方政府承担。但事实上，并非所有的地方政府都有充足的财力，支出责任下移带来的直接问题就是地方政府对职业教育提供的不足。此外，由于区域经济发展不均衡，各地政府财力相差悬殊，区域之间职业教育经费差距较大，这也导致了职业教育发展的不均衡。但由于职业教育效益显现具有延迟性和长期性，职业教育发展状况并不直接关系当期主管官员的升迁，地方政府容易产生短视行为。因此，在地方为主的责任体制下，中央政府的职责众多，既要使地方政府财权与事权相匹配，还要缩小区域职业教育的差距、监管职业教育的发展。

综上所述，各级政府在职业教育中的经费定位，总方向是按照职责与财力相匹配的原则，优化政府间职业教育的支出结构。从宏观来看，加大包括职业教育在内的教育支出在各级政府财政支出中的比重，进一步完善以政府为主体的教育投入机制，从根本上解决职业教育经费不足的痼疾；从微观来看，调整各级政府对职业教育支出的比重，地方政府是职业教育财政经费的责任主体，地方财政必须满足职业教育基础能力发展的经费需求；对中央财政来说，中央政府肩负着缩小职业教育经费差距的使命，借助转移支付等手段，均衡区域职教的发展，改变落后地区基层政府负担过重的局面，进一步落实各级政府在职业教育中的经费责任。

总而言之，在职业教育发展过程中，中央和地方政府都扮演着不可替代的角色，明确政府间的职业教育经费职责意义重大。在各级政府的职责分工中，中央政府应主要定位于缩小区域经费差异以及职业教育立法、宏观决策制定、质量监督评估等方面；而地方政府应重点负责职业教育成本分担、学校举办、组织实施、具体教学管理等。鉴于地区间发展的不平衡，中央政府还应加大对欠发达地区职业教育的转移支付力度，使公共资源向欠发达地区倾斜，缩小区域间、城乡间职业教育的发展差异。

第四节　健全职业教育成本分担机制的政策路径

一、完善职业教育成本分担机制，拓宽职业教育经费渠道

应该说，我国职业教育体制中始终存在的一个深层次问题，就是教育经费的紧张和不足。如何破解职业教育经费难题，是社会和各级政府面临的一个严峻挑战。我国已初步形成了政府、个人、企业三方共同分担职业教育成本的格局。健全和完善职业教育成本分担体系，实行融资多元化，是破解经费难题的根本途径。具体说来，主要包括以下措施。

（一）加大职业教育的财政投入，明确政府财政责任

职业教育产品的公益性质决定了政府在职业教育中的主导地位，公共财政顺理成章地成为了经费来源的主渠道。一方面，进一步强化政府对职业教育的经费责任，各级政府要安排更多的职业教育经费，满足职业教育内涵和外延建设的发展需要。正确树立职业教育的价值观，认清职业教育对经济发展推动的潜在作用，改变职业教育在三级教育体系中的不利地位，加大对职业教育的投入倾斜，使职业教育成为继义务教育普及之后的第二个发展重点。另一方面，明确各级政府责任，保证财政资金落实到位。财政投入首先应保证职业学校的正常运转，实现财政经费的保障性目标。对于东部及中部地区，地方政府完全有财政能力提供职业教育基础能力发展所需的经费，此外部分财力雄厚的政府还可提供

职业教育内涵提升的经费；而对于西部和中部的欠发达地区来说，中央政府的财政投入必不可少，因为，单靠地方政府的财力，职业学校的基本运转都很成问题。可以说，公共财政是职业教育经费最有力的保障。

（二）多渠道筹措职业教育经费

职业教育经费的供需矛盾已然成为制约职业教育快速发展的瓶颈，而全覆盖战略的实施将进一步激化这一矛盾。尽管政府是职教经费的提供主体，但规模庞大的职业教育经费是政府无法独立支撑的，职教受益者也需为此承担一定成本，否则也是违背受益原则的。因此，多渠道筹措职业教育经费成为必然选择。

具体说来，在保证公共财政作为经费主渠道的同时，还应将企业和个人承担经费制度化。一方面，加强企业对职业教育的经费责任，既可通过立法强制企业对职业教育的投入，也可利用税收优惠等形式引导、激励企业积极参与职业教育的发展；另一方面，采取弹性学费制度，通过灵活、多层次的学费体制，实现个人对职业教育经费的分担。

除此之外，还应重视和鼓励社会捐赠，进一步落实捐资助学的相关优惠措施。在国外，捐资助学是教育经费的重要收入来源，捐赠收入在教育经费中所占比例始终居高不下。而在我国，捐资助学的风气尚未形成，在职业教育方面这一比例尤其低，2007 年，社会捐赠经费仅占职教总经费的 0.34％。社会捐赠资金作为职业教育经费来源的补充，潜力巨大。笔者建议，鼓励社会各界人士参与捐资助学，广泛宣传社会捐赠中表现突出的个人和单位，形成全社会关心、支持职业教育的良好社会氛围，完善捐资助学的相关优惠措施，提高捐资助学者的积极性。

二、加大转移支付力度，缩小职业教育发展不均衡

我国区域经济发展的不均衡也影响着职业教育的区域不平衡，财政转移支付在缩小区域教育差距方面具有显著作用。我国西部地区职业教育相对落后，这很大程度上是受制于地方经济的财力限制；而职教发展的滞后又加剧了区域之间的经济差距。为避免落入职业教育与经济发展

相互阻碍的恶性循环，加大中央政府纵向的转移支付力度，以缩小区域职教发展的不平衡。

加大中央政府转移支付力度，将职业教育作为教育拨款的重中之重。在这里，可以实行匹配基金的资助方式，落后省份若要获得中央的资金，必须划拨等量的补偿基金投入到职业教育中去。匹配基金的资助方式既能够充分调动地方政府参与职业教育的积极性，激励地方主动履行发展职业教育的义务，也改变了落后地区的政府“等、靠、要”的消极心理，避免地方政府在职业教育投资方面的被动局面。与此同时，开展联合办学、合作办学，提高经济发达地区优质教育资源的配置效率。此外，还可逐步推行横向财政转移支付制度，建立对口帮扶模式，借力东部发达省份优质的教育资源，加速推进落后地区的职业教育发展，实现东西部职业教育的共赢。

三、建立和健全职业教育资助体系，保障入学机会公平

当前我国职业教育实行的是普惠制的资助体系，对进入中职学校就读的农村学生及城镇家庭困难学生每年发放1500元助学金。2009年，根据各地的财力，部分地区的所有中职学生都享受了这一助学金的政策。应该说，1500元助学金对于家境贫困的学生是雪中送炭，一定程度上缓解了其家庭压力。但从实际效果来看，1500元助学金并不能真正鼓励职校学生努力学习，有学生甚至拿助学金去逃课打游戏，显然，普惠式的助学金并未发挥最大效用。针对这种情况，建立健全助学金和奖学金相结合的资助制度就显得十分必要。一方面，对家庭确实贫困的学生，发放每年5000元的助学金以及一定的生活费补助，保证弱势群体家庭的学生的受教育机会；另一方面，建立高额的奖学金制度，对于在各种技能大赛获奖的学生以及获得中级工、高级工资格的学生发放高额奖学金，激励学生提高技能水平，形成良好的学习氛围。

此外，还应充分发挥各社会团体、民间组织的作用和影响，积极引导和鼓励企业、基金会设立有关职业教育的奖学金、助学金，健全和完善以政府为主导、社会投入为辅的职业教育资助体系。

第八章　职业教育管理的财政政策研究

本章主要从职业教育管理角度，包括职业教育的办学体制、管理体制、财政支持方式以及经费使用效率四个方面，研究相关的财政政策。

第一节　职业教育办学体制研究

办学体制，是职业教育管理的重要内容，包括职业教育办学主体的确立，办学机构的设置以及办学活动中各当事人责权利的划分。本节首先简要阐述我国职业教育的办学体制现状，然后提出办学体制的改革目标——建立多元化的办学体制。

一、职业教育办学体制现状分析

当前我国职业教育经费来源呈现看似多元、实则单一的格局，这也直接决定了职业教育的办学模式，即看似多元主体办学，实际上政府集投资者、办学者和管理者于一体，国家和政府在职业教育中起着决定性的作用。数据显示，2009 年全国中等职业学校共计 11324 所，其中民办学校仅有 3198 所，占比为 28.24%，值得注意的是，技工学校全是政府举办，未包含在中等职业学校的数据中，若将其加入，民办职校比例下降至 22.20%[①]。

---

① 数据来源：《2010 年中国统计年鉴》。

我国当前的职业教育办学模式是国家垄断教育行业，是计划经济时期办学模式的延续。这种办学模式在特定时期，高效集中了有限的教育资源，对经济发展、人民素质的提升确实起了积极作用。但在市场经济条件下，这种办学模式不适应市场经济的发展，利益主体多元化客观上要求突破单一的国家办教育的模式。

二、职业教育办学主体选择

鼓励各种力量参与办学，形成多元化办学局面，是我国职业教育办学体制的改革方向。归结起来，职业教育办学主体包括：政府、企业、个人、非营利组织等，其中政府举办的可称为公办职校，企业、个人及非营利组织举办的学校可统称为民办职校。

（一）公办职业教育

公办职业教育，办学主体是政府，学校的土地、教学设备等资产都归国家所有，学校享有使用权，学校每年可获得国家财政性拨款以维持学校的正常运转。由于财政经费充裕，公办中职教育一般都会配备较好的实训基地以及教学设施，办学的软硬件往往较为优越。可以肯定的是，在相当长的一段时间里，政府为办学主体的公办职校依然会是我国中职教育发展的主流模式。我国尚处于社会主义初级阶段，举办职业教育仍是政府职能之一。尽管政府办学存在种种缺陷，但这种办学模式经费充裕，教学质量有保障，在社会上的认可度较高，是公众最为放心的一种办学模式。受政府办学传统影响，我国职业教育质量往往是公办的好于民办的，这也解释了为什么公众更加信赖公办学校。

（二）民办职业教育

民办职业教育是指在学校举办和运行过程中，由公民个人、私营企业、社会团体等负责职业教育发展所需的经费，财政一般不予资助，只通过相关政策给予一定的扶持。如我国《民办教育促进法》规定：“县级以上人民政府可以设立专项资金，用于资助民办学校的发展，奖励和表彰有突出贡献的集体和个人；县级以上各级人民政府可以采取经费资助，出租、转让闲置的国有资产等措施对民办学校予以扶持；民办学校享受国家规定的税收优惠政策。”

民办职业教育利用民间资本促进中职教育的发展，一定程度上缓解了职业教育经费不足的状况。民办职业教育在教育理念、机制创新方面往往处于教育前沿，占有优势，可及时把握市场需求；此外，学校在专业设置、教师聘用、招生规模等方面拥有充分的决策权，办学积极性高，与市场联系紧密。大力发展民办教育是我国职教办学体制改革的方向。目前，我国民办职校主要有以下几类。

1. 民营企业办学。这类学校一般由实力雄厚的大型民营企业举办，且资金充裕，环境优越。这部分企业深深地认识到技术工人的重要性，将职校视为企业的关键部分，在教学中灌输企业文化，视学生为潜在的企业员工。培训采用边干边学模式，实训教师常由企业的专业技术人员担任，同时培养企业专用型人才，大大降低了企业在市场上寻找合适技工的成本。这类学校虽然数量较少，但近年来有增多趋势。

企业办学较为著名的案例是宁波大红鹰职业技术学院。该校前身为宁波职业教育专修学院，2001 年 4 月经浙江省人民政府批准创建，2002 年 5 月正式成立，由宁波大红鹰教育集团投资举办。学校立足浙江，面向长三角，侧重信息技术产业、先进制造业、现代服务业和文化创意产业，逐步形成多学科协调发展的专业格局。2008 年 4 月，经教育部批准升格为本科院校，并更名为宁波大红鹰学院。

2. 个人办学。这类学校由个人出资，出资者人数不限，一人至数人不等。学校聘请校长、教师，自主办学，管理灵活。但个人举办职校最困难的莫过于资金不足。由于教育的非营利性质，个人办学的成功案例并不多见。

个人办学案例最为成功的莫过于山东蓝翔高级技工学校（原山东蓝翔技校），该校创办于 1984 年，校长荣兰祥。经过近三十年的发展，蓝翔技校培训规模已达数万人，设有厨师、汽修、挖掘机、美容美发、电气焊、无线电、计算机、数控等八大门类六十多个专业。该校办学成绩显著，毕业生就业率接近 100%，成为职业教育里的驰名品牌。

3. 非营利机构办学。非营利机构是指从事社会公益事业，不以营利为目的、具有独立法人地位的机构。非营利机构办学尤其是行业协会办学将是未来民办职教的发展趋势。

需要注意的是，民办职业教育不应以营利为出发点，其存在的根本目的是促进社会公共利益，这也是政府规范、支持民办职业教育的基本依据。职业教育办学体制改革方向应该是：打破单一的办学主体，构建多元化的职业教育办学格局。行业、企业是民办职教的中坚力量，应依托行业、企业的专业信息优势，整合优质教育资源及闲散资金，鼓励社会力量共同参与；同时允许公办学校进行办学体制的探索和创新，努力构建以政府办学为主、行业、企业、个人共同参与的多元化办学体系。

多元化办学体制的构建还需要从财政政策角度提供有力支持。具体来说，对于初办的民办职业教育，给予扶持性的财力援助，包括提供低息贷款、共享实训基地等；对于办学业绩好、社会反响强烈的学校，给予一定的财政拨款以示奖励，这不仅是对民办职校的激励和鞭策，也是对公办职校的警示。

第二节　职业教育管理体制研究

一、职业教育管理体制现状分析

我国现行的职业教育管理体制仍然沿袭了计划经济时代“管办合一”的模式，呈现条块分割、多头管理的状况。这种管理体制暴露出种种弊端，已经成为职业教育事业发展的障碍。

（一）部门分割导致政府管理职能交叉、统筹乏力

实践中，各中职学校分属不同部门管理。其中，中等专业学校、职业高中归教育部门主管，技工学校归劳动保障部门管辖，再加上政府其他业务部门主办的学校以及行业企业办学，中等职业教育的管理部门多

达数个。在计划经济体制下，这种管理体系有效发挥了各主管部门的特长，可以充分利用行业资源，最大化地发挥职业教育的效益。但在市场经济条件下，分散办学的局面直接导致了各类职校教育质量参差不齐。部门分割使得学科专业设置重复，教育资源使用低效，无法得到有效的整合，职业教育的宏观利益和经济效率严重受损。可以说，部门分割已经成为市场经济条件下职业教育发展的体制性障碍。此外，由于归属不同的管理部门，各类职校在获取资源、教师待遇、职称评定、学生就业方面，差距悬殊，部分职校成了“二等公民”，一定程度上挫伤了学校和教师的积极性，违背了教育公平原则。

（二）政府管理错位，学校自主决策空间狭小

现行职业教育管理体制的另一大弊端就是政府错位管理，由于未能搞清楚政府在职业教育发展中的定位，政府缺位、越位及错位管理现象频发。作为公办职校，政府作为主管部门需要承担经费供给义务，行使重大决策权以及指定管理者。但在实践中，相关部门不是缺位就是越位，教学所需的经费不能足额、按时地拨付，却插手干预微观的具体教学事务，严重影响了正常的教学秩序。

政府错位管理也产生了行政办学的恶果。所谓行政办学是指学校按照行政性指令开展教学活动，而非科学的教育决策。行政办学使学校的一切工作都受制于行政约束，决策机制僵硬，这也导致学校自主决策空间狭小，缺乏自我发展的内在动力，活力和灵活性不足，不利于学校效率的提高。实行政校分开，管办分离可有效解决这个问题。

（三）教育部门内部管理脱节，衔接不足

在教育部门内部，中等职业教育和高等职业教育分属职成教育和高等教育两个部门主管，存在着管理脱节、衔接不足的问题。尤其是在中等职业教育到高等职业教育的过渡阶段，该问题显得尤为突出。两个教育阶段在教学内容上衔接不紧密，层次不分明，给职业教育体系的构建增加了难度。

二、深化职业教育管理体制改革

深化职业教育管理体制改革势在必行。针对以上问题，提出以下建议。

（一）整合职业教育管理部门，实行考教分离

如前所述，我国职业教育现行管理体制呈现条块分割、多头管理的局面，不利于职教资源的整合使用。改革管理体制，必须从条块分割的体制入手。这就要统筹职业教育管理体系，建立以省级政府为领导、教育部门主管的管理体制，整合各类职业教育资源，实现职业教育规范化、一体化管理。鉴于职业教育的特殊性，可尝试考教分离模式，建议将技工学校统一由教育行政部门管理。其中，中等职业教育的教学业务统一由教育行政部门负责；在技能评定、资格证书考取方面，劳动社会保障部门和行业协会应是主要责任部门。

“考教分离”的管理模式最大限度地结合了各主管部门的特长，教育部门更加擅长教学、组织管理，而劳动部门及相关的行业协会对于技能水平、资质鉴定更有经验；另一方面，这种管理模式可有效改善教学质量，提升了技能评定的客观性，使职业资格证书更具权威性。教育部门和劳动部门必须各司其职，把好教学关和考证关。

（二）强化政府宏观调控行为，实行管办分离

政府必须明确其在职业教育中的责任和义务，包括经费筹集、重大决策的制定以及教育质量的监管。至于具体的教学教育事务，应是职业教育管理者的责任。换言之，政府在职业教育的发展中只需充当掌舵人的角色，而非划桨者。这就要求实现管办分离。

强化政府的宏观调控行为，政府必须认清其“掌舵人”的身份，主动退出微观管理领域，将专业设置、人事聘用、工资奖金等方面的自主权归还学校，使管理者能够真正站在宏观角度考虑学校的长期规划战略；另一方面，要求政府能够运用法律、政策等手段，对学校进行间接调控，引导学校朝着自己所希望的方向发展，而不再是通过行政命令直接干预

学校的发展。

实施管办分离是职业教育管理体制的重大创新，这一改革将直接约束、规范政府的行为，同时为职业学校自主办学、扩大学校自主决策提供了思路。

（三）在教育部中加设职业教育处，统筹管理职业教育

针对中职和高职衔接不紧密的问题，建议在教育部中加设部门分别负责普通教育和职业教育。其中普通教育处主要负责义务教育、普通高中和高等教育，职业教育处管理包括中职、高职在内的整个职业教育，同时统筹规划，协调解决中职与高职的课程过渡问题。

第三节　职业教育公共经费投入方式的比较研究

在职业教育公共经费投入这一问题上，投入量的合理增加十分必要。不同的投入方式直接影响着公共投入的效益和效果。研究发现，世界各国由于在政治、经济和历史文化传统上的差异，职业教育公共经费的投入方式也相差较大，这也对职业教育的发展带来了不同的影响。

一、供给方导向的投入方式

这类投入方式是指政府直接将公共经费拨给职业教育服务的提供者——职业教育机构。具体来说有以下几种形式。

（一）现金投入

现金投入即中央或地方政府通过工资、津贴等形式把公共资金直接划拨到职业教育服务机构中去，以维持机构的正常运行、支付各类开销。在职业教育的实践中，现金投入是最为普遍的一种方式。如德国，公共财政负担了职业学校的运转经费，包括学校监管、教师培训、教职工的工资和养老金以及校舍、设备的建设与维修费用以及管理人员的工资等费用。

在现金投入上，一般有两种基本操作：直接拨款和转移支付。直接拨款是中央或地方政府将款项直接划拨给职业教育机构。转移支付通常是上级政府根据法定的标准和程序，将其部分财政收入划拨给下级政府，作为其收入来源的补充。转移支付还分为一般转移支付和专项转移支付，前者不指定资金用途，后者会在资金使用上明确用途，如我国就有针对建设职业学校实训基地的专项拨款。

（二）税收优惠

税收优惠是指政府对职业教育机构提供的服务性收入给予税收减免等优惠政策。法国职校的学徒在企业进行培训时，会得到企业支付一定额度的补助，而与此同时，企业不仅会得到课税扣除，还会得到金额不小的补贴。巴黎地区的这一标准分别是 1600 欧元/生和 1200 欧元/生①。我国《民办教育促进法》中，也规定了民办学校享受国家规定的税收优惠政策。税收优惠方式主要是鼓励行业、企业以及个人积极参与办学，以此刺激社会力量办学的积极性。

二、需求方导向的投入方式

需求方导向的投入方式是指政府将公共经费直接投给职业教育服务的需求者——学生及其家庭。采用需求方导向的投入方式，通常是以教育机会均等为出发点，保障弱势群体的职业教育入学机会，以改善其不利处境。如美国 1976 年出台的《教育补充法案》就要求各州从联邦资助的资金中拨出 8.5%，专门用于帮助单亲家庭等弱势群体入读职业教育，另分出 3%的资金用于改善职业教育中的性别歧视现象②。需求方导向的投入方式包括以下几类。

（一）教育券制度

教育券最初是由诺贝尔经济学奖获得者米尔顿·弗里德曼提出的。

① 数据来源：http：//www.essec.edu/essec—business—school/companies—partners/educational—partner/apprenticeship/apprenticeship—funding。

② 吴岩：《论美国联邦政府在高等职业教育中的政策取向》，《比较教育研究》2005 年第 9 期。

1955年，他在《政府在教育中的作用》一文中指出，应该改变政府对公立学校直接补助的教育投入方式，将原本应投入教育的经费折算给每一位学生，学生凭券进入学校就读，学校按照收到的教育券数量再从相关部门获得相应的教育经费。教育券实施的初衷是为了将竞争机制引入整个教育体制中去，教育质量好的学校就可获得更多的经费，激励该类学校取得更好的教学业绩。

著名学者周其仁认为教育券制度能有效解决目前的体制性矛盾，即政府在增加教育投入的同时，不会抑制民间教育投资。政府追加的财政教育经费越多，越能刺激民间教育投资。浙江省长兴县于2001年开始的教育券实践一定程度上鼓励了民办教育的发展，但由于教育券金额不大，并未明显起到促进教育效率提高的作用。

（二）学费减免

学费减免是指政府对符合条件的学生减免一定比例的学费。这是政府通过财政经费间接资助学生家庭的一种方式。学费减免方式在欧洲发达国家较为流行，如德国实行的12年免费教育，职业教育也在其中。

（三）助学金制度

助学金是由政府出资设立用于资助家庭经济困难的在校生、希望帮助其完成学业的奖金或津贴。目前，我国实行的是普惠式的职业教育助学金制度，每人每年资助1500元，受益面广，高达90%的职业教育在校生可享受这一资助。

三、职业教育公共经费不同投入方式的政策含义

从世界各国的发展经验来看，无论是供给方导向，还是需求方导向的投入方式，很少有单独采用的。一般情况下，政府会同时使用这两种投入方式，以期提高职业教育的效率和公平。

一般来说，供给方导向的投入方式，往往是出于经济效率的考虑。因为财政资金是直接划拨给职业教育机构的，政策目的、实施效果更为直接和显著，操作起来也较为简便。如国家对职业教育实训设备进行投

资，会即时提高职业学校的实训设备总值，明显改善学校的硬件环境。而需求方导向的投入方式，往往更注重职业教育的公平。不管是学费减免方式还是助学金制度，都是面向家庭贫困学生。这类投入方式试图通过保障学生职业教育的入学机会来改善弱势群体的地位，以此缩小收入差距，缓解社会不公的现象。

其实，无论公共经费采取哪种投入方式，目的都是为了改善职业教育的管理效率，以此增进社会的公共利益。因此，只要是能实现这一目的的方式，都可以进行尝试。

第四节　职业教育财政支出绩效评价研究①

财政支出绩效评价是公共管理改革的重要组成部分，是推进财政管理科学化、精细化的关键内容，对职业教育进行财政支出绩效评价，既是财政支出绩效评价在教育领域的推广，也是解决职业教育经费难题的现实需要。本节首先介绍绩效评价的相关原理，包括绩效评价的内涵、评价原则、指标体系设计等，在此基础上，建立职业教育财政支出绩效评价框架；其次，结合调研数据对绩效评价体系予以验证，对江苏省 14 市的职业教育财政支出绩效进行实证分析，并对结果予以解释；最后，给出开展职业教育财政支出绩效评价的相关政策建议。

一、财政支出绩效评价的定义

普雷姆詹得认为，绩效包含了效率、产品与服务质量及数量、机构所作的贡献与质量，包含了节约、效益和效率②。评价是指为达到特定的目标，运用指标和一定的标准，对事物作出价值判断的一种认识活动。

---

① 本节部分内容转自辛斐斐、刘国永：《职业教育财政支出绩效评价体系研究——因子分析法的视角》，《教育与经济》2011 年第 3 期。

② 郑方辉、王琲：《基于满意度导向的政府公共项目绩效评价》，《广东社会科学》2010 年第 2 期。

概括起来，绩效评价通过量化绩效指标，客观、公正、科学地反映真实情况，最大限度地减少评价中的主观性。通俗地说，财政支出绩效评价，就是考察财政支出是否实现了预期目标的过程。

财政支出绩效评价必须满足“4E”性，即经济性（Economy）、效率性（Efficiency）、有效性（Effectiveness）、公平性（Equity）。事实上，开展财政支出绩效评价既是改善财政效率、提高政府绩效的重要步骤，也是推动社会公平、促进公共利益的有力武器。绩效评价是政府成本意识和公民监督意识觉醒的产物，有力回应了社会关于“纳税人的钱花到哪去、花的效果如何”的疑问，也是提高政府财政透明度的有效举措。

上海财经大学的马国贤教授将政府绩效评价的理论创新总结为“一观三论”[①]。具体说来，包括以下几个方面。

（一）花钱买服务、花钱买效果的预算观

财政支出绩效评价对政府提出了新要求，即政府将关注重点需要从过程转向结果。也就是说，在财政资金分配状况既定的情况下，政府要关注花钱的效果，关注财政拨款是否提供了有效的公共服务，是否满足了公众的需求。

（二）公共委托——代理理论

公众将公共事务委托给政府，政府是公众的代理人，公众通过缴税支付代理费用。由于公共事务较为庞杂，政府还可将各类公共事务委托给下级政府或行政部门，由其代为向公众提供服务，财政拨款则是代理费用。下级政府和行政部门还可进一步进行委托代理，将部分事务委托给其他机构完成（见图 8.1）。

① 马国贤：《政府绩效管理》，复旦大学出版社 2005 年版，第 138—147 页。

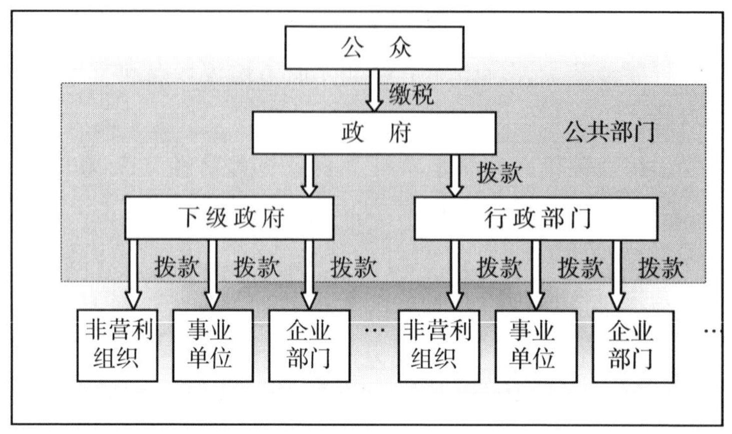

图 8.1 公共部门的委托——代理关系图

（三）目标结果导向管理论

目标结果导向管理与过程管理相对应，避免了过程管理的诸多缺陷。该管理模式明确了管理目标，省略了烦琐的过程管理，将结果与目标对比，反思其中的差距。在目标结果导向理论的基础上，公共资金管理并不是一个单一的行为过程，如图 8.2 所示，公共资金管理是由绩效目标设定、实施过程、绩效评价三个环节构成。目标结果导向一方面解决了领导“瞎指挥”的问题，建立了责任追究机制，另一方面将财政拨款与效果密切联系起来，避免了财政资金的浪费、滥用等低效率现象。

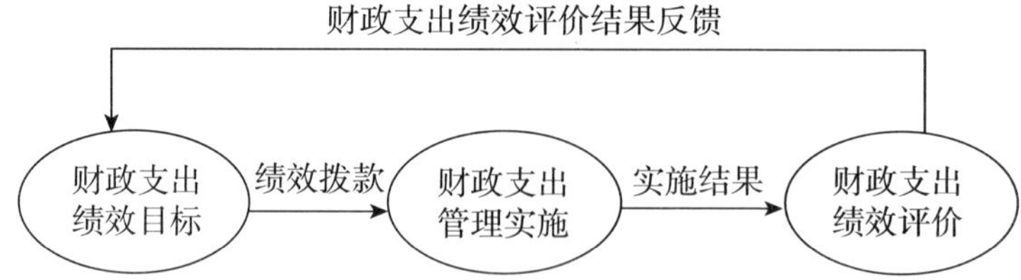

图 8.2 财政支出的目标结果导向管理

（四）顾客服务导向论

在这里，顾客特指公共服务的受益人。对于政府而言，政府在收取了“顾客”费用之后，理应提供令顾客满意的服务。顾客服务导向论有利于转变政府的官僚主义形象，是建立服务型政府所应持有的理念和原则。

二、职业教育财政支出绩效评价体系框架构建及实证研究

（一）评价体系构建

许多学者尝试着建立教育财政支出绩效评价体系。吴建南从教育财政支出总体情况、目标达成情况、合规性情况、直接影响和间接影响五个方面对教育财政支出绩效评价指标体系进行构建①。丛树海等选取了7个评价指标，从经济性、效率性、有效性三个维度构建了公共教育支出的绩效评价体系②。具体到职业教育，学者们主要是从高等职业教育类型对绩效评价体系进行了设想，对中职教育体系研究较少。如谢虹从资金运作能力评价和教育发展能力评价两方面总结了高等职业教育财政支出的绩效评价体系研究③，杨琳从经费投入、支出、产出和效果四个方面搭建了高等职业教育财政支出绩效评价指标框架④。总结起来，上述文献的共性是对绩效目标的设定都遵循着“4E”性，自始至终以公平和效率为贯穿主线。但由于多数学者仅仅是设计了评价框架，并未真正对评价体系进行验证，评价体系的科学性无法确认；此外，评价指标较少，不能全面反映教育绩效；还有部分指标只是理论探讨，实践中难以取得数据，评价操作性不强。

职业教育是成本较高的教育类型，经费的充足与否直接决定着职业教育的发展情况；而毕业生作为职业教育的“产品”，其就业状况、专业对口与否是职业学校办学质量、办学业绩最直接的体现；职业学校的基础设施、师资力量也显著地影响了职业教育的可持续发展；学生和教师则是职业教育的服务对象，对这二者进行满意率调查，其结果可有效反映职业学校服务质量。根据上述分析，下面拟从资源投入、产出与效果、发展能力、社会效果评价四个方面，选取13类35个考核指标，初拟出职业教育财政支出绩效评价体系的框架（见表8.1）。

---

① 吴建南、李贵宁：《教育财政支出绩效评价：模型及其通用指标体系构建》，《西安交通大学学报》（社会科学版）2004年第24卷第2期。

② 丛树海、周炜：《中国公共教育支出绩效评价研究》，《财贸经济》2007年第3期。

③ 谢虹：《高等职业教育财政支出的绩效评价体系研究》，《教育与职业》2007年第14期。

④ 杨琳、徐挺：《高职教育财政支出绩效评价研究》，《高等工程教育研究》2009年第5期。

表 8.1 职业教育财政支出绩效评价体系

一级指标	二级指标	三级指标
A. 职业教育资源投入	A1 经费来源结构	A11 财政拨款/总收入
		A12 事业收入/总收入
		A13 经营收入/总收入
	A2 经费应用结构	A21 教育事业支出/全部支出
		A22 基建支出/全部支出
		A23 本年偿还银行贷款本息/全部支出
	A3 生均经常性支出	A31 生均事业性经费支出（元/生）
		A32 生均公用经费（元/生）
B. 职业教育产出与效果	B1 毕业生	B11 毕业率（%）
		B12 首次就业率（%）
		B13 专业对口率（%）
		B14 就业保持率（%）
		B15 中级及以上等级证书获得率（%）
	B2 科研及获奖（分）	B21 师均科研成果分值
		B22 师均课程建设、教改获奖分值
		B23 平均每百名在校生技能竞赛获奖分值
		B24 平均每百名在校生其他获奖分值
C. 职业教育的发展能力	C1 办学条件	C11 生均占地面积（平方米）
		C12 生均教学行政用房建筑面积（平方米）
	C2 教学发展能力	C21 规划在校生人数/实际在校生人数
		C22 成人培训实际人数/在校生数
		C23 市级以上重点（示范）专业占全部专业数比例（%）
	C3 专任教师	C31 双师型教师占专任教师比例（%）
		C32 高级职称教师占专任教师比例（%）
		C33 中级工以上实习指导教师占专任教师比例（%）
		C34 教职工比
		C35 外聘教师占在职教师比例（%）
		C36 生师比
		C37 教师人均培训时数（小时）
	C4 财务能力	C41 专项资金完成率（%）
		C42 生均银行贷款余额（千元）
	C5 实训基地建设	C51 生均实训设备原值（千元）
		C52 实训基地主要设备总利用率（%）
D. 社会效果评价	D1 学生满意度	
	D2 教师满意度	
	D3 在校生重大事故（人次）	

（二）绩效评价指标体系验证

初拟的绩效评价体系是否合理、科学？这里运用因子分析法检验初拟的评价体系。这里引入实证分析，以江苏省14个市2008年中等职业教育数据进行分析。数据源于上海财经大学中国教育支出绩效评价（研究）中心关于“江苏省职业教育财政支出绩效评价”课题。

因子分析是由Charles Spearman在1904年首次提出的。因子分析法一定程度上可视作主成分分析法的扩展，它是将具有错综复杂关系的变量综合为数量较少的几个因子，以再现原始变量与因子之间的相互关系，是验证指标归类的有效方法。由于上述四个维度的指标评价侧重点不同，因此，只对这四大类别之内的小类进行归类验证。

因子模型有两个特点：一是模型不受量纲影响；其二，因子载荷不是唯一的，通过因子轴的旋转，可以得到新的因子载荷矩阵，使意义更加明显。这里以资源投入类指标为例，运用SPSS13.0软件作因子分析。

表8.2　因子分析的适用性检验

Kaiser－Meyer－Olkin Measure of Sampling Adequacy.		.453
Bartlett's Test of Sphericity	Approx. Chi－Square	93.699
	df	28
	Sig.	.000

由Barlett检验可以看出，应拒绝各变量独立的假设，即各变量间具有较强的相关性。但是KMO统计量小于0.7，说明各变量信息的重叠程度可能不是特别高，但还是值得尝试的，通过因子分析的适用性检验。

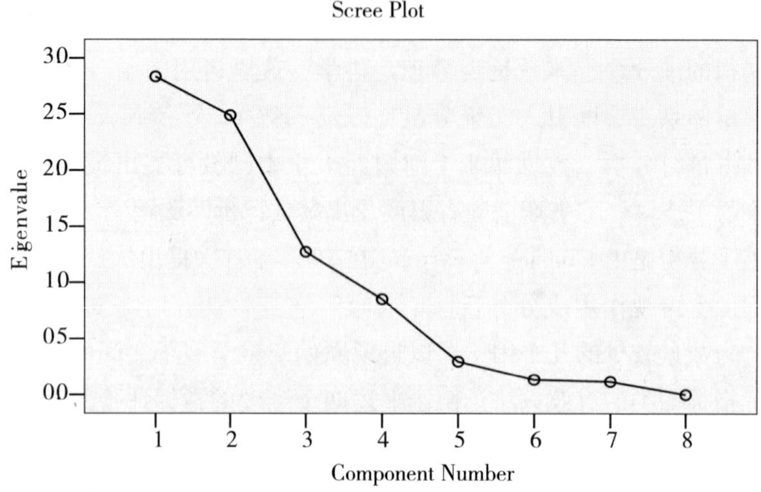

图 8.3 碎石图

碎石图可直观判断哪些是最重要的公因子。显然，前三个因子对应的特征根均大于 1，因此至多考虑前三个公因子即可。

表 8.3 投入类指标因子分析结果表

变量\因子	主成分			共同度
	1	2	3	
财政拨款/总收入		0.216	−0.909	0.879
事业收入/总收入	0.679	−0.465	0.342	0.793
经营收入/总收入	−0.300	0.271	0.639	0.572
教育事业支出/全部支出	0.905	0.341	−0.106	0.947
基建支出/全部支出	−0.945	−0.256		0.959
本年偿还银行贷款本息/全部支出	0.317	−0.369	0.686	0.708
生均事业性经费支出	0.125	0.914	−0.186	0.886
生均公用经费	0.247	0.889		0.852
特征值	2.836	2.488	1.272	
主成分权重	0.430	0.377	0.193	
解释变异量%	35.448	31.103	15.904	
累积解释变异量%	35.448	66.551	82.454	

注：该表为经过因子旋转后的结果。

由表8.3可知，投入类指标可划分为3个因子成分，各因子方差贡献率依次为35.448%、31.103%、15.904%，方差累计贡献率达82.454%（>80%），选前三个因子已经能够描述职业教育资源投入的总体水平，因此可用这3个主成分来代替原有数目众多的指标。变量共同度表示各变量中所含原始信息能被提取出的公因子所表示的程度，由上表知，除了经营收入占总收入的比例共同度为57.2%，其余变量共同度都在70%以上，这说明这三个公因子对各指标的解释能力是比较强的。其中，第一公因子在x_2、x_4、x_5上有较大载荷，主要表现在教育事业收支、基建支出方面的影响；第二公因子在x_1、x_3、x_6上有很大载荷，体现为除教育事业外的收入情况及偿还贷款情况；第三公因子在x_7、x_8上负荷较大，表现在生均支出方面的影响。显然，投入类指标的分类与前义初拟的指标体系分类基本一致。至此，职业教育财政支出绩效评价体系的指标确立完成。

为了考察各市职业教育财政支出的绩效情况，并对其进行分析和综合评价，采用回归方法求出因子得分函数，此处仍以职业教育资源投入为例，SPSS输出的函数系数矩阵如表8.4所示。

表8.4　函数系数矩阵

	Component		
	1	2	3
财政拨款/总收入×1	.022	−.051	−.507
事业收入/总收入×2	.305	−.232	.067
经营收入/总收入×3	−.205	.287	.462
教育事业支出/全部支出×4	.366	.072	−.075
基建支出/全部支出×5	−.381	−.047	.021
本年偿还银行贷款本息/全部支出×6	.114	−.088	.324
生均事业性经费支出×7	−.013	.415	.045
生均公用经费×8	.027	.425	.141

根据系数矩阵，将三个公因子表示为8个指标的线性形式。因子得

分函数为：

$F_1=0.022x_1+0.305x_2-0.205x_3+0.366x_4-0.381x_5+0.114x_6-0.013x_7+0.027x_8$

$F_2=-0.051x_1-0.232x_2-0.281x_3+0.072x_4-0.47x_5-0.088x_6+0.415x_7+0.425x_8$

$F_3=-0.507x_1+0.067x_2+0.462x_3-0.075x_4+0.021x_5+0.0324x_6+0.045x_7+0.141x_8$

（式 8.1）

这三个公因子分别从不同方面反映了各市职业教育资源投入的总体水平，但单独使用某一公因子并不能全面地评价该市在全省的地位，为此，按各公因子对应的方差贡献率为权重计算如下综合统计量，即为 j 该市在职业教育资源投入方面的得分。

$$z_{1j}=\frac{\lambda_1}{\lambda_1+\lambda_2+\lambda_3}F_1+\frac{\lambda_2}{\lambda_1+\lambda_2+\lambda_3}F_2+\frac{\lambda_3}{\lambda_1+\lambda_2+\lambda_3}F_3=0.430F_1+0.377F_2+0.193F_3\ (j=1,2,3,\cdots\cdots 14)$$ （式 8.2）

按照上述步骤，可得出资源投入类 3 个、产出与效果类 3 个、发展能力类 6 个、社会评价类 1 个共计 13 个因子得分函数。这些主成分构成了新的指标体系，覆盖了原有指标体系 80％以上的信息，且各类别内部指标之间相互独立，极大地提高了评价的可操作性。

（三）绩效评价模型建立

根据上文确立的指标体系进一步构建绩效评价模型。四大类别的内部指标权重已通过因子分析法确定，这里分析的重点是如何确立四大类别指标的权重。绩效指标权重的分配直接反映了每个指标对绩效的不同重要程度。为了最大限度地提高评价的科学性和客观性，这里采用综合集成赋权法，即将专家的主观赋权与统计数据客观赋权相结合。主观与客观赋权的权重系数分别为 $k_1=k_2=0.5$，设 z_{ij} 为第 i 类 j 市的主成分得分数，Z_i 为 j 市的综合得分。

主观赋权法采用德尔菲法。德尔菲法又称为专家意见法，根据课题所需要的知识，确定专家小组，专家采用匿名发表意见的方式，通过集结专家意见，反复修改、归纳，最后汇总成专家基本一致的看法。根据评审专家意见，职业教育财政支出各绩效大类的主观权重为 $q_i=$（0.1，0.36，0.36，0.18）。

客观赋权法主要采用均方差法。在这里，第 i 类 j 市的客观权重公式为：

$$p_i=\frac{\mathrm{var}\ (Z_{ij})}{\sum_{i=1}^{4}\mathrm{var}\ (Z_{ij})}\quad (i=1,\ 2,\ 3,\ 4;\ j=1,\ 2,\ 3,\ \cdots\cdots 14)$$

（式 8.3）

因此，j 市的第 i 类指标综合权重为：

$$Q_{ij}=k_1\frac{\mathrm{var}\ (Z_{ij})}{\sum_{i=1}^{4}\mathrm{var}\ (Z_{ij})}+k_2q_i$$

（式 8.4）

则 j 市的综合得分为：

$$Z_j=\sum_{i=1}^{4}Q_{ij}z_{ij}=\sum_{i=1}^{4}\left[k_1\frac{\mathrm{var}\ (Z_{ij})}{\sum_{i=1}^{4}\mathrm{var}\ (Z_{ij})}+k_2q_iz_{ij}\right]z_{ij}\quad (i=1,\ 2,\ 3,\ 4;\ j=1,\ 2,\ 3,\ \cdots\cdots 14)$$

（式 8.5）

概括起来，n 个区域的职业教育财政支出绩效评价模型为：

$$Z_j=\sum_{i=1}^{4}Q_{ij}z_{ij}=\sum_{i=1}^{4}\left[k_1\frac{\mathrm{var}\ (Z_{ij})}{\sum_{i=1}^{4}\mathrm{var}\ (Z_{ij})}+k_2q_iz_{ij}\right]z_{ij}\quad (i=1,\ 2,\ 3,\ 4;\ j=1,\ 2,\ 3,\ \cdots\cdots,\ n)$$

（式 8.6）

（四）实证运用及实证结果分析

根据建立的绩效评价模型，对江苏省 14 个市职业教育财政支出的绩效进行评价，计算各市财政支出的综合绩效得分及排名。鉴于数据较为敏感，此处将各市名称隐去，用数字代替。综合评价结果见表 8.5 所示。

表 8.5　江苏省 14 市职业教育财政支出绩效评价结果

城市代码	资源投入得分	排名	产出与效果得分	排名	发展能力得分	排名	社会效果得分	排名	综合得分	综合排名
1 市	−0.290	11	−0.540	14	−0.600	13	1.040	1	−0.075	9
2 市	0.380	4	−0.340	10	0.320	3	0.230	6	0.110	6
3 市	0.200	6	−0.490	13	0.230	4	−2.930	14	−0.867	14
4 市	−0.330	12	0.150	4	0.000	8	−0.030	9	−0.018	8
5 市	1.060	1	1.550	1	−0.580	12	0.640	5	0.658	1
6 市	0.360	5	−0.080	6	−0.800	14	−0.440	12	−0.297	13
7 市	0.440	3	1.120	2	−0.010	9	−0.860	13	0.161	5
8 市	−1.180	14	−0.270	8	−0.190	11	0.860	2	−0.083	10
9 市	−1.130	13	−0.370	11	0.070	7	0.120	7	−0.243	12
10 市	−0.030	9	−0.280	9	0.420	2	0.830	3	0.254	3
11 市	0.480	2	−0.490	12	−0.120	10	−0.110	10	−0.128	11
12 市	0.030	8	0.180	3	0.230	5	0.690	4	0.311	2
13 市	0.080	7	−0.030	5	0.820	1	−0.110	11	0.189	4
14 市	−0.070	10	−0.100	7	0.190	6	0.080	8	0.031	7

由表 8.5 可知，在投入维度中，市 2、5、6、7、11 得分较高，结合具体指标，我们发现，这五个城市均属于经济发达地区，财政投入占职业教育总经费比例较高，财政投入的导向较为明确，生均支出也是名列前茅；而得分较低的市 1、4、8、9，一方面是经费来源单一，过度依赖财政投入和事业收入所致；另一方面，经费使用结构不够合理，基建支出比例过高，部分城市基建支出甚至超过了教育事业支出。如市 8，基建支出占全部支出的比例为 57%，而教育事业支出的比例仅为 37%。在观测具体指标数据后发现，14 市经营收入占比偏低，折射出职业教育造血能力不足的问题。

在产出与效果类指标中，市 4、5、7、12 得分较高，而 1、3、9、11 市得分偏低。具体指标也显示，无论是从毕业生的就业情况、获得职业资格证书的情况还是师生的科研、获奖得分情况，前四个城市的状况均较好。这也反映了城市间职业教育质量差异。以就业保持率为例，该指标是考察毕业生在毕业半年后是否仍然保持就业，显然，这个指标比首次就业率更有说服力，更能体现职业教育的办学质量，市 7 该比率为 85.5%，而市 3 仅为 47.9%，也就是说，在毕业后实现就业的学生中，市 3 有一半多的学生半年后处于失业状态，市 3 的职业教育就业质量亟待提升。

在发展能力指标中，市 2、3、10、13 位于前列，而市 1、5、6、8 排名偏后。职业教育的绩效很大程度上取决于师资队伍的建设。得分较高的城市拥有较多的高级职称教师、中级工教师，师资整体水平较高；而得分较低的城市教职工比重偏大，这也说明职业学校行政机构冗余、办学效率不高，而外聘教师比例在得分低的城市也偏低，这或许是因为职业教育是面向市场的教育，市场信息瞬息万变，在职教师未必教得了市场上急需的新兴专业，这就需要雇用外聘教师。外聘教师的比例从侧面反映出学校的竞争力及未来的发展潜力，职业教育能否跟得上市场形势。得分高的城市财务能力也较强，如市 10，专项资金完成率为 99.85%，而市 6 仅为 86%。此外，排名居前的城市在教学发展能力方面表现较好，成人培训实际人数占在校生数比例较高，如市 10，该比例为 0.95，充分发挥了职业教育服务社会的作用。

在社会效果评价指标中，市 1、8、10、12 排名居前，而市 3、6、7、13 排名靠后。这主要是因为前四个城市在学生满意率和教师满意率方面，得分都较高。而后四个城市这两项指标的得分偏低，如市 3，还发生过在校生的刑事犯罪案件，一定程度上拉低了其社会效果评价的总分值。

值得注意的是，综合排名第一的市 5 其发展能力排名却在 12 上，仔细分析，可以发现，市 5 在办学条件、中级工教师比例、专项资金完成率以及主要设备利用率方面排名较差，其中生均占地面积仅为 22.15 平方米，主要设备利用率为 77.87%，全省最低，专项资金完成率 91.38%，全省排名倒数第二，中级工教师比例仅为 8.33%，远远小于市 12 的 16.24%。

综上所述，绩效评价模型得到的各市综合得分和排名，基本符合江苏省 14 市职业教育发展的实际情况，与专家对各市职业教育的评审意见大体一致。因此，可以认为，上述的绩效评价体系框架设计较为合理。

第五节　提高职业教育管理绩效的财政政策路径

提高教育的管理绩效是世界教育改革的主要焦点之一。进入 21 世纪以来，各国相继出台政策，从管理入手，以期改善教育服务的效率和公平。如美国的《不让一个孩子掉队法案》，其出发点就是落实教育绩效责任，提高管理效率，增强教育竞争力。近年来，我国也开始重视管理在职业教育中发挥的作用，如何提高职业教育管理绩效是本节的研究重点。

一、创新办学体制，推进办学主体多元化

创新办学体制，鼓励各种社会力量共同参与办学，形成多元化的办学局面。当前，我国职业教育办学以政府为主，民办职校数量不多，办学主体的多元化对于改进职业教育效率有重要意义。创新办学体制，核心内容就是实行办学主体多元化，即坚持以国家办学为主，充分发挥社会力量办学的积极性，发展各种形式的民办职业教育，积极开展公办、民办学校之间的合作，努力推进行业、企业办学。

具体来说，大力发展民办公助、公办民助形式的职业学校，对民办职校予以相应的财政扶持，在公办职校中允许民间资本的流入，有效利用民间闲置资源，最大限度地融合公共资金与民间资本，彻底改变公办学校独大的局面。其次，努力推进行业、企业办学，依托行业企业的专业和信息优势，培育优势学科、优势专业，实现职业教育服务企业的经济、社会职能。

多元化主体办学，将竞争机制引入职业教育办学中来，满足社会对职业教育的多元化需求，以此提高职业教育效率，为改善职业教育服务质量提供契机。此外，办学主体的多元化可有效解决教育经费短缺的问

题，切实推动职业教育公平。

二、深化管理体制改革，统筹职业教育管理

深化职业教育管理体制改革，从本质上来说，就是改变条块分割、政出多门的现象，有效整合职业教育管理部门，实行统筹管理。整合各类教育资源，将教育管理职能统一划归教育行政部门，将技能评定、职业资格证书考核等业务统一由社会劳动保障部门负责，明确管理职责，实行考教分离，避免交叉管理；规范政府行为，根除政府的缺位和错位现象，政府应退出职业教育的微观管理领域，通过政策、法律等手段间接调控职业教育的发展，引导学校主动实现其政策意图，与此同时，政府应放权于学校，扩大学校自主办学范畴，实行管办分离；最后，建立职业教育处整合中职和高职的教育管理，加强中职向高职的衔接过渡。

三、拓宽职业教育经费渠道，提高职业教育的自我造血能力

实证结果显示，江苏省 14 市职业教育经费来源呈现多元化中的单一化格局。经费来源单一既不利于职业教育的可持续发展，也阻碍了职业教育办学体制的改革进程。因此要在保证财政经费投入的基础上，实行筹资多元化，同时提升学校的自我造血能力。一方面，提高职业教育服务社会、企业的意识，转变办学思路，改变过去关门办学的局面，加强学校与企业、社会的联系，强化职业教育服务社会的经济职能；另一方面，通过改善教育质量、打造优势专业来增强职业教育的筹资能力。如上海市松江区的石湖荡成校，其电焊工培训项目特色显著，至今已有数百名掌握了二氧化碳气体保护焊技术的电焊工出国工作，培训效果得到了企业和社会的一致肯定。正因如此，学校办学形成了良性循环，有效加强了学校的自我造血能力，服务社会的培训收入也成了学校收入的重要来源。

四、健全职业教育财政支出绩效评价制度，提高财政资金使用效率

财政支出绩效评价制度通过考核职业教育经费的使用效果，为政府

提供了财政拨款的依据，实现了公共资源的合理、科学配置，大大改善了资金使用效率。建立财政支出绩效评价制度、深化公共财政管理变革是大势所趋，抓住职业教育财政支出绩效评价的契机，以职业教育财政支出为突破口，通过对职教经费的评估，建立和健全绩效评价制度，以点带面，逐渐将绩效评价制度推广至教育领域以至整个财政支出领域。具体做法包括以下几点。

（一）开展绩效评价试点工作，争取3—5年内在全国范围全部推行该制度

职业教育财政支出绩效评价是一项系统复杂的工程，范围涉及众多部门，包括财政、教育、人力资源和社会保障等部门，制定周密、详细的实施方案十分必要。为此，可先在部分省份进行试点，调整评价程序、组织方式等，在总结试点省份经验的基础上，出台相关实施办法及细则，争取3—5年内在全国范围推广职业教育的财政支出绩效评价，并将该制度常规化。

（二）评价指标需与时俱进，评价工作开展应因地制宜

职业教育是面向市场的教育，随着市场经济改革的不断深化，职业教育也发生着深刻的变革。为此，绩效评价指标也应与时俱进，根据职业教育财政支出的特点，总结经验和教训，在实践中不断完善与健全。

我国地域辽阔，区域经济发展不均衡，而不同地区职业教育财政支出情况也会有不少差异。为了保证评价结果的客观、公正，可由中央政府发布一套职业教育财政支出绩效评价的建议方案，各地可因地制宜，根据本地职教发展的特征，适当删减和增加绩效指标，真实、客观地反映职业教育绩效。

（三）实行第三方评价，保证评价结果的真实和客观

绩效评价的结果是当地职业教育发展业绩的体现，一定程度上影响着相关部门主管的升迁，因此，无论是教育部门还是财政部门开展绩效评价，都容易产生评价结果的失真，因此必须实行第三方评价，即采用社会中介机构进行评价。为了最大限度地避免评价带有主观色彩，可由

A 省中介评价 B 省的学校，B 省中介评价 C 省学校，以此类推。

（四）加大社会效果评价力度，办让公众满意的职业教育

根据公共委托代理理论，职业教育作为公共事务和公共利益之一，办学效果是否让人民满意直接说明了政府履行公共责任是否到位，是否提供了让顾客满意的服务。因此，加大社会效果评价的力度，将是未来的发展趋势。在第四节中，根据德尔菲法，该指标的主观权重仅为 0.18，预计这一权重在未来将提高至 0.2—0.3。

五、改革职业教育拨款模式，实行绩效拨款

当前，我国职业教育实行“综合定额＋专项补助”的拨款模式。这种模式一不能准确反映职业教育实际的办学成本变化规律，二是拨款与办学业绩严重脱节，缺乏有效的激励、约束机制，不利于职业教育竞争力的提升。显然，“综合定额＋专项补助”的拨款模式已经落后于我国职业教育发展的现状，改革职业教育拨款方式势在必行。为此建议，建立激励机制，实行绩效拨款。所谓绩效拨款，就是根据上一年度财政支出绩效评价的结果，按照绩效等级进行相应的等级拨款。对于绩效良好的学校，拨款具有奖励意味，对学校办学成绩予以肯定；而对于业绩不好的学校，少拨或不拨款，惩罚其绩效不佳。绩效拨款的施行，在职业学校间引入竞争机制，加速了职校间的优胜劣汰。

从学校角度来讲，绩效拨款客观上刺激了学校的办学积极性。由于职业学校间也存在着较大的“贫富”差距，财政拨款多的学校未必办学绩效就好，这也就导致了有门路的学校往往获得多于实际需要的财政拨款，而无门路的学校往往受制于经费不足，无暇顾及办学质量。绩效拨款的引入促使职业学校转变重投入轻效益的思想，引导学校一切办学活动以绩效为目标，迫使学校将注意力转移到提高办学质量上来，学校只有在提升了学生的竞争力、改善了教学质量后，方可获得绩效拨款；同时，绩效拨款增强了学校与社会、企业的联系，激发了职业学校的生机和活力，学校只有在对社会、企业需求了如指掌的时候，才有可能培养

出符合市场需要的学生。

值得注意的是，绩效拨款必须与其他拨款方式相结合，建议实行“常规教学拨款+专项拨款+绩效拨款”的拨款方式。常规教学拨款保证学校的基本教学进程和运作，专项拨款满足学校特色化、专业化发展要求，而绩效拨款主要是运用绩效评价结果，激励学校提高教学质量。显然，三种拨款模式的有效结合集中体现了公平与效率原则，有效改善了公共资金分配的科学性。

结 论

职业教育是教育体系中的重要组成部分。当前，我国经济正处于结构优化升级时期，不时出现的技工荒已经开始影响到企业的正常运转，成为产业经济发展的障碍；另一方面，大量的初高中毕业生在没有任何技能的情况下进入劳动力市场，就业困难以及就业不稳定成为和谐社会的定时炸弹。无疑，大力发展职业教育具有重大的现实意义。

伴随着产业结构的调整和优化，职业教育全覆盖将是职业教育未来发展的战略规划。所谓职业教育全覆盖是指将未能升学的初、高中毕业生全部纳入职业教育体系中去，帮助他们掌握一门谋生技能。职业教育全覆盖战略的实行，并非只是投入资金就能解决得了的。这里试图在公共政策框架下揭示职业教育存在问题的根源，指出职业教育财政政策的缺失是诸多问题的根源。按照财政政策框架的思路，即为什么拨款、拨多少、怎么拨、谁来拨、拨款效果如何，探索全覆盖战略下我国职业教育财政政策的现实路径。

1. 职业教育财政政策的理论综述。这里首先界定了研究对象——即面向初中毕业生的中等职业教育，从经济学角度对职业教育的属性进行了考察。职业教育是准公共产品，发展职业教育对经济效率与社会公平都有积极意义，无疑，政府必须承担相应的经费责任。而作为财政政策的两个重要概念——效率与公平，也并非“鱼与熊掌不可兼得”的关系。在职业教育财政政策的研究中，兼顾公平与效率，寻找公平与效率的最佳均衡，至关重要。

2. 从公平与效率角度分析我国职业教育的发展现状，寻找深层根源，同时希望从别国经验中获得一定的启示。回顾我国职业教育的发展历程，我们可以发现，职业教育的发展皆受制于社会大环境以及相关政策的影响，政策制定缺乏连贯性，导致了职业教育发展的起伏跌宕。如大跃进时期盲目扩张职业技术学校、“文革”时期职业教育所受到的毁灭性打击。当前我国职业教育所存在的问题都可归结为政策目标模糊、政策执行不力以及缺乏政策效果评估。他山之石可以攻玉，在认识到问题所在后，借鉴德、日、美、法等国家发展职业教育政策的有益经验，以期对我国的职教发展有所帮助。

3. 从经费总量、成本分担、管理体制三个方面探讨职业教育财政政策的路径。职业教育全覆盖战略下，教育经费需求必然急剧增加，能否实现该战略取决于发展经费究竟是多少。科学测算职业教育成本，建立生均经费标准，实施政府投入为主的筹资体系都是总量政策的关键步骤。在经费总量确定后，政府、个人、企业如何划分经费责任，直接关系到职业教育的效率和公平。这里提出可按照 7∶2∶1 的比例分担，符合受益和量能原则。在政府的经费责任方面，按照事权与财权相一致的原则，地方政府和中央政府须各司其职，共同承担职教的发展经费。在职业教育管理方面，提出创新办学体制，构建多元主体办学体系；整合职业教育部门，统筹管理，管办分离；健全职业教育财政支出绩效评价制度，提高财政资金的使用效率。

在实现了九年义务教育普及和高等教育大众化后，职业教育的发展显得尤为迫切。本书所提出的全覆盖战略下的职业教育财政政策只是一个初步构想，在具体实施过程中，必然会出现这样或那样的问题，如何完善政策使之更加符合职业教育的现实情况也是未来的一个研究方向。

附录一

20 世纪 80—90 年代出台的相关职业教育决策

时间	标志性决策	政策出台背景	有关职业教育改革的内容
1980 年	关于中等教育结构改革的报告	“文革”对职业教育造成毁灭性打击，大量职业学校停办，中等教育结构单一化，与国民经济发展需要严重脱节	实行普通教育与职业、技术教育并举，全日制学校与半工半读、业余学校并举，国家办学与业务部门、厂矿企业、人民公社办学并举。广泛开办职业教育，使职校的在校生在正规高中阶段教育的比重大大增加
1983 年	关于改革城市中等教育结构，发展职业技术教育的意见	职业技术教育有了初步发展，但发展不平衡，一些政策规定落实不到位，存在倒退危险	确立职业教育应有的地位，进一步明确重点教育结构、发展职业教育的方向、途径和要求，切实落实“三结合”的就业方针和择优录用的招工政策，解决职业教育发展的经费、师资和教材问题
1985 年	中共中央关于教育体制改革的决定	经济建设大量急需的职业和技术教育没有得到应有的发展	调整中等教育结构，大力发展职业技术教育；中等职业技术教育要同经济和社会发展的需要密切结合起来；以中等职业技术教育为重点，发挥中等专业学校的骨干作用，积极发展高度职业技术院校；同时充分调动企事业单位的积极性，鼓励集体、个人和其他力量办学

续表

时间	标志性决策	政策出台背景	有关职业教育改革的内容
1991年	国务院《关于大力发展职业技术教育的决定》	职业教育的发展规模和质量仍然是整个教育事业的薄弱环节，引起社会关注	提出九十年代职业教育的主要任务，指出职业教育发展要走内涵建设的道路，挖掘现有学校潜力，扩大中职学校的招生规模；因地制宜地开展职业技术教育；实行农科教结合，推进农村教育综合改革；从财力和政策上支持职业教育的发展
1993年	中国教育改革和发展纲要	党的十四大明确提出教育的优先发展战略地位，职业教育招生数和在校生比例已超过高中阶段学生的一半，中等教育结构单一化问题已改观	各类职校要主动适应当地建设和社会主义市场经济的需要，提倡联合办学，走产教结合的路子，更多地利用贷款发展校办产业，逐步做到以厂（场）养校；实行“先培训后就业”制度，优先录用职业技术教育和培训的学生
1996年	职业教育法	为了实施科教兴国战略，发展职业教育，提高劳动者素质	以法律形式确定了有中国特色的职业教育体系，明确了职业教育的根本任务、办学体制和管理体制，提出了发展职业教育的方法途径，制定了职业教育的设置标准和进入条件等
1998年	面向21世纪教育振兴技术	党的十五大对落实科教兴国战略作出全面部署，知识经济初露端倪，职业教育的发展水平及人才培养模式尚不能适应现代化建设的需求	提出跨世纪教育改革的目标和行动方案；加大教育为农业和农村工作服务的力度；保持职业教育与普通教育的现有比例；按照“先培训后上岗”的原则，对各类新就业人员进行职业教育和培训

附录二

战后初期日本主要教育法律

年份	法律	主要内容
1947 年	教育基本法	规定了战后日本的教育目的、方针和教育机会均等、义务教育、男女同校、公共教育与宗教分离等基本原则
1947 年	学校教育法	系统规定了学校的教育制度，确定了六三三四学制，规定了学校的种类、设置及标准，以及各类学校的修业年限及课程等
1948 年	教育委员会法	规定地方教育委员会由都道府县和市町村教育委员会两级组成，委员由地方居民直接选举产生，地方教育行政和中央教育行政地位平等，没有服从关系，地方教育委员会直接对居民负责
1949 年	文部省设置法	明确规定文部省的性质及职权范围，确定国家在管理教育上的基本任务和原则；规定文部省对地方教育委员会、大学、研究机关等教育事务进行专业、技术指导和建议，除非法律规定，不对行政和日常工作进行监督
1949 年	社会教育法	规定了学校教育之外的教育形式、任务，以提高国民素质和人们的职业能力为目的

参考文献

外文文献：

Albert Breton：“*Competitive governments：an economic theory of politics and public finance*”，London：Cambridge University Press，1966.

Barro，Robert，J. and Jong－Wha Lee：“*International Comparisons of Educational Attainment*”，Journal of Monetary Economics，1993.

Dension E. F.：“*The Source of Economic Growth in the United States and the Alternatives Before Us*”，NY：CFD，1962.

Dension E. F.：“*Trends in American Economic Growth，1929－1982*”，Washington：The Brookings Institution.，1984.

Dension E. F.：“*Measuring the Contribution of Education（and the Residual）to Economic Growth*”，Paris：OECD，1964.

Dirk Krueger，Krishna Kuma：“*US－Europe Differences in Technology-Driven Growth：Quantifying the Role of Education*”，NBER Working Paper，2003.

Dirk Krueger，Krishna Kuma：“*Skill Specific Rather than General Education：A Reason For US－Europe Growth Differences?*” NBER Working Paper，2002.

Earle J. S.：“*Industrial Decline and Labor Reallocation in Romania*”，William Davidson Institute Working Paper 118（1997）.

Harbison. F. H.：“*Human resources as the Wealth of Nations*”，New York：Oxford University Press，1973.

Jacob A. Mincer：“*Schooling，Experience and Earning*”，Columbia University Press, 1974.

Josef Fersterer, Rudolf Winter—Ebmer: "*Are Austrian Returns to Education Falling Over Time?*" Labour Economics, 2003, 10.

Karen Levesque, Jennifer Laird, Elisabeth Hensley, Susan P. Choy, Emily Forrest Cataldi: "*Career and Technical Education in the United States: 1990 to 2005*", Statistical analysis report, US Department of Education, 2008, 7.

Kruger, A. O.: "*Factor Endowment and Per Capital Income Differences Among Countries*", Economic Journal, 1968, (78).

Luis—Eduardo Vila and Jose—Gines Mora: "*Changing Returns to Education in Spain during the 1980s*", Economics of Education Review, 1998, 17 (2).

Marcs. Miller, Robert Fleegler: "*State Strategies for Sustaining School—to—work, Jobs for the Future & New Ways Workers National*", March, 2000.

Nesporova, A.: "Unemployment in Transition Economies", Economic Analysis Division Seminar Paper (United Nations Economic Commission for Europe, 2002)

OECD: "*Review of National Policies for Education: Romania*" (Paris: OECD, 2000a).

Ofer Malamud, Cristian Pop—Eleches: "*General Education VS. Vocational Training: Evidence From An Economy in Transition*", Working paper, National Bureau of Economic Research. 2008.

Sandberg, L. G.: "*Ignorance, Poverty and Economic Backwardness in the Early Stages of European Industrialization: Variations on Alexander Gerschenkron's Grand Theme*", Journal of European Economic History, 1982, (3).

Shoshanna Neuman, Adrian Ziderman: "*Vocational schooling, occupational matching, and labor market earnings in Israel*," The journal of human resources, 1991, 26 (2).

The—Wei Hu, Maw Lin Lee, Ernst W. Stromsdorfer: "*Economic returns to vocational and comprehensive high school graduates*", The journal of human resources, 1971, 6 (1).

Ute Hippach—Schneider, Marina Krause, Christian Woll: "*Vocational education and training in Germany*", Short description, Cedefop Panorama series138, Luxembourg, 2007, 30.

Valérie Michelet: "*The financing of vocational education and training in France, Financing portrait*", European Centre for the Development of Vocational Education, 1998.

中文文献:

［德］列奥·施特劳斯等:《政治哲学史》，河北人民出版社 1993 年版。

［法］卢梭:《社会契约论》，商务印书馆 1996 年版。

［古希腊］亚里士多德:《亚里士多德全集》(政治卷)，颜一等译，中国人民大学出版社 1999 年版。

［古希腊］亚里士多德:《政治学》，吴寿彭译，商务印书馆 1997 年版。

［美］吉恩·M. 格罗斯曼、［以］埃尔赫南·赫尔普曼:《特殊利益政治学》，朱保华译，上海财经大学出版社 2009 年版。

［美］米尔顿·弗里德曼:《资本主义与自由》，商务印书馆 2007 年版。

［美］托马斯·戴伊:《自上而下的政策制定》，鞠方安等译，中国人民大学出版社 2002 年版。

［美］詹姆斯·E. 安德森:《公共决策》，华夏出版社 1990 年版。

［英］德·朗特里:《西方教育词典》，陈建平等译，上海译文出版社 1988 年版。

［英］霍布斯:《利维坦》，黎思复、黎廷弼译，商务印书馆 1996 年版。

［英］霍布斯:《论公民》，应星、冯克利译，贵州人民出版社 2003 年版。

［英］洛克:《政府论》(下)，叶启芳、瞿菊农译，商务印书馆 1964 年版。

［英］莫尔:《乌托邦》，上海三联书店 1956 年版。

［英］托·亨·赫胥黎:《科学与教育》，单中惠、平波译，人民教育出版社 2006 年版。

［英］约翰·希恩：《教育经济学》，教育科学出版社1981年版。

［日］药师寺泰藏：《公共政策》，经济日报出版社1991年版。

埃尔查南·科恩，特雷·G. 盖斯克：《教育经济学》，格致出版社2009年版。

包国宪、鲍静：《政府绩效评价与行政管理体制改革》，中国社会科学出版社2008年版。

保罗·萨缪尔森等：《经济学》（第十六版），萧琛等译，华夏出版社2000年版。

陈永明：《教育经费的国际比较》，天津教育出版社2006年版。

陈振明：《公共管理学——一种不同于传统行政学的研究途径》，中国人民大学出版社2003年版。

程方平：《发达国家教育管理制度》，时事出版社2001年版。

范先佐：《教育经济学》（第二版），中国人民大学出版社2012年版。

高铁梅：《计量经济分析方法与建模——Eviews应用及实例》，清华大学出版社2006年版。

吉利：《职业教育经济效能评价分析》，教育科学出版社2008年版。

蒋洪：《财政学》，上海财经大学出版社2000年版。

靳希斌：《教育经济学》，人民教育出版社2009年版。

厉以宁：《教育经济学》，北京出版社1984年版。

李子奈、叶阿忠：《高等计量经济学》，清华大学出版社2000年版。

联合国教科文组织国际教育发展委员会：《教育———财富蕴藏其中》，华东师范大学比较教育研究所译，教育科学出版社1996年版。

梁忠义：《战后日本教育——日本的经济现代化与教育》，吉林教育出版社1988年版。

林荣日：《教育经济学》，复旦大学出版社2008年版。

刘精明：《国家、社会阶层与教育——教育获得的社会学研究》，中国人民大学出版社2005年版。

刘小兵：《中国财政政策分析（1998－2007）》，中国财政经济出版社2008年版。

马国贤：《政府绩效管理》，复旦大学出版社2005年版。

马和民、高旭平：《教育社会学研究》，上海教育出版社 1998 年版。

马静：《财政分权与中国财政体制改革》，上海三联书店 2009 年版。

闵维方：《教育投入、资源配置与人力资本收益——中国教育与人力资源问题研究》，经济科学出版社 2009 年版。

闵维方：《2005—2006 中国教育与人力资源发展报告》，北京大学出版社 2006 年版。

瞿葆奎、马骥雄：《教育学文集·美国教育改革》，人民教育出版社 1990 年版。

瞿葆奎、郑金洲：《中国教育研究新进展》，华东师范大学出版社 2003 年版。

沈学初：《当代日本职业教育》，山西教育出版社 1996 年版。

舒尔茨：《论人力投资》，北京经济学院出版社 1990 年版。

宋希仁：《西方伦理思想史》，中国人民大学出版社 2004 年版。

孙百才：《教育扩展与收入分配：中国的经验研究》，北京师范大学出版社 2009 年版。

外国教育丛书编辑组：《生产劳动与职业教育》，人民教育出版社 1984 年版。

王春福：《有限理性利益人与公共政策》，中国社会科学出版社 2008 年版。

王善迈：《教育经济学简明教程》，高等教育出版社 2000 年版。

王善迈：《教育投入与产出研究》，河北教育出版社 1996 年版。

王曙光、李维新：《公共政策学》，中国财政经济出版社 2004 年版。

王天一、夏之莲、朱美玉：《外国教育史》（上册），北京师范大学出版社 1994 年版。

王天一、夏之莲、朱美玉：《外国教育史》（下册），北京师范大学出版社 1994 年版。

翁文艳：《教育公平与学校选择制度》，北京师范大学出版社 2003 年版。

吴文侃、杨汉清：《比较教育学》（修订本），人民教育出版社 1996 年版。

吴雪萍：《国际职业技术教育研究》，浙江大学出版社 2004 年版。

夏征农主编：《辞海》，上海辞书出版社 2009 年版。

谢明：《公共政策导论》，中国人民大学出版社 2004 年版。

许世建、张翌鸣、陶军明：《职业教育预测与规划》，四川出版集团巴蜀书社 2010 年版。

许正中、苑广睿、孙国英：《财政分权：理论基础与实践》，社会科学文献出版社 2002 年版。

杨东平：《中国教育公平的理想与现实》，北京大学出版社 2006 年版。

杨晓华：《中国财政政策效应的测度研究》，知识产权出版社 2009 年版。

袁振国：《中国教育政策评论 2008》，教育科学出版社 2008 年版。

张焕庭：《西方资产阶级教育论著选》，人民教育出版社 1979 年版。

张念宏：《中国教育百科全书》，海洋出版社 1991 年版。

张文彤：《SPSS 统计分析高级教程》，高等教育出版社，2004 年版。

参考文献（文章）：

白雪梅：《教育与收入不平等：中国的经验研究》，《管理世界》2004 年第 6 期。

陈国庆、王叙果：《公共产品纯度：公共产品市场建设的理论基础》，《财贸经济》2007 年第 10 期。

陈晓宇、良焜、夏晨：《二十世纪九十年代中国城镇教育收益率的变化与启示》，《北京大学教育评论》2003 年第 2 期。

陈晓宇、闵维方：《我国高等教育个人收益率研究》，《高等教育研究》1998 年第 6 期。

丛书海、周炜：《中国公共教育支出绩效评价研究》，《财贸经济》2007 年第 3 期。

邓宏宝：《国外发展高中阶段职业教育策略的比较研究》，《外国教育研究》2002 年第 12 期。

丁小浩、李莹：《中国城镇中等职业教育就业状况分析》，《教育科学》2008 年第 24 卷第 4 期。

都丽萍：《日本职业教育模式形成的因素分析》，《外国教育研究》1998 年第 5 期。

杜兴洋、田进：《公共教育支出绩效评价的研究现状》，《财政研究》2007 年第 1 期。

方芳：《我国中等职业教育财政和财政制度现状及面临的问题》，《职业教育研究》2007年第1期。

高照明：《走向法治的政治逻辑——论洛克政治思想的现代性》，《陕西师范大学学报》（哲学社会科学版）2011年第40卷第6期。

葛雷军：《杭州职业教育规模与经济发展模式实证研究》，《理工高教研究》2008年第27卷第3期。

顾佳峰：《中国教育支出与经济增长的空间实证分析》，《教育与经济》2007年第1期。

韩晓捷：《霍布斯契约理论的核心伦理价值及其现代意义》，《道德与文明》2012年第1期。

杭永宝：《中国教育对经济增长贡献率分类测算及其相关分析》，《教育研究》2007年第2期。

侯力、秦熠群：《日本工业化的特点及启示》，《现代日本经济》2005年第4期。

季俊杰：《我国中等职业教育免费的理论解读》，《教育与职业》2009年第33期。

贾汇亮、刘清华：《我国教育投资在三级教育中的分配与教育公平》，《教育探索》2003年第12期。

康建英、田茹：《义务教育支出效率评价及财政分权影响》，《改革与战略》2010年第26卷第2期。

匡旭辉：《公共财政下教育财政投入模式选择》，《江汉论坛》2002年第12期。

劳凯声：《中国公共教育体制改革中的公平性问题》，《人民论坛》2005年第12期。

李俊玲、张广胜：《中国农村职业教育分布对农村区域间收入不均等的影响》，《农业经济》2007年第12期。

李敏：《论教育成层的功能及其实现途径》，《当代教育科学》2003年第13期。

李润洲：《试论教育公平的基本特征》，《教育评论》2002年第5期。

李实、丁赛：《中国城镇教育收益率的长期变动趋势》，《中国社会科学》

2003年第6期。

李蜀人:《从私人领域到公共领域——西方政治的启示》,《四川大学学报》(哲学社会科学版)2012年第1期。

梁柱:《论蔡元培的职业教育思想》,《教育研究》2006年第7期。

廖楚晖:《教育财政:制度变迁与运行分析》,《财政研究》2005年第3期。

林皎、伍海泉:《教育成本的计量困境与教育财政对策研究》,《财政研究》2006年第10期。

林莉芸、廖晓艳:《美国:职业教育的“复兴”》,《教育》2007年第6期。

刘复兴:《教育政策活动中的价值问题》,《北京师范大学学报》(人文社会科学版)2002年第3期。

刘复兴:《我国教育政策的公平性与公平机制》,《教育研究》2002年第10期。

刘万霞:《我国农民工教育收益率的实证研究——职业教育对农民收入的影响分析》,《农业技术经济》2011年第5期。

刘修岩、章元、贺小海:《教育与消除农村贫困:基于上海市农户调查数据的实证研究》,《中国农村经济》2007年第10期。

刘勇华:《西方政府理论的逻辑结构新论——以洛克的理论构建为基础》,《河南社会科学》2011年第2期。

楼世洲:《我国近代工业化进程和职业教育制度嬗变的历史考察》,《教育学报》2002年第3期。

卢洁莹、马庆发:《论社会分层对职业教育发展的双重影响》,《教育与职业》2007年第3期。

卢洁莹、马庆发:《可能与不能:社会分层对职业教育发展影响的一个悖论》,《教育发展研究》2007年第12期。

罗红艳:《走向多维:我国职业教育政策研究的新趋向》,《教育学术月刊》2009年第9期。

吕炜:《公共财政在和谐社会构建中的制度创新与绩效评价》,《财经问题研究》2007年第12期。

吕炜、王伟同:《我国公共教育支出绩效考评指标体系构建研究——基于绩效内涵和教育支出过程特性的构建思路》，《财政研究》2007 年第 8 期。

吕珩：《教育弱势补偿与社会阶层的向上流动》，《教育评论》2005 年第 3 期。

马立武、祁伟：《近年德国促进职业教育发展的新措施》，《中国职业技术教育》2007 年第 2 卷第 261 期。

马小健：《美国成人教育管理体制及其对我国的启示》，《成人高教学刊》2003 年第 5 期。

毛建青：《影响高等教育规模的主要因素及其协整关系——基于时间序列数据的分析》，《北京师范大学学报》（社会科学版）2009 年第 2 期。

孟照海、沈蕾娜：《美国学习财政改革的取向——两种方案及其成效分析》，《教育发展研究》2010 年第 3 期。

米红、马鹏媛：《中等职业教育对厦门经济发展影响的实证研究》，《集美大学学报》（哲学社会科学版）2009 年第 12 卷第 1 期。

牛征：《职业教育办学主体多元化的研究》，《教育研究》2001 年第 8 期。

钱民辉：《教育真的有助于向上层社会流动吗——关于教育与社会分层的关系分析》，《社会科学战线》2004 年第 4 期。

秦颖：《论公共产品的本质——兼论公共产品理论的局限性》，《经济学家》2006 年第 3 期。

邱伟华：《公共教育支出调节收入差异的有效性研究》，《清华大学教育研究》2008 年第 3 期。

邱小健：《构建促进教育公平的中等职业教育财政体制》，《教育科学》2010 年第 2 卷第 2 期。

曲广华：《对民主革命时期中华职业教育社的历史考察》，《吉林大学社会科学学报》1989 年第 3 期。

荣艳红：《公共产品理论看美国联邦政府对职业教育的立法干预》，《邢台职业技术学院学报》2007 年第 24 卷第 2 期。

沈超、宋言东：《收益分配公平目标下的教育结构调整》，《高等教育研究》2007 年第 28 卷第 4 期。

沈南山、李森：《美国中小学教育绩效评价制度改革及启示》，《比较教育研究》2009 年第 9 期。

史旦旦、陈湘：《近三十年美国中等职业教育发展研究》，《中国职业技术教育》2009 年第 361 期。

石伟平：《从国际比较的视角看我国当前职教发展中的问题》，《比较教育研究》1996 年第 6 期。

寺田盛纪：《日本职业教育和训练的研究状况及其课题》，《华东师范大学学报》（教育科学版）2001 年第 19 卷第 1 期。

苏力：《从契约理论到社会契约理论——一种国家学说的知识考古学》，《中国社会科学》1996 年第 3 期。

栗玉香：《公共教育财政支出决策权配置格局的理性思考》，《清华大学教育研究》2005 年第 126 卷第 3 期。

孙德岩、赵树仁：《日本职业教育一百年》，《教育科学研究》1986 年第 3 期。

覃壮才：《市场化及其危机——20 年来我国职业教育政策发展的基本取向分析》，《比较教育研究》2003 年第 11 期。

田正平、李江源：《教育公平新论》，《清华大学教育研究》2002 年第 1 期。

王宝星：《二战后美国的职业教育：发展历程、经验及启示》，《教育研究》1996 年第 2 期。

王磊：《职业教育对经济增长贡献研究——基于省际面板数据的实证研究》，《中央财经大学学报》2011 年第 8 期。

王敏：《政府财政教育支出绩效评价研究》，《经济经纬》2007 年第 6 期。

王平风、张良清：《法律：德英法等国筹措职业教育经费的重要手段》，《成人教育》2009 年第 11 卷第 274 期。

王小海：《欧盟教育政策发展五十年之历程》，《江苏社会科学》2009 年 1 期。

王小利：《中国教育投入的财政政策分析》，《财政研究》2004 年第 4 期。

吴建南、李贵宁：《教育财政支出绩效评价：模型及其通用指标体系构建》，《西安交通大学学报》（社会科学版）2004 年第 24 卷第 2 期。

吴岩：《论美国联邦政府在高等职业教育中的政策取向》，《比较教育研究》2005 年第 9 期。

谢虹：《高等职业教育财政支出的绩效评价体系研究》，《教育与职业》2007年第5卷第14期。

萧今：《社会分层和弱势群体的继续教育》，《北京大学教育评论》2007年第5卷第3期。

邢来顺、吴友法：《近代德国工业化过程中教育事业的发展》，《华中师范大学学报》（人文社会科学版）2002年第41卷第6期。

许丽平、张万鹏：《从实证角度分析我国中等职业教育的成本分担》，《辽宁教育研究》2008年第2期。

徐曙娜：《公共支出过程中的委托代理关系》，《财经问题研究》2005年第1期。

徐一心、曾俊林、杨冰、王成、金雪冰：《财政支出绩效评价实证研究》，《中国统计》2005年第3期。

杨丹芳：《教育财政的公平与效率》，《财经科学》2000年第3期。

杨琳、徐挺：《高职教育财政支出绩效评价研究》，《高等工程教育研究》2009年第5期。

余祖光：《终身教育背景下职业教育的扶贫助困功能》，《北京大学教育评论》2007年第5卷第3期。

袁连生：《我国政府教育经费投入不足的原因与对策》，《北京师范大学学报》（社会科学版）2009年第2期。

岳昌君、刘燕萍：《教育对不同群体收入的影响》，《北京大学教育评论》2006年第2期。

张凤娟、陈龙根、罗永彬：《美国企业参与职业教育的动机与障碍探析》，《比较教育研究》2008年第5期。

张力：《新形势下中国职业教育的宏观政策》，《教育发展研究》2005年第9期。

张良才、李润洲：《关于教育公平问题的理论思考》，《教育研究》2002年第12期。

张万鹏：《对我国中等职业教育经费现状的分析及相关思考》，《清华大学教育》2010年第31卷第2期。

张万鹏：《我国中等职业教育成本分担研究——基于现状、问题、原因的分析》，《教育与经济》2008 年第 4 期。

张馨：《话说公共财政》，《江西财税与会计》1999 年第 7 期。

张翼：《公共财政制度下高等教育经费的筹措与成本分担机制研究》，《教育与经济》2009 年第 2 期。

郑方辉、王琲：《基于满意度导向的政府公共项目绩效评价》，《广东社会科学》2010 年第 2 期。

钟甫宁、刘华：《中国城镇教育回报率及其结构变动的实证研究》，《中国人口科学》2007 年第 4 期。

周香玲：《基于过程分析的职业教育政策低效度原因探究》，《职业技术教育》2009 年第 30 卷第 34 期。

周亚虹、许玲丽、夏正青：《从农村职业教育看人力资本对农村家庭的贡献——基于苏北农村家庭微观数据的实证分析》，《经济研究》2010 年第 8 期。

朱静颖、夏金星：《中等职业教育财政拨款的地区差异及原因》，《职教论坛》2006 年第 10 期。

朱火弟、蒲勇健：《政府绩效评估研究》，《改革》2003 年第 6 期。

庄西真：《社会分层和流动与职业教育发展》，《职教通讯》2005 年第 2 期。

参考学位论文：

杜安国：《中国高等职业教育财政研究》，财政部财政科学研究所博士论文，2007 年。

黎万红：《教育分权与职业教育发展——中国上海及深圳发展经验的比较研究》，香港中文大学博士论文，2002 年。

林皎：《公共经济视野下当代我国教育财政问题研究》，湖南大学博士论文，2006 年。

魏真：《我国公共教育财政政策评估研究》，北京师范大学博士论文，2008 年。

杨海燕：《城市化进程中职业教育发展研究》，北京师范大学博士论文，2006 年。

徐清祥：《教育投资与政府调控》，中国社会科学院博士论文，2002 年。

张茂聪：《论教育公共性及其保障》，山东师范大学博士论文，2010 年。

后　记

本书是在我的博士论文《全覆盖战略下的职业教育财政政策研究》基础上修改完成的。

自从入读上海财经大学开始，我就十分关注中国职业教育的发展，在参与过多次相关调研后，对职业教育的实际状况有了深刻的体会和了解。进入 21 世纪后，职业教育发展取得了显著成绩，但并不能掩盖其中存在的问题。本书的完成若能对中国职业教育事业发展有所启迪，那也是其最大的贡献了。

在本书完成之际，特向指导、帮助和关心过我的各位老师、同学、家人表示诚挚的感谢和深深的敬意！

本著作在恩师马国贤教授的指导下完成，可以说，凝聚着导师的精力和心血。我的脑海中时常会浮现恩师与我讨论时的情景：一位须发花白的老者坐在电脑前，聚精会神，反复斟酌、推敲着行文措辞，时不时抬头问我，这里是不是可以这样改？导师严谨的治学态度、渊博的学识以及对学术追求的孜孜不倦，让我受益匪浅，也为我今后的学习、工作树立了杰出的榜样。

同时，要感谢上海财经大学的宋健敏教授。宋老师严谨认真，对学术研究一丝不苟，生活中和蔼可亲，像母亲一般关心我的学习和生活。宋老师时常和我聊天，鼓励我进一步深造，在我最困难的时候给予了我莫大的精神力量。

感谢上海财经大学的蒋洪教授、刘小川教授、刘小兵教授、刘国永教授、刘守刚教授等，是你们为我提供了宽松的学习氛围和严谨的治学环境，你们循循善诱的授课，持之以恒的探索精神将使我终生受益。感谢俞卫教授、胡怡建教授、储敏伟教授、杨翠迎教授、郭士征教授在预答辩和答辩时给我提出的宝贵意见。

感谢斯坦福大学 Nicholas Hope 教授，在我留学美国期间，尽可能地为我提供各种参与学术研讨会的机会。感谢 Eric 夫妇以及 Mary Lynn 在我留美期间对我的关心和帮助。感谢同济大学胡景北教授、中国社会科学院彭兴韵研究员、吉林大学丁一兵教授、东北师范大学史桂芬教授、商务部综合司刘峪处长、商务部研究院美洲与大洋洲部李伟主任、对外经济贸易大学王剑锋教授、南京大学张苏江博士等在美国期间对我学习和生活方面给予的关心和帮助，以及对论文提出的宝贵意见。

感谢罗红云、蔡锦涛同学以及同门彭锻炼、任晓辉、何华武、李艳鹤、程莹、孟金卓、陈云鹏在读博期间对我的帮助。感谢所有关心和帮助我的同学！

此外，我还要感谢我的父亲、母亲和家人，你们为我提供了强大的物质保障和精神支持，不求回报，对我无微不至的关怀和照顾。是你们的理解、鼓励、宽容和支持，才使我能够顺利完成学业。借此机会，向你们表示我最深的敬意和感谢。

最后，向关心、爱护和帮助我的所有人致以诚挚的谢意！

责任编辑:贺　畅

图书在版编目(CIP)数据

全覆盖战略下职业教育财政政策研究/辛斐斐 著.
-北京:人民出版社,2015.6
ISBN 978-7-01-014516-7

Ⅰ.①全…　Ⅱ.①辛…　Ⅲ.①职业教育-教育财政-财政政策-研究-中国　Ⅳ.①G719.2

中国版本图书馆 CIP 数据核字(2015)第 035770 号

全覆盖战略下职业教育财政政策研究

QUANFUGAI ZHANLÜEXIA ZHIYE JIAOYU CAIZHENG ZHENGCE YANJIU

辛斐斐　著

人民出版社 出版发行
(100706　北京市东城区隆福寺街 99 号)

北京市大兴县新魏印刷厂印刷　新华书店经销

2015 年 6 月第 1 版　2015 年 6 月北京第 1 次印刷
开本:710 毫米×1000 毫米 1/16　印张:15
字数:213 千字

ISBN 978-7-01-014516-7　定价:43.00 元

邮购地址 100706　北京市东城区隆福寺街 99 号
人民东方图书销售中心　电话 (010)65250042　65289539